尽善尽美　弗求弗迪

保险100问系列

彭静瑞 著

终身寿险 100问

电子工业出版社
Publishing House of Electronics Industry
北京·BEIJING

内 容 简 介

这是一本系统讲解终身寿险知识的普及读物。本书从基础知识、功能解析、购买策略、基础进阶及高频问题5个方面，以大众经常遇到、容易产生误解的100个问题为切入点，通过案例描述、专业解析、思维导图（表格）及延伸阅读，详细介绍终身寿险的基本概念、功能、投（退）保及理赔等方面的知识。

通过阅读本书，保险从业者可以学习终身寿险知识、提升业务能力，从而更好地服务客户；普通读者可以深入了解终身寿险的内涵及其保障作用，从而更合理地配置终身寿险。

未经许可，不得以任何方式复制或抄袭本书之部分或全部内容。
版权所有，侵权必究。

图书在版编目（CIP）数据

终身寿险100问 ／ 彭静瑞著. —北京：电子工业出版社, 2023.6
（保险100问系列）
ISBN 978-7-121-45777-7

Ⅰ.①终… Ⅱ.①彭… Ⅲ.①人寿保险—问题解答
Ⅳ.①F840.622-44

中国国家版本馆CIP数据核字（2023）第108006号

责任编辑：王小聪
  印 刷：鸿博昊天科技有限公司
  装 订：鸿博昊天科技有限公司
出版发行：电子工业出版社
      北京市海淀区万寿路173信箱 邮编：100036
开 本：880×1230 1/32 印张：13 字数：326千字
版 次：2023年6月第1版
印 次：2025年8月第4次印刷
定 价：69.00元

凡所购买电子工业出版社图书有缺损问题，请向购书店调换。若书店售缺，请与本社发行部联系，联系及邮购电话：（010）88254888，88258888。
质量投诉请发邮件至zlts@phei.com.cn，盗版侵权举报请发邮件至dbqq@phei.com.cn。
本书咨询联系方式：（010）68151512，meidipub@phei.com.cn。

前言
FOREWORD

　　2013年，当时的中国保监会决定，把每年的7月8日定为"全国保险公众宣传日"，主题是"保险，让生活更美好"。彼时，距离1805年保险在中国首次出现已经过去208年，离1979年全国保险工作会议决定恢复保险业务，也已过了34个春秋。

　　作为一种现代金融、法律工具，无论是在国家、社会层面，还是在企业、个人层面，保险都有着重要的、不可替代的价值，发挥着保障人民生命和财产安全的重大作用。根据银保监会[①]披露的数据可知，2021年全国保险业总计赔付保险金1.6万亿元，连续六年理赔超过万亿元。与此形成鲜明反差的是，社会上仍有一部分人对保险（尤其是人身保险）有着深深的误解，对基本的保险知识缺乏必要的了解。在我国已经成为全球第二大保险市场、全国保险公众宣传日已启动近10年的今天，这种反差需要被抹平。

　　为了消除大众对保险的误解、普及保险常识，我们策划了这套"保险100问系列"图书。

　　这套书既是工具书，也是知识普及读物。我们根据每本书的主

---

① 银保监会，即中国银行保险监督管理委员会。2023年3月，中共中央、国务院印发的《党和国家机构改革方案》中明确：在中国银行保险监督管理委员会基础上组建国家金融监督管理总局，统一负责除证券业之外的金融业监管，作为国务院直属机构，不再保留中国银行保险监督管理委员会。由于本书引用的文件仍然有效，为了不引起读者的混淆，本书仍保留银保监会的称谓。

题，精选100个大众经常遇到、容易产生误解的问题，并给出专业的解答。当你在日常的工作和生活中碰到某个问题时，可以通过检索目录，有针对性地阅读相关章节。书中的案例描述、思维导图（表格）、延伸阅读部分，可以帮助你更好地理解、把握相关内容。你可以像使用字典一样使用这些书，解决遇到的具体问题。

这100个问题并不是随意堆放的。在设计每本书的目录时，我们除了考虑它实用、工具的属性，还要求问题与问题之间具有逻辑上的关联，即所有的问题组合在一起，能系统地体现相关主题的整体面貌。可以这么说，书中每个问题的解答都包含至少一个知识点，这些知识点相互结合，构成了这本书相关主题的完整图景。你可以像阅读一本普及读物一样，从第一页读到最后一页，以全面了解、学习相关主题的知识。

这套书既适合保险从业者，也适合保险消费者。经过几十年的发展，我国的商业保险市场正在进行专业化转型。在这个转型浪潮中，保险从业者，尤其是保险营销员这个群体，有的人掉队了，有的人在坚守，有的人取得了骄人的业绩。大浪淘沙，留下的是金子。最后能够在这个行业中闪闪发光的，一定是拥有专业能力的那一批人。这套书不仅是对相关问题的简单解答，还深入阐述了诸多问题背后的保险原理、法律依据、行业规范等。借助这套书，我们相信保险从业者的专业能力定能更上一层楼。

作为保险消费者，你既可以从实用角度阅读这套书，合理配置保险，也可以从"无用之用"的角度阅读这套书，了解保险业务背后的思维模式、科学原理。保险是一种有着诸多功能，因而也有着复杂结构的产品，保险消费者如果自己不了解一些保险知识，又遇到不够专业的保险营销员，就有可能踩到各种"坑"，发生各种理赔纠纷。而遇到相关问题时如果能随手翻一翻这套书，也许就能避开一堆麻烦。从另一个角度讲，作为一种风险管理工具，保险是人类理性智慧的结晶。它是如何看待各种风险的？它是怎样通过巧妙地搭建一个架构，实现风险转移的？……通过保险的视角看世界，你会有惊喜的发现。这种"无用之用"的阅读，能帮你打开一道门，进入新天地。

《论语》里有一句大家耳熟能详的话："学而时习之，不亦说乎？""学"固然重要，更重要的是能"习"，也就是把学到的东西融入我们的精神和人格，应用到实践当中。这样"学"与"习"，才能带来喜悦。对于这套书，我们希望你不仅能从中学到知识，还能把它利用起来，无论是为自己配置合适的保险产品，还是为客户提供更科学合理的保险规划，真正实现"保险，让生活更美好"。

保法城邦编辑部

2022 年 10 月

序言
PREFACE

  终身寿险作为一种以被保险人的身体和生命为标的的保险产品，一直以来，在人身保险产品中有着重要的地位。1992年，友邦保险重回国内，开启了国内保险市场的新时代，其在国内销售的第一款产品，就是终身寿险。很多人们耳熟能详的保险产品，比如教育金保险、婚嫁金保险、养老金保险等，大都指的是终身寿险。

  2017年5月，中国保监会下发的《关于规范人身保险公司产品开发设计行为的通知》（保监人身险〔2017〕134号）提出"保险姓保""回归保险本源"，具有强大保障功能的终身寿险再次得到大的发展。当前保险市场的主流产品——增额终身寿险也已从以前的银保渠道，扩展到了个险渠道。

  终身寿险之所以能在商业人身保险市场上高歌猛进，得到越来越多客户的认可，源于它的诸多强大功能，比如：

  （1）高保障功能，典型的如定额终身寿险。通过购买终身寿险，客户只需支付较低的保费，就能获得较高的人身保障。

  （2）投资理财功能，典型的如万能型终身寿险、投资连结型终身寿险等新型终身寿险。这类终身寿险具备基本的人身保障功能，但它更强大的功能在于，能帮助客户合理安排资金、持续积累财富。

  （3）财富风险隔离、金融资产传承等法商功能，典型的如定额终身寿险。通过合理设置保单架构，可以使终身寿险实现一定的财富风险隔离功能；在传承财富方面，终身寿险具有增加所传承的财富、实现定向传承等多种传承优势，是财富传承规划时不可或缺的工具。

此外，还有一些终身寿险产品，兼具人身保障、投资理财、法商规划等诸多功能，典型的如增额终身寿险。

可以说，终身寿险不仅是一款产品，更是一个产品体系。通过配置合适的保险产品，合理设置保单架构，终身寿险可以满足我们从保障、理财到财富风险隔离、金融资产传承等各个方面的需求。

在终身寿险得到越来越多客户认可的同时，我们还听到了另一种声音："别买保险，保险都是骗人的。"这种声音为什么会出现，甚至得到不少人的认同呢？我认为有两方面的原因：

一是客户自身缺乏对保险的正确认识。直到今天，仍有不少人带着偏见看待保险，偏听偏信周围人的道听途说或某些网络自媒体的夸大之词，对保险缺乏基本的了解。

二是保险销售人员业务水平不足。很多保险销售人员只会给客户讲产品，甚至有的连产品都讲不清楚、讲不准确，更遑论从客户的需求出发，为客户量身定制合适的保险产品了。给男性顾客推荐一件名牌女士连衣裙，这是导购的错，不是连衣裙的错。我们现在的一些保险销售人员，就是这样的"导购"。

2017年是保险行业的转型之年——趸交保险逐步退出市场，长期期交和保障型保险产品的占比逐渐提高。这就要求保险销售人员不能只盯着产品的收益，而要提升专业能力，更深入地理解保险的基本逻辑，只有这样才能在客户需求越来越个性化、复杂化的今天，站稳脚跟。另外，保险消费者如果想为自己和家人科学、合理地配置保险，也需要懂点保险的基本知识。

作为在金融行业深耕了二十多年的职业讲师，我经常面对来自保险行业的学员。授课时，经常有学员向我求助："您能不能用简单、明白的话，把终身寿险给我说清楚？不仅我能听懂，我还能直接把您的话转述给客户，让客户也能听懂。"

平时，也有不少客户会问我："老师，我该买什么保险？""你觉得这款保险产品适合我吗？""听说自己买的保险可以在离婚时不被分割，是真的吗？"

随着授课次数的增加，类似的问题不断在我耳边响起。回答的次数多了，我就想：何不把学员跟客户经常问我的问题收集整理出来，写成一本书呢？由此，就有了您面前的这本《终身寿险100问》。

由书名就能看出，书中收录了100个关于终身寿险的问题。这些问题大致可以分成三类：终身寿险销售中的常见问题，客户投保时经常会问到或需要关注的问题，保险销售人员对终身寿险的理解有偏颇、有误解的问题。

历时一年，反复修改、打磨。完稿之际，我坐在书桌前问自己："我的这本书能给读者什么帮助呢？"

第一，我希望本书能够帮助客户买对保险。保险产品没有最好的，只有最合适的。在购买终身寿险之前，客户可以通读本书，也可以根据自己的需求翻阅相应的章节。这样，保险销售人员推荐的方案靠不靠谱，以及他们说的那些专业名词到底是什么意思，自己也能心里有数。

第二，我希望本书能帮助保险销售人员更好地服务客户。服务客户时，保险销售人员如果遇到有关终身寿险的疑难问题，可以参考这本书的相关内容，或许就能茅塞顿开。在写作过程中，我力图把相关问题的内在逻辑和基本原理讲清楚、讲透彻。我相信，吃透了这些内容，保险销售人员在终身寿险方面的基本功就会无比扎实，就能轻松应对各种问题。

希望是美好的，我这两个美好希望能否实现，有待于正在阅读这本书的您，帮我验证。

保险市场一直在发展变化，各家公司的产品也在不停地升级换代，再加上本人水平有限，难免会有疏漏、不足之处，欢迎您批评指正。我的邮箱：13721026138@163.com。

王安石说："尽吾志也而不能至者，可以无悔矣。"这本书有可能不够完美，但我可以说，为了让它完美，我已经"尽吾志"了。

最后，本书的编写和出版得到了孙喜、金健、吕征、宋晴晴诸位老师以及电子工业出版社编辑的大力支持和帮助，我在此表示由衷的感谢！

彭静瑞

2023 年 1 月

目录 CONTENTS

第一章 Chapter 1　基础知识：认识终身寿险

01　终身寿险是什么？　2
02　终身寿险有哪几类？　6
03　定期寿险与终身寿险有什么区别？　10
04　年金保险与终身寿险有什么区别？　14
05　增额终身寿险与传统型终身寿险有什么区别？　20
06　投保终身寿险，要不要买附加险？　23
07　保险费、保险金额、保险金是什么？　27
08　分红型终身寿险的分红确定吗？　33
09　分红有哪些方式？分红是复利的吗？　38
10　谁可以做终身寿险的投保人、被保险人、受益人？　44
11　终身寿险的投保人、被保险人、受益人，哪个可以变更？如何变更？　51
12　养子女和非婚生子女可以成为终身寿险保单的被保险人或者受益人吗？　56
13　投保人去世了，终身寿险保单该怎么处理？　60
14　受益人去世了，终身寿险保单该怎么处理？　64
15　在终身寿险中，什么是基本保额？什么是年度基本保额？　68
16　终身寿险的犹豫期、等待期、宽限期分别是什么意思？　71
17　什么是终身寿险的现金价值？为什么和保额差这么多？　76

18	终身寿险为什么要设置免责条款？	79
19	什么是自动垫交？	83
20	保险代理人离职了，会对我的保单产生影响吗？	86
21	在网上投保与找保险代理人投保，有什么区别？	89
22	购买了终身寿险，万一保险公司破产了，我的保单该怎么办？	94
23	保险公司做优惠活动时推荐的产品好不好？找熟人购买保险产品，能不能享有价格优惠？	97
24	终身寿险要么是高杠杆，要么有固定收益，这样做保险公司不会亏本吗？	102
25	增额终身寿险为什么在前几年没有收益？	108
26	终身寿险的预定利率和收益率，是一回事吗？	111

第二章 Chapter 2　功能解析：人身保障与资产规划

27	终身寿险的主要功能有哪些？	118
28	什么是终身寿险的年金转换功能？	122
29	终身寿险保单能申请保单贷款吗？贷款额度是多少？还不上怎么办？	126
30	财富传承的过程中存在哪些风险？	131
31	如何利用终身寿险保单实现财富传承？	135
32	立遗嘱与投保终身寿险，哪种传承方式更好？	139
33	如何利用终身寿险保单实现婚姻财富规划？	144
34	婚前购买的终身寿险，未来若发生婚变，保单会被分割吗？	149
35	用夫妻共同财产购买的终身寿险，离婚时会不会被分割？如何分割？	152

36	父母为已婚子女购买的终身寿险，子女婚变时会被分割吗？	155
37	婚内获得的身故保险金，如何避免成为夫妻共同财产？	159
38	欠债的情况下可以投保终身寿险吗？	162
39	终身寿险保单会被法院强制执行吗？	165
40	终身寿险保单能避债吗？如何配置保单才能隔离债务风险？	170
41	将终身寿险的投保人变更为成年子女，可否避免保单被法院强制执行？	173
42	受益人获得的身故保险金，是不是要先用于还债？	176
43	丈夫欠的债，妻子的终身寿险保单需要用于还债吗？	179
44	终身寿险保单能实现税务筹划吗？	183
45	什么是遗产税？若中国开征遗产税，身故保险金需要缴纳遗产税吗？	187

第三章 购买策略：终身寿险怎么买
Chapter 3

46	大人和孩子到底谁应该优先投保终身寿险？	192
47	有必要给家里的老人投保终身寿险吗？	196
48	外国人/移民家庭可以投保国内的终身寿险吗？	199
49	公司可以出资为员工投保终身寿险吗？	201
50	企业主如何配置终身寿险？	205
51	上班族如何配置终身寿险？	209
52	全职太太如何配置终身寿险？	213
53	空巢老人如何配置终身寿险？	217
54	多子女家庭的夫妻如何配置终身寿险？	220
55	投保终身寿险，是选大公司还是小公司？	224

56	终身寿险的交费方式有哪些？选择哪种交费方式好？	228
57	中途交不起保费该怎么办？会有哪些影响？	231
58	在对比不同保险公司的终身寿险产品时，主要看哪些内容？	234
59	终身寿险的最低与最高投保年龄分别是多少岁？什么时候投保最合适？	238
60	叔叔可以给侄子投保终身寿险吗？	240
61	受益人一栏空着可以吗？填法定受益人和填指定受益人有什么区别？	243
62	是投保定额终身寿险好，还是投保增额终身寿险好？	247
63	年金险、意外险、重疾险里面都含有身故保障，还有必要再单独投保终身寿险吗？	250
64	投保终身寿险时，为什么还要录音录像？	254
65	投保了多份终身寿险，可以重复理赔吗？	258
66	要不要买快停售的终身寿险？	261
67	终身寿险投保后可以增加或者减少保额吗？	265
68	购买终身寿险，谁做投保人比较好？	269
69	实际交费人与合同上的投保人不一致，保单到底算谁的？	273
70	公务员投保终身寿险，要不要申报财产？	276

第四章 基础进阶：核保、退保与理赔
Chapter 4

71	为什么买终身寿险要进行财务核保？	284
72	投保终身寿险时未如实告知，会有什么后果？	287
73	可以带病投保终身寿险吗？	291
74	终身寿险交费期满，可以退保吗？	294
75	退保为什么会有损失？损失体现在哪里？	297

76	终身寿险的交费期尚未结束，被保险人就身故了，保险公司能赔付多少保险金？	301
77	终身寿险保单的被保险人失踪，保险公司能赔付身故保险金吗？	306
78	刚离婚，被保险人就意外去世，终身寿险保单的受益人还能是前妻或前夫吗？	310
79	在国外身故，国内投保的终身寿险会赔付吗？	314
80	终身寿险的受益人未成年，身故保险金会赔付给谁？	317
81	终身寿险的身故保险金可以分期领取吗？	319
82	终身寿险的身故保险金可以出境使用吗？	322
83	客户资料填错了，会影响终身寿险的理赔吗？	326
84	保险事故发生后未在规定期限内通知保险公司，保险公司可以拒赔吗？	331
85	因理赔发生纠纷，解决途径有哪些？	334

第五章 Chapter 5　高频问题：境外配置与信托

86	有必要配置香港的终身寿险吗？	340
87	投保香港的终身寿险，保险金受外汇管制吗？能否直接汇入内地受益人的个人银行账户？	347
88	大陆户籍的奶奶投保终身寿险，可以指定台湾户籍的孙子为受益人吗？	352
89	境内投保终身寿险，保险金出境受外汇管制吗？	355
90	美国人持有中国的终身寿险保单，受益人获得的身故保险金，在美国要缴税吗？	359
91	在国内投保终身寿险后移民加拿大，保单的现金价值是否会被加拿大征税？	362
92	中国人投保终身寿险，移民美国后，所持有的保单在美国是否会被征税？	365

93	做财富传承，终身寿险和家族信托哪种方式更好？	368
94	做资产隔离，终身寿险和家族信托哪种方式更好？	374
95	如何用终身寿险设立保险金信托？	378
96	终身寿险设立保险金信托后，还能追加现金吗？有没有额度限制？	381
97	利用终身寿险设立保险金信托后，还能进行保单贷款或者减保吗？	384
98	婚内投保终身寿险并设立保险金信托，受益人是孩子，婚变时保单会被分割吗？	388
99	用终身寿险设立保险金信托，需要支付哪些费用？	391
100	保险金信托的信托收益在美国是否需要缴税？	394

Chapter

1

第一章

一

基础知识：
认识终身寿险

01 终身寿险是什么？

小李踏入职场一年多，较大的工作和生活压力让她很焦虑。她觉得社会保险（以下简称社保）的保障并不充分，还是需要在身体健康的时候给自己增加一些保障。经过多方了解，小李听说有种叫作终身寿险的保险产品，但她对终身寿险是什么并不清楚。

▶▶▶ **专业解析**

从保险公司的主营业务来看，保险通常被分成两大类：财产保险和人身保险。顾名思义，财产保险是以财产为标的的保险，人身保险则是以人的身体和生命为标的的保险。

根据保障范围的不同，人身保险可以分为人寿保险、年金保险、健康保险和意外伤害保险。我们在保险公司为个人投保的险种，基本都属于人身保险，人寿保险就是其中的一种。

人寿保险以被保险人的生存或死亡为给付保险金的条件。按保险责任划分，人寿保险又分为定期寿险、终身寿险和两全保险三种类型。

本书的主角"终身寿险"，又被称为"终身死亡保险"，是一种不定期的死亡保险。它以被保险人的死亡为给付保险金的条件，且保险期限为终身。也就是说，只要保单有效，自保单生效之日起，不论被保险人何时死亡，保险公司都要给付身故保险金（两年内自杀除外）。

总体来说，终身寿险主要有以下三个要点：

第一，终身寿险以被保险人的死亡为理赔条件。不过，许多保险公司的终身寿险除了死亡理赔，在被保险人"全残①"的情况下也可以给予全残理赔，通常理赔金额等同于死亡理赔金额。但在实际理赔中，终身寿险的理赔还是以死亡理赔居多，全残理赔发生的概率非常小。所以，不是所有终身寿险产品都能赔付"全残"，具体要看保险合同中的保险责任里有没有这一项。

第二，因疾病、意外导致的被保险人死亡，只要不属于责任免除事项，都可以理赔。但要注意，年满18周岁的被保险人与未满18周岁的被保险人，其死亡理赔的标准不同。目前市场上的终身寿险产品基本是在"已交保险费""现金价值""基本保险金额"三者之间选择合适项理赔（详见延伸阅读1）。

第三，终身寿险保单自生效之日起就拥有保险保障。根据《中华人民共和国保险法》（以下简称《保险法》）第十四条的规定："保险合同成立后，投保人按照约定交付保险费，保险人按照约定的时间开始承担保险责任。"目前各家保险公司的终身寿险基本都是"次日零时"保单生效。只要通过了保险公司的核保②，保单成立，被保险人在次日零时就可以拥有保险保障。但也有特殊情况，比如投保人与保险公司约定保单在未来某一日生效，那么被保险人会在约定生效日的零时拥有保险保障。

还有一点要提醒大家，对死亡或者全残的理赔，部分终身寿险产品也像重疾险一样设置了等待期（详见延伸阅读2）。当然，这一点也要根据具体产品的保险责任来确定。以我自己为例，我在2013年投

---

① 全残，是指由于疾病或意外事件导致被保险人完全地、必然地和永久地不能从事任何工作或维持日常生活的状况。本书中的多数定义均摘自《保险术语（GB/T 36687—2018）》（以下简称《保险术语》），下文将不再进行说明。
② 保险人在掌握保险标的的重要事实的基础上，对风险进行评估与分类，进而决定是否承保、以何种条件承保的过程。

保的一款终身寿险就有 90 日的等待期，在 2021 年投保的另一款终身寿险就没有等待期。关于终身寿险的等待期，我会在本章第 16 节做详细分析。

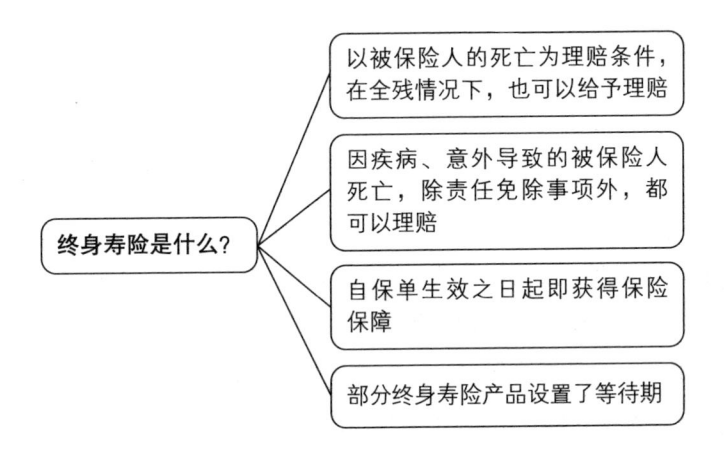

```
                          ┌─ 以被保险人的死亡为理赔条件，
                          │  在全残情况下，也可以给予理赔
                          │
                          ├─ 因疾病、意外导致的被保险人
          终身寿险是什么？├─  死亡，除责任免除事项外，都
                          │  可以理赔
                          │
                          ├─ 自保单生效之日起即获得保险
                          │  保障
                          │
                          └─ 部分终身寿险产品设置了等待期
```

▶▶▶ 延伸阅读

1. 在不同情况下终身寿险的理赔标准不同

保险责任

1.2　若被保险人在本主险合同有效期内身故，我们将承担以下保险责任：

（1）若被保险人身故时未满 18 周岁，我们将按以下两项的较大者给付身故保险金，给付后本主险合同效力终止。

①被保险人身故时本主险合同基本保险金额对应的已交保险费；

②被保险人身故时本主险合同现金价值。

（2）若被保险人身故时已满 18 周岁（含），且在本主险合同交费期满日（含）之前，我们将按以下两项的较大者给付身故保险金，给付后本主险合同效力终止。

①被保险人身故时本主险合同基本保险金额对应的已交保险费×K；

②被保险人身故时本主险合同现金价值。

（3）若被保险人身故时已满18周岁（含），且在本主险合同交费期满日（含）之后，我们将按以下三项的较大者给付身故保险金，给付后本主险合同效力终止。

①被保险人身故时本主险合同有效保险金额；

②被保险人身故时本主险合同基本保险金额对应的已交保险费×K；

③被保险人身故时本主险合同现金价值。

本主险合同已交保险费按下列公式计算：

已交保险费 = 被保险人身故时本主险合同基本保险金额对应的年交保险费×已交费期数

K与被保险人身故时的到达年龄相关，详见下表：

到达年龄	K
18～40周岁	160%
41～60周岁	140%
61周岁及以上	120%

注：到达年龄 = 被保险人的投保年龄 + 被保险人身故时的保单年度数 −1。

2.部分终身寿险有等待期

第六条 等待期

自本合同生效日零时起90日为等待期。如果本合同曾一次或多次恢复效力，则自每次合同效力恢复之日零时起90日均为等待期。

02 终身寿险有哪几类?

保险代理人小周向客户刘先生介绍增额终身寿险时，刘先生疑惑地打断道："小周，你给我推荐增额终身寿险，前几天有个代理人给我推荐万能型终身寿险，我听说还有什么定额终身寿险。你快给我说说，终身寿险到底有多少种。"

▶▶▶ **专业解析**

随着时代的发展，大众对保险产品的需求在不断变化。为了满足不同类型客户的不同需求，保险公司在传统型终身寿险的基础之上，开发了很多新的终身寿险产品。

目前学术界对终身寿险的分类没有统一的标准。从不同的角度出发，终身寿险可以有不同的分类方式。以我个人的研究，目前市场上的终身寿险产品有以下几种分类方式：

第一，根据主要功能的不同，可以分为传统型（保障型）和创新型（理财型）两类。传统型终身寿险以保障功能为主，就是我们常见的定额终身寿险。创新型终身寿险在一定的保障功能基础上，更强调投资理财的功能，比如分红型终身寿险、投资连结型终身寿险、万能型终身寿险以及增额终身寿险等，都属于这一类。

投资连结型终身寿险和万能型终身寿险通常会被认为是理财险。其实这两种产品都拥有寿险的保障功能，因此本质上还是终身寿险，只是额外增加了投资功能。

第二，根据保额是否变化，可以分为定额型、增额型和变额型。定额终身寿险的保额终身不变；增额终身寿险的保额会随着时间的推移而增长；变额终身寿险的保额会随着投资收益的变化而变化。我们常说的投资连结型终身寿险就属于变额终身寿险。

第三，根据投保渠道的不同、被保险人是团体还是个人，可以分为团体终身寿险和个人终身寿险。团体保险（以下简称团险）的一份保单，被保险人的数量为多人，比如要求不低于数人或数十人，而个人保险（以下简称个险）的一份保单只能有一个被保险人。团体保险产品的保费与个人保险产品的保费相比也会便宜一些。

目前市面上常见的终身寿险，主要有定额终身寿险、增额终身寿险。定额终身寿险常见于个险和团险销售渠道，增额终身寿险以前常见于银行保险（以下简称银保）销售渠道，但从2021年开始，部分保险公司也在个险销售渠道销售增额终身寿险。

单纯的分红型终身寿险在2000年前后比较常见，现在的终身寿险基本都不分红了。目前，分红型终身寿险基本退出了各家公司的主打产品序列。虽然在市场上依然可以看到少量分红型终身寿险产品，然而经过调研我发现，它们并不是真正意义上的分红型终身寿险。现在的分红型终身寿险主要以两种形式存在：一种是将增额终身寿险宣传成分红型终身寿险，将固定增加的保额宣传成分红；另一种是作为重疾险组合的主险部分。对于后者，这里简单介绍一下。

2003年中国保险监督管理委员会[①]发布的《个人分红保险精算规定》中明确规定"分红保险可以采取终身寿险、两全保险或年金保险的形式。保险公司不得将其他产品形式设计为分红保险"。各家

[①] 中国保险监督管理委员会，简称保监会，于2018年撤销，机构职能并入中国银行保险监督管理委员会，简称银保监会。

保险公司依此将分红型终身寿险作为主险,将重疾险设计成提前给付重大疾病保险。这样我们就看到了分红型终身寿险作为主险,提前给付重大疾病保险作为附加险的产品组合。我在2013年的时候就投保过这种产品。

投资连结型终身寿险在2000年前后比较火爆,后期因为投资市场起伏不定,它逐渐从各家保险公司的主打产品序列中退出,成为边缘化产品。

万能型终身寿险因为有保底收益,目前依然活跃在各家保险公司的主打产品序列中,通常与年金保险组合销售,成为年金的二次收益渠道,提升客户的收益率。

实际上,很多保险公司以及销售人员只将定额终身寿险和增额终身寿险视为终身寿险,而将投资连结型终身寿险、万能型终身寿险视为独立的新型产品。

需要说明的是,这里的分类只是理论上的划分,目的是方便大家对终身寿险的种类有较为全面的了解。每一种终身寿险产品既然被设计出来,就意味着它在一定时期内能满足客户的某种需求,具备某些特殊优势,当然也会有相对不足的地方。这些内容,我会在后面逐一展开。

```
                                        ┌─ 传统型（保障型）── 定额终身寿险
                    ┌─ 根据主要功能分类 ─┤
                    │                   └─ 创新型（理财型）── 分红型终身寿险、投资连结型终身寿险、万能型终身寿险、增额终身寿险
                    │
                    │                   ┌─ 定额型
终身寿险有哪几类？ ─┼─ 根据保额是否变化分类 ┼─ 增额型
                    │                   └─ 变额型
                    │
                    │                                          ┌─ 团体终身寿险
                    └─ 根据投保渠道、被保险人是团体还是个人分类 ┤
                                                               └─ 个人终身寿险
```

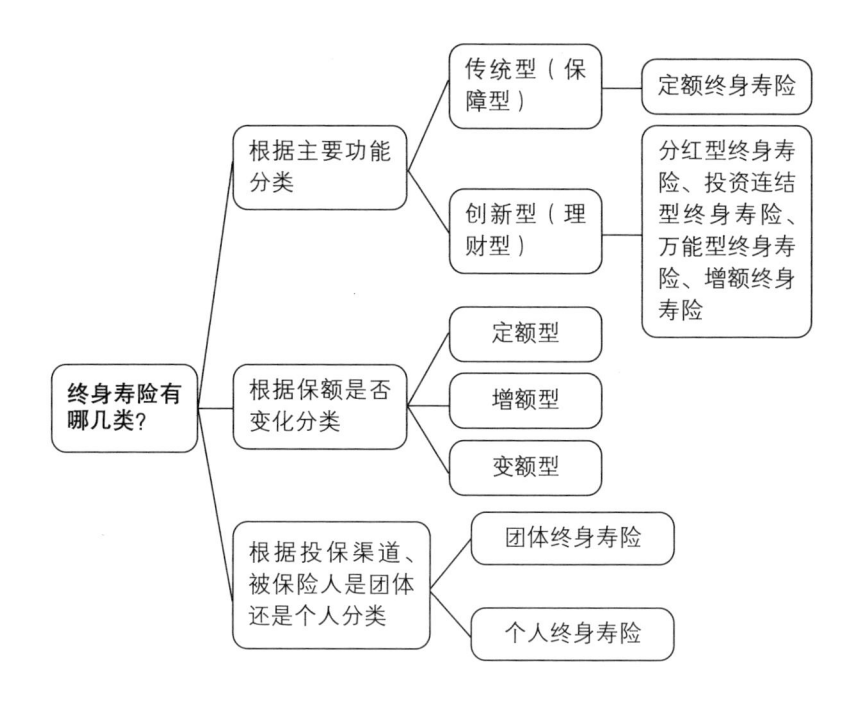

▶▶▶ 延伸阅读

从最初单一的定额终身寿险，到现在的增额终身寿险、投资连结型终身寿险、万能型终身寿险，终身寿险的形态随着市场的变化在不断更新。2015年11月26日，在对《最高人民法院关于适用〈中华人民共和国保险法〉若干问题的解释（三）》（以下简称《保险法司法解释（三）》）制定的背景和主要内容做简要介绍和说明时，最高人民法院民二庭副庭长刘竹梅说道："现代人身保险不再局限于传统的人寿保险、医疗保险、意外伤害保险，而是发展出具有投资功能的万能险、分红险、投连险等保险产品，创新活跃。《解释三》坚持鼓励创新原则，为新型保险产品的发展创造条件。"我相信，未来我们会看到更多的新型终身寿险产品。

03 定期寿险与终身寿险有什么区别？

王先生人到中年，切实感受到了"被撕裂的中年"的痛苦。面对上有老、下有小的现状，他意识到自己对家庭的责任越来越重。他希望通过投保人寿保险来提升个人的身价保障，这样的话，即便有意外发生，自己也能护家人周全。经人介绍，王先生准备投保一份终身寿险，然而在一次聚餐上，他的朋友跟他说也可以考虑投保定期寿险……

▶▶▶ **专业解析**

通过前面讲到的人寿保险的分类，我们知道人寿保险包括定期寿险、终身寿险和两全保险三种类型。也就是说，定期寿险和终身寿险都属于人寿保险。那么，二者之间有哪些区别呢？

先简单讲一下定期寿险。定期寿险，也称"定期死亡保险"，是一种以被保险人在规定期限内发生死亡或者全残为给付保险金条件的人寿保险。虽然定期寿险是相对简单的产品，但是也有多个种类。

第一，定额定期寿险。这是市场上最常见的定期寿险产品。它的特点是，在整个保险期间[1]，保额一直不变。假如王先生给自己投保了50万元的定额定期寿险，保障期限为10年，若未来10年内王先生死亡且未发生保单失效的情形，保险公司会向该保单的受益人[2]

---

[1] 保险期间，也称保险期限，是指保险责任的起讫期间。在此期间内，保险公司对发生的保险事故承担赔付责任。

[2] 本书中所说的受益人，如无特别说明，均指在被保险人身故后，领取身故保险金的身故受益人。

赔付50万元身故保险金。

第二，递减定期寿险。这种产品比较少见。它的特点是，在整个保险期间，其保额持续减少。这种保单在投保初期有一个初始保额，随着时间的推移，根据保单的条款规定，保额逐步减少。假如王先生给自己投保了50万元的递减定期寿险，保障期限为10年，规定每年减少5万元保额，那么到第10个保单年度，保障期满，保额也变为零。递减定期寿险通常包括抵押贷款偿还保险、信用人寿保险和家庭收入保险。

第三，递增定期寿险。这种产品也比较少见。它的特点是，在整个保险期间，其保额持续增加。它与递减定期寿险相似，不过递减定期寿险的保额是逐步减少的，而这种产品的保额是逐步增加的。它的功用主要是应对通货膨胀、物价上涨等问题。

虽然定期寿险与终身寿险都是以死亡或全残为给付保险金条件的人寿保险，但是两者的区别还是非常明显的。

第一，从保障期限来看，定期寿险的保障期限是固定的，而终身寿险的保障期限是不固定的。定期寿险的保障期限，短期的有按月计算的，长期的有按年计算的。我们在市场上经常看到的定期寿险，其保障期限一般为10年、20年、30年等，或者保障到被保险人的某个年龄，比如保至70周岁等。一旦保障期满，保险责任立即结束。保险责任结束后，被保险人死亡或全残，保险公司不予赔付。而终身寿险很明显是没有固定时限的，直到被保险人死亡或全残为止，其保障期限长达被保险人终身。

第二，从现金价值来看，定期寿险多数是没有现金价值的，而终身寿险是有现金价值的。对于定期寿险，通俗的说法是"交一年，保一年"。如果其保障期满，被保险人依然生存，保险公司不退还保费。而终身寿险有现金价值，即使在被保险人没有死亡或全残的情况下，投保人依然可以通过退保或者保单贷款的形式获取一定的资金。关于现金价值的概念，我会在第 17 节详细解释。

第三，从理赔概率来看，定期寿险是否理赔并不确定，而终身寿险只要保单有效，理赔就是必然的。定期寿险的保险责任有时间限定，在保障期限内，不是每一份保单都会发生理赔。而终身寿险的保险责任没有时间限定，只要保单有效，被保险人肯定会在某个时刻死亡。所以，终身寿险的理赔概率可以说是 100%。

第四，从所交保费来看，在保额相同的情况下，定期寿险的保费低于终身寿险的保费。因为定期寿险的保障期限短，不是每一份保单都必然会理赔，并且通常没有现金价值。因此，若购买相同的保额，定期寿险的保费与终身寿险的保费相比会便宜很多。

第五，从适用对象来看，定期寿险的保障期限较短，保费较低，适用于那些在一定时间段内想提高个人身价保障的人士。比如，家庭收入不高，但是有房贷、车贷、借款的家庭，可以通过购买定期寿险，用较低的保费获得较高的保额。而终身寿险的保障期限较长，产品种类更多，广泛适用于有家庭财富规划和人身保障需求的人士。

定期寿险和终身寿险既有相似之处，也有很多区别。作为想要获得保障的客户，根据自己的需求选择合适的保险产品才是最重要的，不能因为保费便宜就选择定期寿险，也不能因为有现金价值就选择终身寿险。像案例中的王先生的情况，最好的方法是选择"定期寿险＋终身寿险"的产品组合，投保定期寿险来获得较高的身价保障，同时投保终身寿险为自己提供长期的人身保障。

定期寿险与终身寿险的区别

内容	定期寿险	终身寿险
保障期限	有时间限定，比如10年、20年、30年或保到被保险人70周岁	被保险人一辈子
现金价值	多数没有	有
理赔概率	不确定	100%
所交保费①	低	高
适用对象	在一定时间段内想提高个人身价保障的人士	有家庭财富规划和人身保障需求的人士

▶▶▶ 延伸阅读

以下是某定期寿险合同中关于保险期间的约定：

2.4 保险期间

本主险合同的保险期间分为 10 年、15 年、20 年、25 年、30 年期和至被保险人年满 55、60、65 周岁的保单年度末等 8 种。您在投保时可选择保险期间并在保险单上载明。本主险合同的保险期间为自保险单上记载的保险合同生效日零时起至您选择的保险期间期满之日 24 时止。

---

① 此处指的是相同保额下定期寿险与终身寿险所交的保费。

04 年金保险与终身寿险有什么区别？

保险代理人小李是一名刚入职不久的新人，对于保险行业所涉及的诸多知识和技能还在学习当中。最近，小李在参加新人岗前培训时，遇到一个让他困惑不已的问题：终身寿险是以死亡为理赔条件的保险产品，但年金保险也有死亡理赔啊，这两种产品到底有什么区别？

▶▶▶ **专业解析**

在人身保险公司所销售的保险产品中，除了意外伤害保险、健康保险，还有人寿保险和年金保险。人寿保险和年金保险在功能上有一定程度的重叠，但又因其自身的特殊性而相互区别。

在对比终身寿险和年金保险之前，我们先来了解一下什么是年金保险。年金保险是以被保险人的生存为给付保险金条件，并按照约定的时间间隔（不超过一年）分期给付生存保险金[1]的人身保险，部分年金保险还保障被保险人的死亡。年金保险是人身保险的重要产品之一。根据不同的标准，年金保险可以划分为不同的种类：

第一，根据交费方式的不同，可以分为趸交年金保险、期交年金保险。当下的年金保险交费方式比较灵活，可以通过趸交（一次性交清保费）或期交（分期交纳保费）的方式来交纳保费，多数客户选择的是期交。

---

[1] 此处的生存保险金是以年金的形式给付的，年金是一系列固定金额、固定期限的货币的收支。

第二，根据被保险人人数的不同，可以分为个人年金保险、联合年金保险、最后生存者年金保险和联合及生存者年金保险。目前在个险销售渠道，经常看到的是个人年金保险这一形式。其他三种形式的年金保险主要在团险销售渠道中出现，本书对此不做过多介绍。

第三，根据给付的金额是否变动，可以分为定额年金保险、变额年金保险。定额年金保险，是指每次按照固定的金额给付年金的年金保险。变额年金保险，是指所给付的年金按照资金账户的投资收益水平进行调整的年金保险。在当下的保险市场上，几乎所有的年金保险都是定额年金保险。可能有人会问，分红型年金保险比普通的定额年金保险多出分红这一部分，那么其是否属于变额年金保险呢？变额年金保险的年金是根据保险公司的投资收益来分配的，也就意味着每次分配的年金数额存在增加或减少的可能。而分红型年金保险的年金包含两部分：一部分是保险合同上约定的固定给付的年金，另一部分是分红。其中，分红部分的年金只是一种增量，并不影响定额部分的年金。因此，我个人认为，分红型年金保险依然属于定额年金保险。

第四，根据年金给付的开始日期，可以分为即期年金保险、延期年金保险。即期年金保险是保险合同成立后，保险公司即按期给付年金的年金保险。延期年金保险是保险合同成立后，经过一定时期或者被保险人达到一定年龄后才开始给付年金的年金保险。早年的年金保险基本上都是即期年金保险，在保单生效一个月、半年或者一年后，被保险人即可领取年金，但保监会于2017年下发《关于规范人身保险公司产品开发设计行为的通知》以后，业内产生了新的变化，因此目前保险市场上的年金保险都属于延期年金保险，被保险人需要经过5年的时间才能领取年金。

第五，根据给付方式的不同，可以分为终身年金保险、最低保证年金保险、定期年金保险。终身年金保险是被保险人可以一直领取约定的年金，直到其死亡为止的年金保险。最低保证年金保险是为了防止被保险人过早死亡、丧失领取年金权利的一种年金保险，规定了领取年金的最低保证年数或者金额。定期年金保险是以被保险人在一定期限内生存为给付保险金条件的年金保险，如果被保险人在约定期限内死亡，则立即停止给付年金。当下的保险市场上主打的年金保险，基本都属于终身年金保险。

年金保险和终身寿险同为当前保险市场上各家保险公司的主打产品，它们虽然都以人的寿命为保险标的，但两者之间仍存在一定的差异。只有对此区分清楚，客户在投保时才能做出正确的选择。年金保险与终身寿险的区别主要体现在以下几个方面：

第一，保障功能。当下的年金保险基本都是终身年金保险，既拥有年金领取功能，同时也具备身故保障功能。其身故保险金通常是在所交保费与保单当期现金价值之间取较大值。终身寿险只有身故或全残的保障功能，没有年金的领取功能。

第二，资金领取。当下的年金保险有固定的领取时间和金额，通常是保单生效满5年后，被保险人按照保单的基本保险金额乘以一定的比例来领取年金。部分公司的年金保险不仅有生存金，还有祝寿金[①]。终身寿险虽然没有年金的领取功能，但可以通过退保的方式领取保单中的资金。这里要提醒大家的是，退保一定要慎重。因为退保退的是保单的现金价值，所以在保单的现金价值没有保本的时候，退保终身寿险会产生一定的资金损失。

第三，是否分红。分红型年金保险比较常见，这也是年金保险

---

① 祝寿金，即被保险人生存到约定的时间，可以领取所交保费或者保额作为祝寿金。

的一大亮点。它有两种分红形式——现金分红和保额分红。如果是现金分红，分红部分投保人既可以选择领取，也可以选择留在保单中累积生息；如果是保额分红，分红部分会计入保单的保额中，以提高总保额。目前，单独的分红型终身寿险，保险市场上基本没有；当作为重疾险组合中的主险时，一部分终身寿险带有分红功能。

第四，资金二次增值。年金保险中有每年固定领取的年金，如果被保险人选择不领取，这笔钱可以在保单中累积生息，获得资金的二次增值，也可以通过附加万能保险的方式，将年金放入万能保险中实现资金二次增值，提升产品的收益。而终身寿险没有可以领取的年金，虽然投保人可以通过退保的方式领取资金进行其他投资，但仍无法通过该保险产品本身来达到资金二次增值的目的。

第五，保险金额。年金保险的功用主要在于被保险人可每年领取年金，所以通常保额较低，总保费高于总保额是常态。比如，总保额是 10 万元，总保费可能是 50 万元。年金保险的保费与保额之间的比例通常是由年金领取的比例来决定的。每年领取保额的 10% 的产品，所交保费通常会高于每年领取保额的 5% 的产品。而传统型终身寿险是以较低的保费撬动较高的保额的杠杆来获取保障的，因此它的保额会比较高，总保额可以达到总保费的 3 倍、5 倍，甚至 10 倍。一般来说，传统型终身寿险的保额的杠杆率会随着被保险人年龄的增大而逐步降低，但是近些年兴起了一种新型终身寿险产品——增额终身寿险，其在投保的初期，相同条件下，基本保额比传统型终身寿险的基本保额低，但又比年金保险的基本保额高出许多。随着每年保额的固定增长，在较长时间的累积后，增额终身寿险的累积保额会持续增高，可能会接近甚至超过传统型终身寿险的基本保额，但其所交的保费通常高于传统型终身寿险的保费。

第六，现金价值。年金保险的现金价值通常较低，一般需要 20

年左右的时间才能与所交保费持平，通俗来说就是"保本"。传统型终身寿险由于保障成本较高，所以现金价值也比较低，通常也需要20年左右的时间才能保本。而增额终身寿险是现金价值较高的产品，市场上主要的增额终身寿险产品一般在第6年或者第7年可以做到现金价值保本。这两年保险市场上也出现了新产品，比如，个别保险公司推出了现金价值不太高的增额终身寿险，大约需要10年的时间才能做到现金价值保本；还有一些新兴的保险公司推出了现金价值较高的年金保险，可以在交费期结束时实现保本。不过，这些新产品目前在市场上的占比非常小。

年金保险和终身寿险是保险市场上最常见的两种人身保险产品。二者的确有相似之处，所以很多人会有像案例中小李那样的疑惑。其实，这两种保险在功用和定价策略上都不同。

定额终身寿险侧重于提供身价保障，能够实现财富的定向传承；增额终身寿险兼具人身保障和资产规划功能。年金保险则侧重于提供持续的现金流，可用于子女的教育金、婚嫁金储备，个人养老金规划等。虽说终身寿险和年金保险都有一些不同特点的新产品，但基本功能依然不变。因此，无论是保险代理人还是客户，在选择这些保险产品时，需要根据自己的需求进行综合考虑。

年金保险与终身寿险的区别

内容	年金保险	终身寿险
保障功能	年金领取+身故保障	定额终身寿险：身价保障 增额终身寿险：人身保障+资产规划
资金领取	有固定的领取时间和金额，通常是保单生效满5年后	可通过退保获取一定资金，但中途退保会有较大损失

续表

内容	年金保险	终身寿险
是否分红	分红型年金保险较为常见	单独的分红型终身寿险几乎没有；当作为重疾险组合中的主险时，一部分终身寿险带有分红功能
资金二次增值	如果不领取年金，年金可留在保单中或通过附加万能保险实现二次增值	不能实现二次增值
保险金额	保额较低，总保费大于总保额是常态	保额较高，可利用杠杆原理用较低的保费撬动较高的保额
现金价值	通常较低	定额终身寿险：较低 增额终身寿险：较高

▶▶▶ 延伸阅读

《关于规范人身保险公司产品开发设计行为的通知》

三、保险公司开发设计的保险产品应当符合以下要求：

（一）两全保险产品、年金保险产品，首次生存保险金给付应在保单生效满 5 年之后，且每年给付或部分领取比例不得超过已交保险费的 20%。

05 增额终身寿险与传统型终身寿险有什么区别?

王阿姨是一家国有银行私人银行的客户，平时喜欢在银行买点理财产品。但是，随着2018年《关于规范金融机构资产管理业务的指导意见》（银发〔2018〕106号，以下简称资管新规）的出台，各种理财产品的利率逐步下降，同时不再承诺保本。一时间，王阿姨不知道该买什么理财产品了。

最近，银行理财经理向王阿姨推荐了增额终身寿险，说这种产品是每年固定增值的，很快就能回本。王阿姨很犹豫，她不知道这种保险产品靠谱不靠谱。

▶▶▶▶ **专业解析**

增额终身寿险是一种创新型寿险产品。与万能型终身寿险、投资连结型终身寿险相比，增额终身寿险更加类似于传统型终身寿险，是传统型终身寿险为了适应市场的需求而进行的产品升级。

增额终身寿险与传统型终身寿险的不同之处主要有以下三点：

第一，保额是否变动。传统型终身寿险是指定额终身寿险。投保人在投保后，其保单的保额是确定的。除非投保人主动减保，否则其保单的保额一直维持不变。假如王阿姨为自己购买了一份保额为100万元的定额终身寿险，除非王阿姨中途减保，否则该保单的保额就一直是100万元。

而对于增额终身寿险，投保人在投保时只确定一个基本保额，之后的每一年会在基本保额的基础上按照比例增加保额。目前市场上的增额终身寿险大多按照基本保额的 3% 增加保额。[1] 假如王阿姨为自己购买了增额终身寿险，保额为 100 万元，那么从第二个保单年度起，该保单的保额每年按照 3% 的复利增加，即当年的保额 = 上一年度的保单保额 ×（1+3%）。

第二，现金价值的高低。在上一节中，我们说到了传统型终身寿险属于低现金价值的保险产品，通常需要 20 年左右的时间才能做到现金价值保本。而增额终身寿险通常属于高现金价值的产品，通常在第 6 年或者第 7 年就可以做到现金价值保本。当然，现在也有一些增额终身寿险需要 10 年才能做到现金价值保本。即使这样，其现金价值也比传统型终身寿险的现金价值高出许多。

高现金价值带来的是产品的灵活性。增额终身寿险在传统型终身寿险的保障功能基础上，还可以满足客户的财富规划需求。这些功能我会在后面的章节中逐一为大家讲解。

第三，保额的高低。传统型终身寿险的保障功能比较单一，只有被保险人发生身故或全残时才会理赔。因此，传统型终身寿险发生理赔的风险性较小，在保费相同的情况下，与增额终身寿险相比，其保额相对来说比较高。而增额终身寿险除了要承担被保险人身故或全残后的理赔责任，还要承担保额增值的责任。所以，在保费相同的情况下，增额终身寿险的保额要比传统型终身寿险的保额低，特别是在持有保单的初期，只有随着时间的推移，保额才会增加。

增额终身寿险兼具人身保障功能和资金灵活使用功能的特点，使其成为目前银保销售渠道的主打产品。传统型终身寿险主要在个

---

[1] 2024 年 8 月 2 日，国家金融监督管理总局发布《关于健全人身保险产品定价机制的通知》(金发〔2024〕18 号)，规定自 2024 年 9 月 1 日起，新备案的普通型保险产品预定利率上限为 2.5%。这意味着，增额终身寿险的保额增长比例降至 2.5%。未来，该预定利率上限仍有可能调整。

险销售渠道销售，因其保障功能比较单一，主要用于高净值客户的身价保障或财富传承，在终身寿险类产品销售中占比非常低。近几年，也有保险公司将增额终身寿险引入个险销售渠道。可见，增额终身寿险是能够满足客户的需求的。

增额终身寿险与传统型终身寿险的区别

内容	增额终身寿险	传统型终身寿险
保额是否变动	是（递增）	否
现金价值的高低	高	低
保额的高低（相同保费情况下）	低	高

▶▶▶ **延伸阅读**

2018年4月27日，中国人民银行、中国银行保险监督管理委员会、中国证券监督管理委员会、国家外汇管理局联合发布《关于规范金融机构资产管理业务的指导意见》，就规范金融机构资产管理业务，统一同类资产管理产品监管标准作出规定。如今三年过渡期已过，资管新规已正式落地，资产管理行业的理财产品打破刚性兑付，银行的保本型理财产品将正式退出市场，"卖者尽责、买者自负"成为理财市场新阶段的重要原则。

06 投保终身寿险，要不要买附加险？

陈先生今年35岁，是家里的经济支柱。考虑到要为全家未来的生活增加一份保障，他准备给自己买一份保险。向两家保险公司咨询之后，其中一家公司的保险代理人给出的方案是买一款终身寿险产品，另一家公司的保险代理人给出的方案却是买一个包含附加险的终身寿险产品组合。究竟该选哪一个？陈先生很纠结。那么，在投保终身寿险的同时，到底需不需要买附加险？

▶▶▶ 专业解析

主险是可以单独投保的保险产品，附加险则是附加于主险的保险产品，不能脱离主险单独投保。如果主险合同解除或终止，附加险合同也会随之终止。附加险产品名称上通常会有"附加"二字。

在保险行业内有一句话："主险是银，附险是金。"通常出险概率较高的是附加险。附加险的作用是补充主险在保障范围上的不足，为客户提供更加全面的保障。

终身寿险只能作为主险投保，而不能作为附加险投保。如果客户投保了终身寿险，但还需要其他的保险保障，他可以选择哪些附加险呢？常见的有附加意外伤害保险、附加住院医疗保险、附加提前给付重大疾病保险等。

传统型终身寿险一般仅提供身故保障（部分产品有全残保障），且保障的风险种类较为单一。虽然创新型终身寿险具备资产规划的功能，但在人身保障功能方面仍有不足。所以，投保终身寿险时购买附加险还是很有必要的。

主险搭配附加险，一般有两种情况。

一种情况是为了投保附加险而找一个主险来搭配。比如，我们经常见到的重大疾病保险，多数是以一份传统型终身寿险为主险，附加提前给付重大疾病保险。与此相似的，还有用万能型终身寿险附加提前给付重大疾病保险的产品组合。在这种组合里，通常还可能增加住院医疗保险等附加险，为那些超出医保范围又不符合重大疾病理赔范围的情况提供医疗保障。

另一种情况是为了提升主险的保障而投保附加险。比如，投保一份增额终身寿险，附加意外伤害保险和住院医疗保险。

需要注意的是，主险能够搭配什么附加险，附加险能够附加于哪款主险，要依据各家保险公司的规定，不能随意搭配。

案例中令陈先生纠结的问题，很多准备投保的人也会遇到。到底是"重点进攻"，还是"全面开花"，最终要根据个人的实际情况来决定。

如果陈先生已经拥有比较完善的社保或商业保险保障，同时又只想提升主险的保障，那么就不必考虑附加险，将资金全部用于投保主险，以获取最大的主险保障即可。反之，如果陈先生没有完善的社保或商业保险保障，又想对各种人身风险尽可能地兼顾，这时就需要投保附加险了。

总体来说，附加险不是必选产品，而是一种可选的搭配性产品。这就像喝咖啡，有些人不喜欢加任何东西，有些人则喜欢加些奶或者糖——完全依个人口味而定。同理，投保终身寿险要不要购买附加险，答案也是一样的。

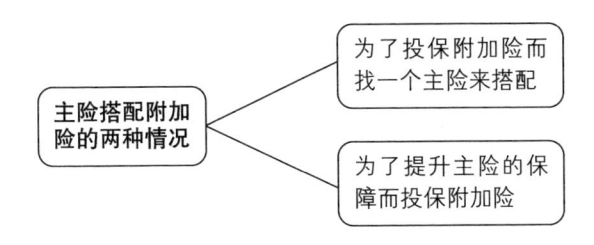

```
主险搭配附加 ─┬─ 为了投保附加险而找一个主险来搭配
险的两种情况    │
              └─ 为了提升主险的保障而投保附加险
```

▶▶▶ 延伸阅读

很多重疾险都是以终身寿险为主险，形成一套"组合拳"，为被保险人提供健康保障的。

2020年11月5日，中国保险行业协会与中国医师协会正式颁布了《重大疾病保险的疾病定义使用规范（2020年修订版）》，对我国重疾险中的"重大疾病"进行了规范定义。该文件中共列出了31种重大疾病，如下表所示：

31种重大疾病名称

恶性肿瘤——重度	较重急性心肌梗死	严重脑中风后遗症	重大器官移植术或造血干细胞移植术
冠状动脉搭桥术（或称冠状动脉旁路移植术）	严重慢性肾衰竭	多个肢体缺失	急性重症肝炎或亚急性重症肝炎
严重非恶性颅内肿瘤	严重慢性肝衰竭	严重脑炎后遗症或严重脑膜炎后遗症	深度昏迷
双耳失聪	双目失明	瘫痪	心脏瓣膜手术
严重阿尔茨海默病	严重脑损伤	严重原发性帕金森病	严重Ⅲ度烧伤

续表

严重特发性肺动脉高压	严重运动神经元病	语言能力丧失	重型再生障碍性贫血
主动脉手术	严重慢性呼吸衰竭	严重克罗恩病	严重溃疡性结肠炎
恶性肿瘤——轻度	较轻急性心肌梗死	轻度脑中风后遗症	

07 保险费、保险金额、保险金是什么？

赵女士前段时间刚刚升级做了妈妈。她希望给孩子最好的关爱，除了生活上给孩子无微不至的照顾，还想给孩子准备一笔教育金。她听朋友说，可以通过投保终身寿险的方式来给孩子储备教育金，于是便去了解终身寿险的相关信息。

在这个过程中，赵女士发现，保险合同条款中有很多专业名词，自己理解起来比较困难，尤其很多名词看起来非常相似，比如"保险费""保险金额""保险金"。那么，这三个名词分别是什么意思呢？

▶▶▶ 专业解析

要想理解保险合同条款，我们需要先了解一些基本要素。其中，有涉及钱的，比如本节即将介绍的保险费、保险金额、保险金；有涉及时间的，比如犹豫期、等待期、宽限期；还有涉及人的，比如投保人、被保险人、受益人、保险人。这些是保险合同的基本要素。如果我们对这些基本要素不了解，就会觉得保险合同条款晦涩难懂。在接下来的几节中，我会向大家一一介绍这些基本要素。

本节，我们就来了解保险合同条款中的"钱"——保险费、保险金额、保险金。由于《保险法》当中并没有对这些名词作出解释，这里我就结合中国保险业首个国家标准《保险术语》，来详细说明这三个名词的含义。

1. 保险费

保险费，即保费，是指投保人按保险合同约定向保险人支付的费用。

保费非常容易理解，简单来说就是投保人交给保险公司的钱。保险合同的生效，必须建立在交纳保费的基础上。如果投保人在交费期满前没有按时交纳保费，就会出现保单暂时失效的情况。在这种情况下，如果被保险人发生风险，保险公司是不承担任何责任的。

保费的交纳一般有趸交和期交两种方式。趸交是指投保人按保险合同约定一次性交清所有保费，以后就不用再交纳了。期交是指投保人按保险合同约定在一定的时间内，分次交清所有保费。一般交费期有3年、5年、10年和20年，交费期的长短，需要根据不同的险种、不同的用途来决定。其实，趸交和期交与全款买房和分期付款买房有些类似。

对于终身寿险，我们通常建议选择期交保费的方式。因为终身寿险的保费形式大多数采用的都是"均衡保费"。也就是说，从投保人投保的那一刻开始，一直到交清所有保费，在此过程中，保费不会随着被保险人的年龄增长而变化。

2. 保险金额

保险金额，即保额，是指保险人承担赔偿或者给付保险金责任的最高限额。它也是保险公司收取保费的计算标准。如果被保险人发生了保险事故，保险公司就要依据保单的保额承担赔偿或给付保险金的责任。

前面我们介绍过，终身寿险依据保额是否变化，可以分为定额终身寿险、增额终身寿险和变额终身寿险。定额终身寿险的保额自始至终保持不变；增额终身寿险的保额是持续固定增加的；变额终身寿险的保额是不确定的，可能增加，也可能减少。

如果投保的终身寿险的保额过高，保险公司就需要对被保险人的具体情况进行调查之后，再考虑是否承保。一般各家保险公司对被保险人是成年人的终身寿险投保，只要保额超过50万元，就会对其进行调查。如果被保险人是未成年人，为防范道德风险，2015年保监会发布的《关于父母为其未成年子女投保以死亡为给付保险金条件人身保险有关问题的通知》（保监发〔2015〕90号）规定："对于父母为其未成年子女投保的人身保险，在被保险人成年之前，各保险合同约定的被保险人死亡给付的保险金额总和、被保险人死亡时各保险公司实际给付的保险金总和按以下限额执行：（一）对于被保险人不满10周岁的，不得超过人民币20万元。（二）对于被保险人已满10周岁但未满18周岁的，不得超过人民币50万元。"也就是说，不管给未成年人投保的是终身寿险，还是其他含身故责任的保险，是一家还是多家保险公司承保，在未成年之前，如果发生死亡理赔，最终给付的身故保险金总和都不能超过上述限额。

但上述通知中也说了，对于投保人为其未成年子女投保以死亡为给付保险金条件的每一份保险合同，投保人已交保费或被保险人死亡时合同的现金价值（对于投资连结保险合同、万能保险合同，该项为投保人已交保费或被保险人死亡时合同的账户价值）不受上述身故保险金限额的限制。

大家可以这样理解，未成年人的死亡理赔金额是有限制的，因为保费与保额之间的巨大差异很容易引发道德风险。但是，保单的已交保费或者现金价值，都属于投保人的资产。因此，这一部分是可以超过未成年人的保额限制的。从另一个角度来说，给未成年人投保寿险或其他含身故责任的保险，其保额是可以超过50万元限额的。

既然保额是保险公司承担赔偿或者给付保险金责任的依据，那么保险金又是什么呢？

3. 保险金

保险金，是指保险事故发生后，保险人根据保险合同的约定的方式、数额或标准，向被保险人或受益人赔偿或给付的金额。

保险金不一定等于保额。保额是保险公司承担赔偿或者给付保险责任的最高限额，通常情况下保险金会小于或者等于保额，个别情况下也有可能高于保额。

终身寿险合同条款的保险责任中，通常规定被保险人在年满18周岁之前身故或者全残，保险公司按照累计已交保费和保单现金价值较大者赔付保险金。有的终身寿险产品还有等待期。如果被保险人在等待期内身故或者全残，保险公司会按照累计已交保费赔付保险金。在这种情况下，保险金就小于保额。

被保险人年满18周岁之后，在等待期之外身故或者全残，传统型终身寿险会按照保额赔付保险金。在这种情况下，保险金就等于保额。

什么情况下保险金会高于保额呢？被保险人年满18周岁之后，在等待期之外身故或者全残，分红型终身寿险按照保单的基本保额与累积分红之和给付保险金，增额终身寿险按照已交保费×给付比例、保单现金价值、年度基本保额三项较大者给付保险金。我查询了市场上几款增额终身寿险的保单，已交保费×给付比例与保单现金价值这两项都超过了年度基本保额。在这些情况下，保险金就大于保额。

简单地说，保费是客户交给保险公司的钱；保额是保险公司赔付的最高限额；保险金是保险公司实际赔付给客户的钱。这样我们就对保险合同条款中这三种"钱"的概念有了较为清晰的认识。

保险合同条款中的三种"钱"

项目	含义
保险费	投保人按保险合同约定向保险人支付的费用
保险金额	保险人承担赔偿或者给付保险金责任的最高限额
保险金	保险事故发生后,保险人根据保险合同约定的方式、数额或标准,向被保险人或受益人赔偿或给付的金额

▶▶▶ 延伸阅读

《关于父母为其未成年子女投保以死亡为给付保险金条件人身保险有关问题的通知》

一、对于父母为其未成年子女投保的人身保险,在被保险人成年之前,各保险合同约定的被保险人死亡给付的保险金额总和、被保险人死亡时各保险公司实际给付的保险金总和按以下限额执行:

(一)对于被保险人不满10周岁的,不得超过人民币20万元。

(二)对于被保险人已满10周岁但未满18周岁的,不得超过人民币50万元。

二、对于投保人为其未成年子女投保以死亡为给付保险金条件的每一份保险合同,以下三项可以不计算在前款规定限额之中:

(一)投保人已交保险费或被保险人死亡时合同的现金价值;对于投资连结保险合同、万能保险合同,该项为投保人已交保险费或被保险人死亡时合同的账户价值。

(二)合同约定的航空意外死亡保险金额。此处航空意外死亡保险金额是指航空意外伤害保险合同约定的死亡保险金额,或其他人身保险合同约定的航空意外身故责任对应的死亡保险金额。

（三）合同约定的重大自然灾害意外死亡保险金额。此处重大自然灾害意外死亡保险金额是指重大自然灾害意外伤害保险合同约定的死亡保险金额，或其他人身保险合同约定的重大自然灾害意外身故责任对应的死亡保险金额。

08 分红型终身寿险的分红确定吗？

小陈是一家保险公司的续期服务人员，主要工作就是提醒客户交纳续期保费，解答续费客户对保单的一些疑问。这天，她来到老客户李阿姨的家中，李阿姨这些年陆续买了不少保险产品，这个月有一张分红型终身寿险要续期交费了。李阿姨想问问小陈，既然自己的终身寿险是分红型产品，那么，分红是怎么分的？自己的保单确定有分红吗？

▶▶▶ **专业解析**

这一节，我们来了解一下分红保险。

分红保险，是指保险公司将其实际经营成果优于定价假设的盈余部分，按一定比例向保单持有人进行分配的人身保险。

看了定义，大家可能还是有些费解，接下来我就将分红保险的概念拆解开来为大家一一解析。

1. 什么是定价假设

定价假设是对未来事故发生率、投资收益率、费用率和保单失效率等要素所设定的假设条件的总称。保险公司的实际经营成果比较容易理解，但保险公司的定价假设是怎么确定的呢？定价假设主要以预定死亡率、预定利率和预定费用率三个因素为依据。

（1）预定死亡率。保险公司根据生命表[①]，假设某款产品某年在

[①] 生命表，是指根据一定时期的特定区域人口或特定人口群体的有关死亡统计资料，编制成的描述每一类人口在各个不同年龄死亡率的表。

各个年龄的预计死亡人数，以此计算的死亡率即预定死亡率。当实际死亡人数低于预计死亡人数时，保险公司赔付得就相对少一些，这时就产生了利润，叫作"死差益"；当实际死亡人数高于预计死亡人数时，保险公司赔付得就相对多一些，这时就产生了损失，叫作"死差损"。

（2）预定利率。保险公司假设某款产品每年要有一定的收益率，这个预先设定的利率即预定利率。当实际投资收益率高于预定利率时，就会产生"利差益"；当实际投资收益率低于预定利率时，就会产生"利差损"。

（3）预定费用率。保险公司作为企业，经营时肯定会产生相关的运营费用，预先设定的运营费用占全部保费的比率即预定费用率。当每年实际运营费用低于预定运营费用时，就会产生"费差益"；当每年实际运营费用高于预定运营费用时，就会产生"费差损"。

与其他险种相比，终身寿险的死亡赔付金额较高，因此死差[①]对终身寿险的影响比较大。

2. 什么是盈余

保单的分红，不是将保险公司的利润拿出来分配给客户，而是将实际经营成果减去定价假设，剩余的部分按照一定比例分配给客户。假如一家公司将某款产品的定价假设利率定为3%，当年产品的实际经营成果是5%，那么5%减去3%，剩余的2%就是可分配盈余[②]。

3. 分配的比例是多少

根据监管规定，保险公司至少将当年度可分配盈余的70%分配

[①] 死差，是指实际的死亡率与定价假设时的死亡率之差。
[②] 可分配盈余，是指在分红保险合同中，保险人根据分红保险业务实际经营状况确定的可以向保单持有人和保险人分配的盈余总和。

给客户。各家保险公司分配给客户的比例不一定相同，有些保险公司按照盈余的70%分配，有些保险公司按照盈余的80%分配，具体分配比例取决于不同保险公司各自的政策。

4. 分红是确定的吗

保险公司产品的定价假设，是在保险产品通过监管机构审核后就已经确定下来的，而保险公司每年的实际经营成果，是根据每年的市场经营不断变化的，因此保险公司的分红是不确定的。

虽然理论上分红有可能为零，但目前市场上没有任何一家保险公司的产品出现过零分红的现象。

5. 谁来监督保险公司分红

保险是一种严谨的金融工具。与银行的储蓄相比，保险的经营技术更为复杂。影响保单分红的因素，除了保险公司当年实际的收益情况，还有死差、利差和费差这三个定价假设因素。

虽然保险公司的分红是不确定的，但并不像一些人想象中的那样是由保险公司随意定的。在中国保监会和银监会还没有合并前，中国保监会为规范分红保险业务，促进保险市场健康发展，制定了《分红保险管理暂行办法》（现已失效），其中明确了分红的基础、流程以及处罚措施。目前，各家保险公司仍按照此管理办法接受中国银保监会的监管。所以，不用担心保险公司会在分红上有"猫腻"。

6. 分红的流程是什么

根据《分红保险管理暂行办法》的规定，各家保险公司应当于每年3月1日前向中国银保监会报送分红保险专题财务报告，应于每年4月1日前将分红业务年度报告上报中国银保监会，通常在每年的6月1日向上一年度客户分配红利并提供个人分红报告。

7. 保单分红属于谁

保单持有人是指按照合同约定，享有保险合同利益及红利请求权的人。在人寿保险中，通常投保人是保单持有人，所以在分红型终身寿险中，分红是属于投保人的。

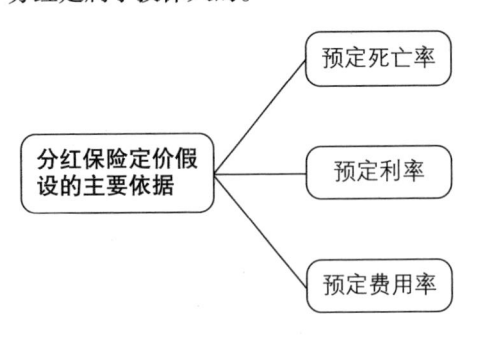

分红保险定价假设的主要依据：
- 预定死亡率
- 预定利率
- 预定费用率

▶▶▶ 延伸阅读

《分红保险精算规定》

一、本规定所称分红保险，是指保险公司将其实际经营成果产生的盈余，按一定比例向保单持有人进行分配的人身保险产品。

十六、保险公司为各分红保险账户确定每一年度的可分配盈余时应当遵循普遍接受的精算原理，并符合可支撑性、可持续性原则，其中分配给保单持有人的比例不低于可分配盈余的70%。

《分红保险管理暂行办法》

第十五条　保险公司应当于每年三月一日前向中国保监会报送分红保险专题财务报告，包括资产负债表、利润表、收入分配和费用分摊报告等内容。该报告须由精算责任人签字，并经符合资格的会计师事务所审计。分红保险采用固定费用率的，保险公司无须报送费用分摊报告。

第十六条　保险公司应于每年四月一日前，将分红业务年度报告上报中国保监会，报告内容应包括：

一、分红保险业务年度盈余；

二、保单持有人盈余分配方案；

三、红利准备金提取方案；

四、红利分配对公司偿付能力影响的评估；

五、分配后公司实际偿付能力额度低于其法定偿付能力额度的，还须提交今后12个月的营运计划。

09 分红有哪些方式？分红是复利的吗？

通过小陈的介绍，李阿姨了解了什么是分红保险，以及分红是怎么分的，也知道了分红是不确定的。好奇的李阿姨发现，在众多的保单中，各保单的分红方式是不同的，而且很多保险公司说自家的保险产品的分红是复利分红，李阿姨又看不明白了。这是怎么回事呢？

▶▶▶ **专业解析**

上一节，我重点介绍了分红保险的分红是如何产生的，以及分红的流程和监督机制。这一节，我们就来讲一讲具体的分红方式。

目前，分红保险的分红方式主要有两种：一种是现金分红，又被称为"美式分红"；另一种是增额分红，又被称为"英式分红"。

1. 现金分红（美式分红）

对于现金分红，保险公司一般提供多种领取方式，比如现金领取、抵交保费、累积生息以及交清增额。

（1）现金领取：保单持有人直接以现金的形式领取保单红利的一种红利领取方式。

（2）抵交保费：用保险公司分配的红利抵交剩余的续期保费，抵交后仍不足的部分，可以通过投保人交费的方式补足。

（3）累积生息：将保险公司每年分配的红利放在保险公司，按照保险公司给予的利率继续获取利息。通常这种利率是固定的，利息也是复利的方式。

（4）交清增额：保单持有人将每年的保单红利作为购买与原保

险合同满期日相同保险的趸交保费，增加原保险合同保额的一种红利领取方式。这种领取方式类似于增额分红，但两者保额增长的方式不同。增额分红是直接增加保额，而交清增额是用保单的红利去购买保额。

2. 增额分红（英式分红）

对于增额分红，保险公司一般提供两种领取方式，即年度分红和终了分红。

（1）年度分红：将当年度分配的红利通过增加保险合同的累积红利保额的方式分配到保单中。增额部分也参与以后各年度的红利计算。

（2）终了分红：是以终了红利的方式来领取的。终了红利，即保单持有人在保险合同终止时以现金方式领取的红利，包括满期红利、体恤金红利和特别红利。

满期红利通常在定期保险中出现。当保单满期时，根据分红保险业务的实际经营状况进行核算，如果确定有满期红利，则以现金方式给付。

体恤金红利是在被保险人身故后，根据分红保险业务的实际经营状况进行核算，如果确定有体恤金红利，则以现金方式给付。

特别红利是由于其他原因导致保单合同终止，比如退保，根据分红保险业务的实际经营状况进行核算，如果确定有特别红利，则以现金方式给付。

通过终了红利的三种形式我们可以看出，该红利不是一定会有的，而是根据当时的分红保险业务实际经营状况而定的。假如经营状况好，该红利就可能有；假如经营状况不好，该红利就可能没有。同时，由于终了红利是保险合同终止时分配的红利，所以只能以现金的方式给付。

需要注意的是，增额分红的红利分配到保单中增加了保额，除非投保人退保，否则最后这些红利都会作为身故保险金给到受益人。

现金分红和增额分红只是两种不同的分红方式，没有好与不好的区别，投保人应根据自己的需求选择合适的分红方式。如果选择现金分红，投保人可以直接领取现金，也可以用于抵交保费，它能够减轻投保人的现金压力；如果选择增额分红，投保人虽然不能直接领取现金，但是被保险人的保障额度会增加。实际上，同一家公司的终身寿险产品，无论选择哪一种分红方式，数十年之后的收益基本上都差不多。

下面，我们再来谈谈复利的问题。很多保险代理人在介绍分红保险的时候，会说该产品的分红是复利分红。那么，复利是什么？所有分红保险的分红都是采用复利的方式计算的吗？

复利，就是通常所说的"利滚利"，是一笔本金产生利息后，利息加上原来本金产生新的本金再计算利息的方式。

所有的分红保险的分红都不是复利的。保单分红的多少与保险公司当年的实际经营成果有关，因此分红是不确定的，既然分红不能确定，自然就不可能是复利的。

那么，保险代理人口中的复利分红指的是什么呢？

在现金分红中，如果不领取分红、不抵交保费或者交清增额，而是将现金分红放在保险公司单独的累积生息账户中再次计息，累积生息账户就会每年增加一部分的现金，形成新的本金。新的本金按照保险公司的利率生息，这就形成了复利计息。因此，现金分红的分红不是复利的，而分红进入的累积生息账户是复利计息的。

在增额分红中，分红会以增加基本保额的方式分配到保单中，由于每年的分红是不确定的，所以它也不可能是复利的。同时，增额分红没有资金二次增值的账户，也就不存在复利计息的可能。

另外还要特别说明的是，增额终身寿险虽然每年会增加3%的保额，但是其保额的增加是合同约定事项，不是增额分红，所以它也谈不上复利分红。

简单的一个保险分红，就有这么多种分类方式。我们在选择保险产品的时候，一定要学会自己看条款，而不仅仅是听保险销售人员的介绍。选择分红型保险产品时，不仅要关注产品的保险责任和收益率，还要关注产品的分红方式。

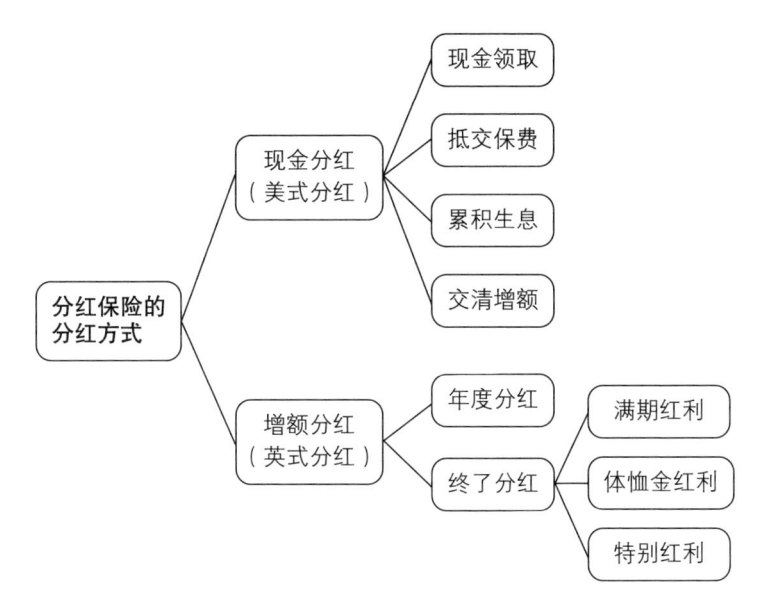

```
                           ┌─ 现金领取
                           ├─ 抵交保费
         ┌─ 现金分红 ──────┤
         │  （美式分红）    ├─ 累积生息
         │                 └─ 交清增额
分红保险的┤
分红方式  │                                    ┌─ 满期红利
         │                 ┌─ 年度分红         │
         └─ 增额分红 ──────┤                   │
            （英式分红）   └─ 终了分红 ────────┼─ 体恤金红利
                                               │
                                               └─ 特别红利
```

▶▶▶ **延伸阅读**

以下是两款分红保险合同中对分红方式的约定。

1. 增额分红

第七条　红利分配

在本合同保险期间内且本合同有效，我们将根据上一会计年度分红保险业务的实际经营状况决定红利分配方案。如果确定有红利分配，我们将进行红利分配。

本合同的红利分配包括年度红利和终了红利。

一、年度红利

年度红利的分配方式为增额红利方式，增额红利方式指的是增加本合同的保险金额，增额部分也参加以后各年度的红利计算。

在本合同保险期间内且本合同有效，我们将于每个保险单周年日根据所确定的红利分配方案增加本合同的保险金额。红利应分日是保险单周年日，而红利的实际分配日将可能因年度会计核算、审计或相关法律的规定、保险监管的要求而迟于保险单周年日。

我们将每年至少向保单持有人提供一份红利通知书。

二、终了红利

终了红利将在本合同终止时以现金方式给付。

终了红利在以下两种情况下发放：

1. 体恤金红利

被保险人身故后，我们将根据分红保险业务的实际经营状况进行核算，如果确定有体恤金红利分配，将以现金方式给付。

2. 特别红利

其他原因导致本合同终止时，我们将根据分红保险业务的实际经营状况进行核算，如果确定有特别红利分配，将以现金方式给付。

2. 现金分红

保单红利的确定

本合同为分红保险合同。在每一保单年度，如果本合同有效，我们将根据分红保险业务的实际经营状况决定是否向您进行红利分配。如果有红利分配，我们将在保单红利派发日根据保险监管机关的规定确定向您分配的红利金额。

保单红利派发日为本合同生效日在每年的对应日。如果当月无对应的同一日，则以该月最后一日作为对应日。

每一保单年度，我们将向您提供一份红利通知书。

本合同在效力中止期间不参与红利分配。

保单红利的领取

您在投保时可选择以下任何一种红利领取方式：

（1）现金领取。您可以在保单红利派发日领取红利。如果您未能在保单红利派发日领取，红利留存在本公司期间不产生利息。

（2）累积生息。红利留存在本公司，按我们每年确定的利率以复利方式生息，并在您申请或本合同终止时给付。

如果您在投保时未选择红利领取方式，我们默认您选择累积生息作为红利领取方式。

留存于本公司的红利与累积利息将不参与红利分配。

10 谁可以做终身寿险的投保人、被保险人、受益人？

王先生有心购买保险，他听说终身寿险可以实现财富的定向传承，于是向保险代理人咨询。代理人说王先生可以同时做投保人和被保险人，自己给自己投保一份终身寿险，把受益人指定为自己的孩子。刚说到这里，王先生就蒙了。什么是投保人、被保险人、受益人？这几个人分别是谁？又有什么作用？

▶▶▶ **专业解析**

保险合同属于要式合同，订立保险合同必须采用法律规定的方式。

既然是合同，就会有合同主体。保险合同的主体是人，客体是保险利益。因此，我们在保险合同中会看到投保人、被保险人、受益人等不同的"人"，这些都是保险合同的参与者。他们之间因保险利益而形成的法律关系，就构成了保险合同。

《保险法》第十条规定："保险合同是投保人与保险人约定保险权利义务关系的协议。"其中的保险人，就是与投保人订立保险合同，并按照合同约定承担赔偿或者给付保险金责任的保险公司。

下面，我们分别来讲一讲投保人、被保险人和受益人的含义。

1. 投保人

投保人是指与保险公司订立保险合同，并按照合同约定负有支付保险费义务的人。通俗一点来说，投保人是指能签订合同，并且有能力交费的人。根据《中华人民共和国民法典》（以下简称《民法典》）第十七条、第十八条以及《保险法》第十二条的规定，只有满足以下条件的人，才可以作为投保人：

（1）18周岁以上的自然人；

（2）16周岁以上的未成年人，以自己的劳动收入为主要生活来源；

（3）没有精神疾病，能完全辨认自己的行为；

（4）对被保险人应当具有保险利益。

前三项要求投保人必须是有完全民事行为能力的人，否则无法与保险公司签订保险合同。第四项要求投保人对被保险人应当具有保险利益，这是为了防止有人为骗保而对被保险人做出不道德的行为。

根据《保险法》第三十一条的规定，投保人对下列人员具有保险利益：

（1）本人；

（2）配偶、子女、父母；

（3）前项以外与投保人有抚养、赡养或者扶养关系的家庭其他成员、近亲属；

（4）与投保人有劳动关系的劳动者。

投保人与自己的生命和健康有最大的利害关系，所以第一项中的人员是投保人本人。第二项中的人员因为与投保人是直系亲属关系，其生老病死以及发生意外，对投保人的经济、生活都会产生直接影响，所以他们一般都能作为被保险人而顺利投保。第三项中的家庭其他成员、近亲属投保，通常要能证明投保人与被保险人之间存在一定的抚养、赡养或扶养关系。抚养，是指家庭成员间长辈对晚辈生活来源的供给；赡养，是指晚辈对长辈生活来源的供给；扶养,是指同辈人如夫妻、兄弟姐妹之间对生活来源的供给。如果没有上述三种关系,投保人对其是不具有保险利益的。一般来说,投保人在有直系亲属的情况下,很难以其近亲属为被保险人投保人寿保险。而第四项的劳动关系,主要存在于雇主责任险、借款人人身意外伤害保险之类的责任保险中,通常人寿保险很难通过核保。

由此我们知道,终身寿险的投保人通常是被保险人的直系亲属。那么(外)祖父母可以给(外)孙子女投保终身寿险吗?这个问题要根据不同的情况来区别看待:

(1)如果(外)孙子女不满8周岁(《民法典》规定,不满8周岁的未成年人为无民事行为能力人,8周岁以上的未成年人为限制民事行为能力人),(外)祖父母是不可以作为投保人为其隔代投保的。

(2)如果(外)孙子女已满8周岁且不满18周岁,作为其监护人的父母对此事知晓,并在《未成年人投保授权声明书》上签字,那么(外)祖父母可以作为投保人为其隔代投保。

(3)按照法律法规的规定,如果满足第(2)项的要求,是允许隔代投保的,但是有些保险公司合同规定不允许隔代投保。所以对于隔代投保的问题,最终还是要看保险公司的规定。

不过,虽然有些保险公司允许隔代投保,但是为了防范道德风险,通常会有产品上的限制。增额终身寿险一般是可以作为隔代投保的产品的,因为未成年人发生风险时,赔付的是现金价值或所交保费,基本没有杠杆赔付。而高杠杆的定额终身寿险则不同,不少保险公司是不允许将它作为隔代投保产品的。

除了产品上的限制,隔代投保还有保额上的限制。这一点我在第7节讲未成年人的死亡理赔金额限制时已经提到过,大家可以回顾一下。

总之,终身寿险这种比较特殊的保险产品,投保人的选择尤为重要,因为多一种选择方式,对个人保险资产的规划就多一种方案。

2. 被保险人

被保险人是指财产或者人身受保险合同保障,享有保险金请求权的人。投保人也可以做被保险人。保险合同对被保险人的身份也是有要求的:

(1)只有自然人才能作为被保险人;

(2)在以死亡为给付保险金条件的保险合同中,无民事行为能力人不能成为被保险人,但父母为未成年子女投保的情况除外,这种情况通常有最高保险金额限制;

(3)必须与投保人具有保险利益。

因此,与投保人有保险利益的自然人就可以作为被保险人;未满8周岁的未成年人必须由父母为其投保,且最高保额有限制。

3. 受益人

受益人是指人身保险合同中由被保险人或者投保人指定的享有保险金请求权的人。投保人、被保险人都可以做受益人。投保人指定受益人须经被保险人同意。

从字面意思来看,受益人可以是任何人,只要是被保险人或者投保人指定的,就都可以。但在实际操作中,保险公司为了防范道德风险,一般只允许被保险人或者投保人指定其直系亲属为受益人。所以在中国,我们看不到司机或者保姆成为雇主本人保单的受益人。

被保险人本人成为受益人只能是生存受益人,比如年金的受益权一般就属于被保险人。但是被保险人本人不能成为身故受益人,否则被保险人身故时,身故受益人也同时身故,那么保单的身故保险金就会成为被保险人的遗产。对于这个问题,我们在后面的章节中会详细讲解。

那么,如果在投保人身保险的时候,被保险人或者投保人没有指定受益人呢？按照《保险法》第四十二条的规定，"没有指定受益人，或者受益人指定不明无法确定的"，被保险人死亡后，保险金会作为被保险人的遗产。很多人投保时，在受益人那一栏中只填写了"法定"，根据《保险法司法解释（三）》第九条的规定，这仍属于指定受益人，即指定所有的法定继承人共同成为受益人。此时，保险公司赔付的保险金属于被保险人的法定继承人的财产，而不会成为被保险人的遗产进行分配。关于这个问题，我会在后续章节中再做详细分析。

终身寿险的受益人，只能是身故受益人，通常是被保险人的直系亲属。[①]另外，在保险实务中，（外）孙子女可以成为（外）祖父母的身故受益人。

还有一个问题也是很多人疑惑的，那就是终身寿险的保险合同为什么一定要投保人和被保险人签字，即使被保险人未成年，也需要其监护人代为签字，而受益人却不需要签字呢？

前面我们介绍了保险合同涉及的四个主体，其中保险人和投保人是合同的当事人，而当事人签字，是合同成立的必要条件。所以投保人是必须签字的。被保险人虽然不属于合同的当事人，但《保险法》规定，订立以死亡为给付保险金条件的合同，未经被保险人同意并认可保险金额的，合同无效。终身寿险就是以死亡为给付保险金条件的合同，主要保险责任就是被保险人身故，所以合同必须经被保险人同意才能生效，被保险人需要通过亲笔签字表示自己对投保事宜知情且同意投保人为其投保。我认为，这是一种对道德风险的防范机制。如果投保人和被保险人之间关系紧张，那么投保人

[①] 若终身寿险合同的保险责任中包括全残，那么被保险人全残后，全残保险金会付给被保险人本人。

给被保险人投保高额的终身寿险,必然会引起被保险人的警惕。

需要强调的是,父母给未成年子女投保终身寿险,不需要子女签字,父母作为其监护人代为签字即可;如果子女已经成年,那就需要子女在终身寿险的保险合同上自己签字了,父母代签是无效的。

终身寿险的受益人是被保险人去世后领取身故保险金的人。无论他是否同意领取保险金,都不影响保险合同的成立和生效。所以,身故受益人没有必要签字。

保险合同的三个主体

主体名称	含义
投保人	与保险公司订立保险合同,负有支付保险费义务的人
被保险人	财产或人身受保险合同保障,享有保险金请求权的人
受益人	由被保险人或者投保人指定的享有保险金请求权的人

▶▶▶ **延伸阅读**

《民法典》

第十九条 八周岁以上的未成年人为限制民事行为能力人,实施民事法律行为由其法定代理人代理或者经其法定代理人同意、追认;但是,可以独立实施纯获利益的民事法律行为或者与其年龄、智力相适应的民事法律行为。

第二十条 不满八周岁的未成年人为无民事行为能力人,由其法定代理人代理实施民事法律行为。

第二十一条 不能辨认自己行为的成年人为无民事行为能力人,由其法定代理人代理实施民事法律行为。

八周岁以上的未成年人不能辨认自己行为的,适用前款规定。

《保险法》

第十条第一款　保险合同是投保人与保险人约定保险权利义务关系的协议。

第三十三条　投保人不得为无民事行为能力人投保以死亡为给付保险金条件的人身保险，保险人也不得承保。

父母为其未成年子女投保的人身保险，不受前款规定限制。但是，因被保险人死亡给付的保险金总和不得超过国务院保险监督管理机构规定的限额。

第三十四条　以死亡为给付保险金条件的合同，未经被保险人同意并认可保险金额的，合同无效。

按照以死亡为给付保险金条件的合同所签发的保险单，未经被保险人书面同意，不得转让或者质押。

父母为其未成年子女投保的人身保险，不受本条第一款规定限制。

第三十九条　人身保险的受益人由被保险人或者投保人指定。

投保人指定受益人时须经被保险人同意。投保人为与其有劳动关系的劳动者投保人身保险，不得指定被保险人及其近亲属以外的人为受益人。

被保险人为无民事行为能力人或者限制民事行为能力人的，可以由其监护人指定受益人。

11 终身寿险的投保人、被保险人、受益人,哪个可以变更?如何变更?

几年前,赵先生经人介绍,为女儿投保了一份终身寿险。保单的投保人是赵先生,被保险人是女儿,受益人是赵先生。女儿大学毕业参加工作后,赵先生觉得自己需要增加一些保障,于是,他想把自己变更为保单的被保险人,但是他的要求遭到保险公司的拒绝。

▶▶▶▶ **专业解析**

在保险合同中,投保人、被保险人和受益人属于合同的主体,但三者又是不同的概念。在人身保险中,投保人是承担交纳保险费义务的人;被保险人是以其身体或生命作为保险标的,受保险合同保障的人;受益人是享有保险金请求权的人。

从法律的角度来看,保险是一种合同行为,允许合同变更。在保险合同有效期内,投保人和保险公司经协商同意,可以变更保险合同的相关内容,一般包括保险合同主体的变更和保险合同内容的变更两种情况。

既然保险合同主体可以变更,为什么案例中的赵先生要求将被保险人由女儿变更为自己的请求会被保险公司拒绝呢?

因为《保险法》第四十九条规定,"保险标的转让的,被保险人或者受让人应当及时通知保险人",另有约定的除外。在财产保险中,保险标的是货物,因此被保险人可以发生变化,不会影响保险合同的有效性。但在人身保险中,保险标的就是被保险人的生命或者身体,这是人身保险合同成立的基础,被保险人的变更可能会导致保险合同终止。因此,人身保险合同中,一般不允许变更被保险人。

常见的个人终身寿险除被保险人不能变更外,投保人和受益人都可以变更。

1. 投保人变更

投保人是可以变更的,只要符合投保人的条件即可。关于成为投保人的条件,前一节有详细论述,这里就不多说了。

(1)投保人变更所需资料:

· 保险合同变更申请书;

· 银行转账授权书;

· 新、旧投保人身份证原件及复印件;

· 新投保人提交的健康、财务及职业告知;

· 新投保人与被保险人关系证明原件及复印件。

(2)投保人变更基本流程:

· 旧投保人亲自到保险公司办理投保人变更;

· 新投保人留下个人签名,如需双录(录音、录像),应完成双录手续;

· 完整填写新投保人的个人资料;

· 填写投保人变更原因;

· 变更通信方式;

· 提交新投保人的银行转账授权书以及银行账号复印件;

· 新投保人完整填写健康、财务及职业告知;

· 若申请书注明原投保人死亡,须同时提交死亡证明;

· 若新投保人国籍为非中国国籍(即中国以外的国家或地区),须同时提交个人税收居民身份声明文件。

（3）投保人变更特殊情况：

投保人变更，不是任何情况下都被允许的。若有以下情况，保险公司不受理投保人变更。

- 保险合同条款约定不能变更投保人的险种；
- 保单处于各类银行业务划款期间、保全[①]变更中、理赔中和挂失状态；
- 保险合同银行质押期间及已被依法查封、扣押、冻结等保单权益锁定期间。

通过了解投保人变更的资料和流程，我们可以发现，投保人的变更通常情况下是由原投保人发起的。但如果原投保人身故，则需要原投保人的继承人书面委托的代表来发起。

2. 受益人变更

首先，有权变更受益人的是投保人或被保险人。《保险法》第四十一条规定："被保险人或者投保人可以变更受益人并书面通知保险人。……投保人变更受益人时须经被保险人同意。"

其次，受益人变更，不仅指人员的变更，还可以是受益顺序、受益比例、与被保险人关系等信息的变更。

（1）受益人变更所需资料：

- 保险合同变更申请书；
- 被保险人身份证件原件及复印件；
- 新受益人身份证件原件及复印件；
- 投保人身份证件原件及复印件（投保人变更受益人时）；
- 被保险人与受益人关系证明原件及复印件。

---

① 保全，是指保险公司为维护保险合同持续有效，满足客户不断变化的需求，根据合同条款约定而提供的售后服务，一般包括退保、理赔、复效、修改个人信息、补充告知、受益人变更、保单贷款等服务。

（2）受益人变更基本流程：
- 投保人或者被保险人（本人或其委托人）同新受益人一起到保险公司办理受益人变更手续；
- 完整填写新受益人的个人资料。

（3）受益人变更特殊情况：
- 变更身故受益人必须以被保险人的生存为前提；
- 条款约定受益人只能是被保险人的，则不能变更；
- 新的身故受益人为多人，变更时须注明受益人姓名、身份证号码、受益顺序、受益份额等。

与手续复杂的投保人变更相比，受益人变更就简单了许多。但是就受益人变更的发起人来说，被保险人才是第一人选，投保人发起受益人变更需要得到被保险人的同意。

上述关于投保人和受益人变更的资料及流程，是我根据市场上几家大型保险公司的保全流程整理而成的，几乎包含了所需的基本资料。但是，上述信息也有可能会更新，所以我建议您在变更投保人或受益人的时候，还是先向保险公司详细咨询变更流程。

由于受到法律法规的限制，目前个人人身保险合同只能变更投保人和受益人；团体保险合同中，可以按照一定比例变更被保险人。本书集中讨论的是个人终身寿险合同，对团体保险就不多做介绍了。

人身保险合同主体的变更及变更条件

主体名称	能否变更	变更条件
投保人	能	变更后的投保人须符合法律法规和相关合同规定的投保人条件
被保险人	不能	—
受益人	能	被保险人和投保人可以变更受益人,但投保人变更受益人须经被保险人同意

▶▶▶ **延伸阅读**

《保险法》

第二十条第一款　投保人和保险人可以协商变更合同内容。

第四十一条　被保险人或者投保人可以变更受益人并书面通知保险人。保险人收到变更受益人的书面通知后,应当在保险单或者其他保险凭证上批注或者附贴批单。

投保人变更受益人时须经被保险人同意。

12 养子女和非婚生子女可以成为终身寿险保单的被保险人或者受益人吗？

钱先生的儿子6岁时因病去世。几年后，钱先生和妻子收养了一个女儿，如今女儿已经快要高考了。这些年有女儿的陪伴，钱先生和妻子都逐渐放下失去儿子的悲痛。他们希望自己百年之后，能够多给女儿留下些财产。钱先生听说通过投保终身寿险能够传承财富，但女儿不是自己亲生的，将来保险公司赔的钱能直接给女儿吗？自己能不能给女儿投保一份终身寿险呢？

▶▶▶ **专业解析**

《民法典》第一千一百二十七条第一款规定："遗产按照下列顺序继承：（一）第一顺序：配偶、子女、父母；（二）第二顺序：兄弟姐妹、祖父母、外祖父母。"

这里的父母，包含亲生父母、养父母和有扶养关系的继父母。其中，养父母要有收养证明，继父母要与继子女具有扶养关系。如果亲生父母再婚时，子女已经成年并独立生活，继父母对继子女是没有扶养义务的，双方也就不构成扶养关系。

这里的子女，包括婚生子女、非婚生子女、养子女和有扶养关系的继子女。非婚生子女享有与婚生子女同等的权利。养父母与养子女的权利义务关系，适用《民法典》中关于父母子女关系的规定。由此可见，养子女和非婚生子女都属于家庭成员。既然他们属于家庭成员，自然可以成为其父母终身寿险保单的受益人。

根据《保险法》的规定，投保人必须与被保险人具有保险利益，本人、配偶、子女、父母或者与投保人有抚养、赡养、扶养关系的家庭其他成员、近亲属等，都可以成为被保险人。因此，养子女、非婚生子女也可以做终身寿险保单的被保险人。

但在保险实务中，养子女、非婚生子女做被保险人时，投保人（父母）往往需要证明其与养子女、非婚生子女之间的关系才能顺利投保；养子女、非婚生子女做受益人时，也需要提供其与被保险人（父母）的关系证明才能顺利理赔。

1. 证明与养子女具有收养关系

（1）凭借合法有效的收养登记证或者收养登记机关的相关存档，证明双方具有收养关系。

（2）当事人之间以父母子女相待，并长期共同生活。也就是以父母子女的身份长期发生抚养或赡养的生活关系。具体可表现为当事人相互间公开承认养父母子女关系，相互使用父母子女的称谓，养子女随养父母姓氏，或有收养文书、申报户口登记等。

（3）实际履行了父母子女间的权利与义务。具体可表现为父母对子女的抚养、照顾、保护、教育，子女对父母的赡养、扶助，相互之间的继承等。

（4）亲友、群众或有关单位的认可。与当事人关系密切的亲戚、朋友或收养人所在单位一般会对此知情，他们可以起到见证的作用。

2. 证明与非婚生子女具有血缘关系

（1）通过亲子鉴定，证明双方具有血缘关系。

（2）父母对外公开承认其与非婚生子女具有血缘关系。

（3）父母可带非婚生子女到派出所登记户口，并说明是其父母的事实。

（4）父母就非婚生子女的身份到公证处进行公证。

（5）能够证明父母与非婚生子女关系的书信或邮件，都可以作为直接证据。

总体来说，养子女、非婚生子女做终身寿险保单的被保险人或受益人，一般在投保或理赔时，都需要提供相关证件证明其与投保人或被保险人之间的关系。养子女一般要提供收养登记证或户口本；非婚生子女一般需要提供亲子鉴定报告、公证书或户口本。

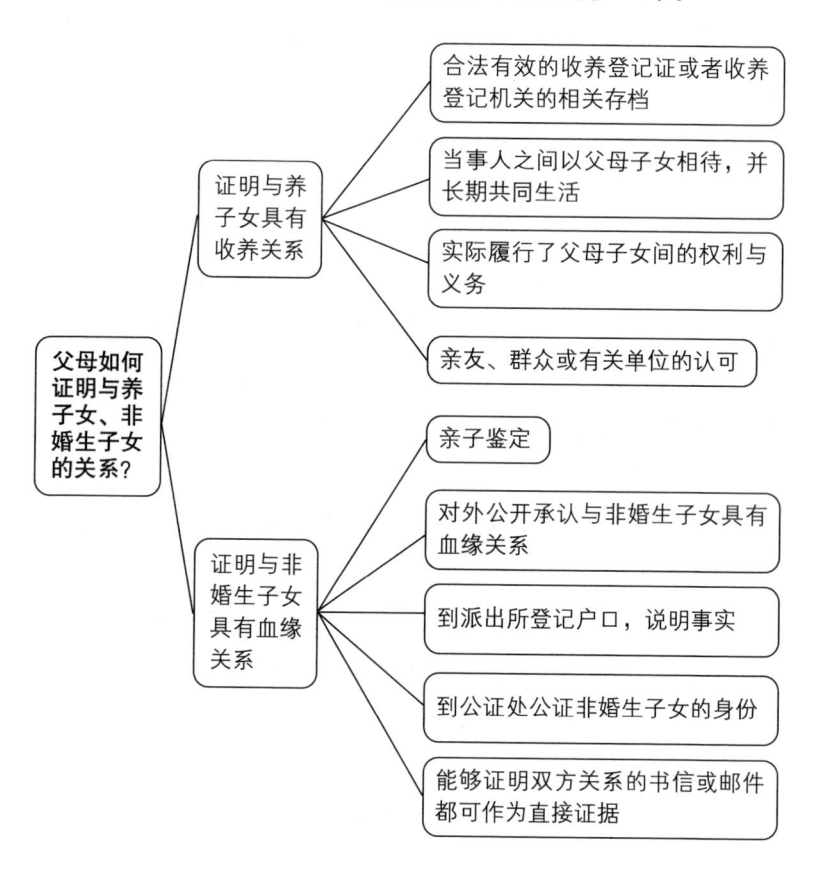

父母如何证明与养子女、非婚生子女的关系？

- 证明与养子女具有收养关系
  - 合法有效的收养登记证或者收养登记机关的相关存档
  - 当事人之间以父母子女相待，并长期共同生活
  - 实际履行了父母子女间的权利与义务
  - 亲友、群众或有关单位的认可

- 证明与非婚生子女具有血缘关系
  - 亲子鉴定
  - 对外公开承认与非婚生子女具有血缘关系
  - 到派出所登记户口，说明事实
  - 到公证处公证非婚生子女的身份
  - 能够证明双方关系的书信或邮件都可作为直接证据

▶▶▶ **延伸阅读**

《民法典》

第一千零七十一条 非婚生子女享有与婚生子女同等的权利,任何组织或者个人不得加以危害和歧视。

不直接抚养非婚生子女的生父或者生母,应当负担未成年子女或者不能独立生活的成年子女的抚养费。

第一千一百一十一条 自收养关系成立之日起,养父母与养子女间的权利义务关系,适用本法关于父母子女关系的规定;养子女与养父母的近亲属间的权利义务关系,适用本法关于子女与父母的近亲属关系的规定。

养子女与生父母以及其他近亲属间的权利义务关系,因收养关系的成立而消除。

13 投保人去世了，终身寿险保单该怎么处理？

孙女士的丈夫是一名卡车司机，常年在外跑运输。因为孩子还小，所以孙女士留在家里照顾孩子和双方的父母，暂时没有外出工作。孙女士知道丈夫的工作危险性较高，全家又主要依靠他维持生计，所以孙女士在5年前，以自己为投保人，丈夫为被保险人，孩子为受益人，投保了一份保额为100万元的终身寿险。

哪曾想，孙女士在一年前查出乳腺癌晚期，经过一年的治疗也没能挽回生命。孙女士的丈夫料理完妻子的后事，到保险公司咨询：孙女士作为保单的投保人去世后，她购买的这份保单该怎么处理？

▶▶▶ **专业解析**

在终身寿险保险合同中，投保人和被保险人可以是同一人，也可以不是同一人。因此，投保人去世后，终身寿险保单的处理方式也有所不同。

如果投保人与被保险人是同一人，投保人去世意味着被保险人也去世了，那么保单就进入理赔流程，保险公司会将身故保险金赔付给受益人。

如果投保人和被保险人不是同一人，投保人去世，被保险人依然生存，那么保单不会进入理赔流程。此时，根据是否有第二投保人存在，对保单又有不同的处理方式：在已设置第二投保人的情况下，可以根据第二投保人的申请，直接将第二投保人变更成为新的投保人；在未设置第二投保人的情况下，由于保单的现金价值属于投保人的资产，所以保单的现金价值就成为投保人的遗产，进入遗产的继承程序，然后再变更投保人。

原投保人去世后，在未设置第二投保人的情况下，如果想延续保单利益，进行投保人变更，方式一般有以下两种：第一，如果原投保人去世前没有订立保单遗嘱，那么原投保人的所有法定继承人需要达成统一意见，推选出一个新投保人。其他法定继承人到保险公司填写联合声明，放弃保单资产。新投保人提供其他变更投保人所需的资料，变更为投保人。第二，如果原投保人去世前订立了保单遗嘱，明确说明在自己身故后，保单利益属于新投保人，那么新投保人可以向保险公司提供遗嘱、继承权公证书或者法院判决书等能证明保单资产归其个人所有的资料，然后再办理投保人变更手续。

原投保人去世后，在一定条件下，也可以选择不变更投保人。这种情况一般出现在以下两种情形中：第一，如果投保人在投保时选择了有投保人豁免功能的保险，那么在投保人去世后，保单不用继续交费，而保险保障继续。此时若没有其他附加险种需要交费，就可以选择不变更投保人。第二，如果投保人投保的是定期保险产品，在保单满期后，保单资产由现金价值转化为满期生存金，由被保险人直接领取，则不存在保单资产继承的问题，也就不需要变更投保人了。

其实，即便没有完成交费，只要投保人的账户中有足够的钱可以用于支付保费，家属又没有去保险公司报告投保人身故的情况，那么投保人是否在世对保单几乎没有影响。

不过，这里需要提醒的是，选择不变更投保人存在一定的风险。

首先，投保人去世后，保单成为其遗产，虽然可以在不变更投保人的情况下，继续保障被保险人和受益人的保险利益，但是，若投保人的其他法定继承人当时未主张分割保单资产，将来反悔要求分割保单资产，那么，很可能会给被保险人和受益人带来更大的损失。因为保单的现金价值通常是随着时间的延长逐渐增加的,将来这一风险出现时,保单资产就会被分走更多。

其次,类似增额终身寿险这样的高现金价值的产品,没有投保人就无法办理保单贷款和部分减保的手续,保单资产的灵活性就无法实现。

因此,终身寿险的投保人去世后,我的建议是要变更投保人。

案例中的孙女士如果在投保时设置了第二投保人,比如让其丈夫做第二投保人,那么孙女士去世后,该保单变更投保人的程序就非常简单。如果孙女士投保时没有设置第二投保人,生前也没有订立保单遗嘱,那么该保单就会成为其遗产。此时,若想变更投保人,就需要孙女士的所有法定继承人共同推选出新投保人,这一过程相对复杂,也有很大的不确定性。为了预防投保人先于被保险人去世所带来的风险,在投保时设置第二投保人是最佳选择。如果想购买的保险产品没有设置第二投保人的功能,也可以通过订立保单遗嘱来实现这一目的。

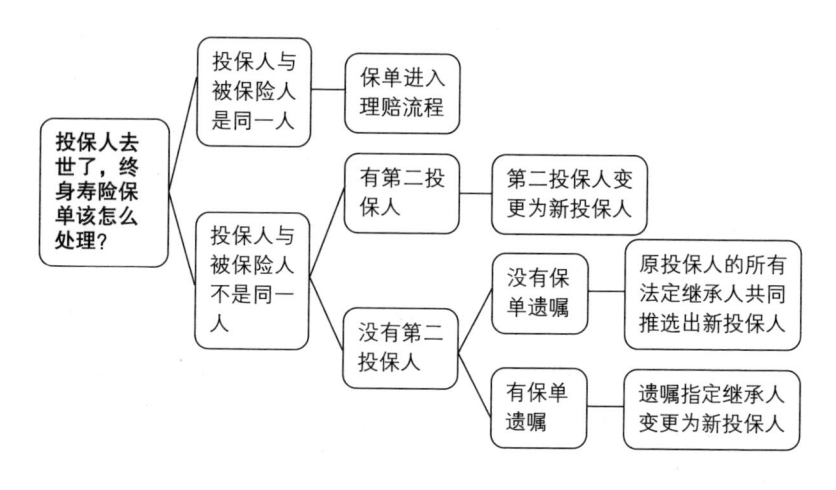

```
投保人去世了,终身寿险保单该怎么处理?
├─ 投保人与被保险人是同一人 ─ 保单进入理赔流程
└─ 投保人与被保险人不是同一人
    ├─ 有第二投保人 ─ 第二投保人变更为新投保人
    └─ 没有第二投保人
        ├─ 没有保单遗嘱 ─ 原投保人的所有法定继承人共同推选出新投保人
        └─ 有保单遗嘱 ─ 遗嘱指定继承人变更为新投保人
```

▶▶▶ 延伸阅读

投保人身故后,未指定第二投保人,也未订立遗嘱确定该保单权益的归属,那么保单就会成为投保人的遗产,由其法定继承人依法继承。在《民法典》中,对法定继承人的规定如下:

第一千一百二十七条　遗产按照下列顺序继承:
(一)第一顺序:配偶、子女、父母;
(二)第二顺序:兄弟姐妹、祖父母、外祖父母。

继承开始后,由第一顺序继承人继承,第二顺序继承人不继承;没有第一顺序继承人继承的,由第二顺序继承人继承。

本编所称子女,包括婚生子女、非婚生子女、养子女和有扶养关系的继子女。

本编所称父母,包括生父母、养父母和有扶养关系的继父母。

本编所称兄弟姐妹,包括同父母的兄弟姐妹、同父异母或者同母异父的兄弟姐妹、养兄弟姐妹、有扶养关系的继兄弟姐妹。

第一千一百三十条第一款　同一顺序继承人继承遗产的份额,一般应当均等。

14 受益人去世了，终身寿险保单该怎么处理？

刘先生与妻子是大学同学，婚后二人非常恩爱，育有一女。早年间，刘先生在朋友的建议下，以自己为投保人和被保险人，以妻子为受益人，投保了一份终身寿险。不料，半个月前妻子在一次事故中丧生。刘先生为妻子办理完后事之后，经朋友提醒，想起还有一份终身寿险保单需要处理。但作为受益人的妻子已经去世，他不知道该怎么处理这份保单。

▶▶▶▶ **专业解析**

在终身寿险保险合同中，被保险人不可以是受益人，而投保人与受益人可以是同一人，也可以不是同一人。不过，在一般情况下，投保人是否与受益人为同一人，并不会因受益人去世而对保单造成太大影响。

通常，在被保险人生存的情况下，如果终身寿险的受益人去世，可以由被保险人提出变更受益人的请求。受益人去世不会对保单造成太大影响，只需将受益人更换为其他人即可。

但是，在某些特殊情况下，受益人的死亡会对保单造成很大影响。根据《保险法》第四十二条的规定，受益人先于被保险人死亡，又没有其他受益人的，保险金将作为被保险人的遗产，由被保险人的法定继承人继承。那么，什么情况下会出现受益人先于被保险人死亡，又没有其他受益人的情形呢？

第一种情况，在被保险人的家庭关系中，只有一个人符合保险合同的条件，可以作为终身寿险保单的受益人，没有其他人能满足成为该保单受益人的要求,而这个人却不幸死亡。这种情况比较罕见,毕竟被保险人的直系亲属中三代人都可以作为受益人,甚至兄弟姐妹都可以。

第二种情况,受益人先于被保险人死亡,被保险人没有变更受益人。根据《保险法》第四十二条的规定,没有指定受益人,或者受益人指定不明无法确定的,身故保险金同样会变成被保险人的遗产。

第三种情况,被保险人和受益人在同一事件中死亡,由于种种原因无法判断二人死亡的先后顺序。《保险法》第四十二条第二款规定:"受益人与被保险人在同一事件中死亡,且不能确定死亡先后顺序的,推定受益人死亡在先。"所以在这种情况下,身故保险金也会变成被保险人的遗产。

总体来看,终身寿险的受益人去世,如果被保险人生存,那么变更新的受益人即可;如果被保险人也去世了,并且没有其他受益人,保单就会成为被保险人的遗产。

案例中的刘先生,在作为受益人的妻子去世后,可以进行受益人变更。如果女儿已经成年,刘先生可以指定女儿为新受益人;如果女儿尚未成年,刘先生可以指定自己的父母为新受益人,待女儿成年后再将受益人变更为女儿。

```
                    ┌─ 在被保险人生存的情况下，受益人去世，通常不会对保单造成太大影响 ─── 被保险人将受益人变更为其他人
受益人去世了，       │
终身寿险保单         │                                              ┌─ 被保险人家庭关系中只有一个人符合受益人条件，且已死亡
该怎么处理？         │                         ┌─ 受益人先于被保险 │
                    └─ 特殊情况下，受益人的    │  人死亡，又没有其 ├─ 被保险人没有变更受益人
                       死亡会对保单造成非常    │  他受益人，保险金 │
                       大的影响                │  会成为被保险人的 └─ 受益人与被保险人在同一事件中死亡，且不能确定死亡先后顺序
                                              └─ 遗产
```

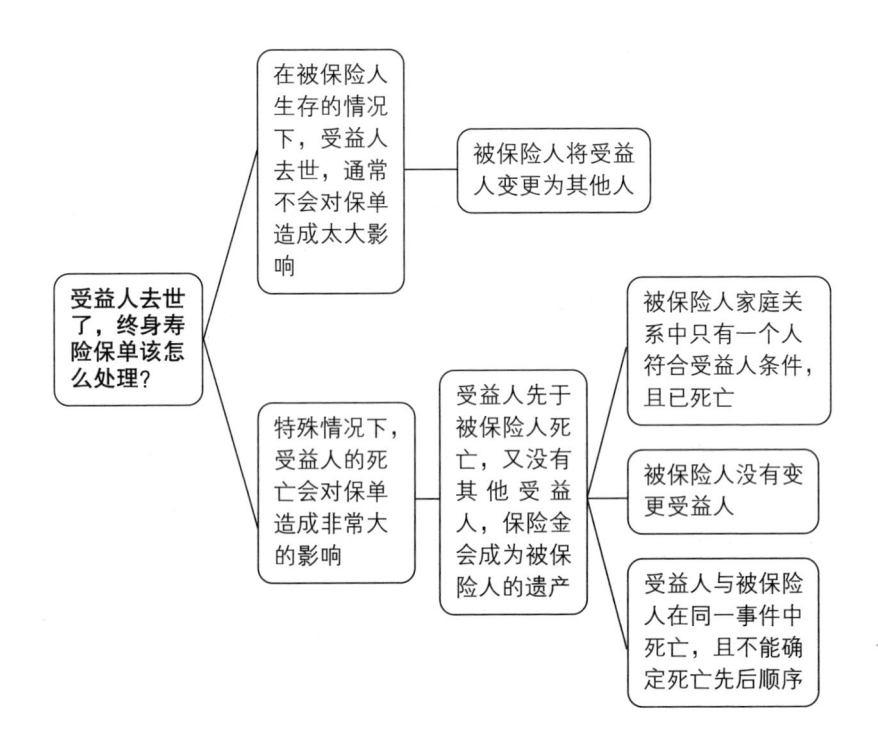

▶▶▶ **延伸阅读**

我们来看一个案例。

2016年2月，周女士在某保险公司为自己投保了人寿保险，保额为10万元，指定其丈夫王先生和自己的父亲周老先生为受益人（周女士的母亲多年前已去世），受益份额各50%。2016年6月，周女士和父亲外出时不幸遭遇车祸，救护车到达时二人均已死亡。而后，周女士的丈夫王先生来到保险公司，要求领取全部的保险金。与此同时，周女士的弟弟也来到保险公司，要求领取属于其父亲周老先生的那一部分保险金。

上述案例中的这笔保险金到底属于谁呢？答案是，王先生可以获得100%的受益份额。《保险法司法解释（三）》第十二条规定："投保人或者被保险人指定数人为受益人，部分受益人在保险事故发生前死亡、放弃受益权或者依法丧失受益权的，该受益人应得的受益份额按照保险合同的约定处理；保险合同没有约定或者约定不明的，该受益人应得的受益份额按照以下情形分别处理：……（二）未约定受益顺序但约定受益份额的，由其他受益人按照相应比例享有……"

现作为受益人之一的周老先生与被保险人周女士在同一事件中死亡，且不能确定死亡先后顺序，应推定周老先生死亡在先，其50%的受益份额将由其他受益人，即王先生享有。

15 在终身寿险中,什么是基本保额?什么是年度基本保额?

吴女士在一次"保险开门红"活动中从银行为自己购买了一份增额终身寿险。翻看保险合同时,她被一些专业名词难住了,比如"基本保额"和"年度基本保额"。这些名词是什么意思?这份保险产品又该按照什么保额来计算收益呢?

▶▶▶ 专业解析

保险金额,即保额,是保险公司承担赔偿或者给付保险金责任的最高限额。保险公司依据保额承担客户出现保险事故后的赔付责任。市场上主流的终身寿险包括定额终身寿险和增额终身寿险。定额终身寿险是传统型终身寿险,其保额固定,即投保时保额是多少,将来理赔时保额就是多少,没有分红,保额也不会增长。所以,定额终身寿险不存在保额的变动,也不存在条款中有多种保额的情况。而增额终身寿险在保险合同条款中会出现有多种保额的现象,让客户难以理解。

下面,我们来看一看在终身寿险合同条款中出现的与保额直接相关的名词。

1. 基本保险金额(基本保额)

基本保险金额是指投保人与保险公司约定并载明在保险合同条款费率表中的单位保额。一般第一个保单年度的基本保额是保险合同订立时的保额。到了后期,如果基本保额发生变更,则以变更后的基本保额为准。

2. 基本保险金额变更（基本保额变更）

基本保额是可以变更的，这让终身寿险变得灵活起来。这里所说的"变更"，有可能是增加，比如增额终身寿险的保额增加，甚至有的保险公司可以追加保额；也有可能是减少，比如减保。

3. 年度基本保险金额（年度基本保额）

这个名词出现在增额终身寿险合同中。通常来说，年度基本保额是计算保单收益的基数。第一个保单年度的年度基本保额是投保时确定的，等于保单的基本保额；从第二个保单年度起，年度基本保额在上一年的年度基本保额的基础上递增一个百分比的额度，市场上的增额终身寿险通常是每年递增3%。说得再通俗一点，就是年度基本保额是按照一定的百分比复利递增的。

从这么多与保额直接相关的名词中我们可以看出：保额是一个总体的概念；基本保额是保险合同订立时先确定的一个金额，但是后期是可以变更的；年度基本保额才是最重要的，是计算赔偿或者给付保险金时的依据，所以有的保险公司也称之为"年度有效保险金额"。

终身寿险合同条款中与保额相关的名词

名词	含义
基本保险金额（基本保额）	保险合同条款费率表中的单位保额。一般第一个保单年度的基本保额是保险合同订立时的保额
基本保险金额变更（基本保额变更）	基本保额的增加或减少
年度基本保险金额（年度基本保额，也称"年度有效保险金额"）	计算保单收益的基数，按照一定的百分比复利递增

▶▶▶ **延伸阅读**

某增额终身寿险合同条款中关于基本保险金额、年度有效保险金额的约定如下:

2.1 基本保险金额

本合同的基本保险金额由您在投保时与我们约定并在保险单上载明。若该金额发生变更,则以变更后的金额为本合同的基本保险金额。

本合同第一个保单年度的有效保险金额等于本合同的基本保险金额;自第二个保单年度起,本合同当年度有效保险金额等于本合同上一个保单年度的有效保险金额×(1+3%)。若基本保险金额发生变更,有效保险金额相应调整。

16 终身寿险的犹豫期、等待期、宽限期分别是什么意思?

赵女士到保险公司咨询寿险产品。但是,保险合同上的很多专业名词她都看不懂,其中,"犹豫期"相对容易理解,而"宽限期"和"等待期"又是什么意思?在没有理解这些名词之前,赵女士不敢轻易投保。

▶▶▶ **专业解析**

一份保险合同必然涉及各类与时间有关的概念。一般的合同中出现"生效日""有效期"等时间概念,大家理解起来还比较容易,但人身保险合同中特有的一些时间概念,比如"犹豫期""等待期""宽限期",就超出了大家能够轻松理解的范围。下面,我就结合《保险术语》,为大家解释一下这三个概念的含义。

1. 犹豫期

犹豫期是指投保人收到保险合同并书面签收后,仍然拥有撤销保险合同权利的一段时间。在此期间,投保人可以提出解除保险合同的申请,保险公司会在扣除工本费[①]后无息退还其所交的全部保费。

一般合同双方签字用印后,合同即生效,然后就要按照合同条款执行了。如果出现毁约的情况,毁约方要承担相应的违约责任。

---

① 目前,如果是纸质保单,保险公司一般会收取大约10元的工本费。

然而，保险合同是一种特殊的合同，客户签订合同后，在一定时间内可以反悔，一般是签收保险合同后的 10 日或者 15 日内。这就是保险合同的犹豫期。

那么，犹豫期的时间是如何计算的呢？犹豫期的起始时间，不是以投保时间为准，而是以签收保险合同的时间为准。客户拿到保单后，需要亲笔签收保单回执，而且要注明日期，这才算完成了保险合同的签收手续。犹豫期从保单回执所注明的日期开始按日计算。值得注意的是，因各家保险公司的相关规定不同，犹豫期在计算方式上也有所差异，有的保险公司按照自然日来计算，有的保险公司按照工作日来计算，具体要看保险合同上是如何规定的。

如果在犹豫期内，客户没有提出退保申请，而是在保单正式生效后才提出退保，那么能退还的只是保单的现金价值，对客户来说，恐怕要承担较大的损失。

2. 等待期

等待期是指从保险合同生效日或最后一次复效日开始，至保险公司具有保险金赔偿或给付责任之日的一段时间。在此期间，被保险人即使发生保险事故，受益人也不能获得保险公司的赔付。这段时期就是等待期，也被称为"免责期"或"观察期"。

设置保险等待期的目的，是防止一些人明知被保险人会发生保险事故而故意马上投保来获得理赔的情况发生。

不是所有的人身保险都有等待期。等待期一般存在于健康保险中。重大疾病保险的等待期一般是 90~180 日（目前市场上的主流情况是 90 日），医疗险的等待期一般是 30 日。由于终身寿险是身故或全残理赔，并且有两年内自杀免赔条款，所以大部分的终身寿险没有等待期。但是，与重疾险组合搭配作为主险的终身寿险是有等待期的。因为这种产品附加的提前给付重大疾病险有等待期，所以这类终身寿险通常也会设置等待期。其等待期的长短与重疾险的等待期相同。

被保险人在等待期内发生了人身风险，保险公司通常不会赔付保险金，但会退还保费，保险合同终止。如果是医疗险，被保险人在等待期内发生了疾病就医，保险公司也不会赔偿医疗费用，但是保单继续有效。

那么，等待期是不是每年都有呢？不是，通常等待期是第一个保单年度才有的。从保单的生效日开始计算，经过一次等待期，如果保单一直有效，那么以后就不会再次计算等待期了。但是，如果中途保单因没有继续交费等情况而暂时失效，但并未解除合同，就要从保单复效日开始重新计算等待期。

3. 宽限期

宽限期是指保险公司对投保人未按时交纳续期保费所给予的宽限时间。期交保险，通常是数年分期将所有保费交清，在第一期交费过后，以后每年固定的时间都要交纳保费。万一客户因工作繁忙、外出、生病或者遗忘等情况未能及时交费，保险公司会给予一定的宽限时间。这个时间是 60 日。一定要记住，此宽限时间是 "60 日"，而不是 "2 个月"，因为不是每个月都正好有 30 天。为了公平起见，国内保单的宽限期统一都是 60 日。

保单在宽限期内，即使没有交纳续期保费，保单依然有效。如果在宽限期内发生保险事故，保险公司是要承担保险责任赔付保险金的，只是要从保险金中扣除当年应该交纳的保费。

如果超过宽限期还没交纳保费，那么保单会暂时失去效力，被称为保单效力 "中止" 或 "失效"。保单效力中止后，如果被保险人发生保险事故，保险公司是不会理赔的。

我们总结一下：犹豫期，是客户投保后还可以反悔，保险公司在扣除工本费后退还全部所交保费的时间；等待期，是客户在一定的时间内发生保险事故，保险公司不一定按照保额理赔的时间；宽限期，是保单需要交费时，客户没有交费，仍可以在一段时间内补交费用而不影响保单效力的时间。

其实，保险合同条款中的各种名词没有那么高深，了解其含义，就能更好地理解保险。

保险合同中的三个时间概念

名称	含义	期限
犹豫期	投保人收到保险合同并书面签收后，仍然拥有撤销保险合同权利的一段时间	签收保险合同后的10~15日
等待期	从保险合同生效日或最后一次复效日开始，至保险公司具有保险金赔偿或给付责任之日的一段时间	重大疾病保险的等待期一般为90~180日（当终身寿险作为主险时，其等待期与重大疾病保险的等待期相同）；医疗险的等待期一般为30日
宽限期	保险公司对投保人未按时交纳续期保费所给予的宽限时间	宽限期为60日

▶▶▶ **延伸阅读**

某终身寿险合同中关于犹豫期、宽限期的约定如下：

犹豫期　为了使您充分了解本主合同的保障范围，确定选择了合适的基本保险金额、交费期限和交费金额，自您签收本主合同之日起，有 10 日的犹豫期。如果您在此期间提出解除本主合同，需要填写书面申请，并提供您的保险合同及有效身份证件，我们将在扣除不超过人民币 10 元的保单工本费后无息退还您所交的本主合同的保险费。自我们收到您解除合同的书面申请时起，本主合同即被解除。对本主合同解除前发生的保险事故，我们不承担保险责任。

宽限期　分期支付保险费的，您支付首期保险费后，除本主合同另有约定外，如果您到期未支付保险费，自保险费约定支付日的次日零时起 60 日为宽限期。宽限期内发生的保险事故，本公司仍会承担保险责任，但在给付保险金时会扣减您欠交的保险费。

如果您在宽限期结束之后仍未支付保险费，则本主合同自宽限期满的次日零时起效力中止。

17 什么是终身寿险的现金价值？为什么和保额差这么多？

保险代理人小王为刘先生推荐了一款终身寿险产品。刘先生仔细看了保险合同条款，发现其中关于理赔的约定，不是给现金价值，就是给保额。在没有完全弄明白合同条款前，刘先生不会轻易投保。他问小王："现金价值是什么？为什么和保额差这么多？"

▶▶▶ 专业解析

现金价值，是指根据保险合同的约定，保单累积的实际价值。它是带有储蓄性质的人身保险所具有的价值。保险公司为了履行合同责任，通常会提留责任准备金①，如果投保人中途退保，保险公司就会将该保单的责任准备金作为退保金退还给客户。这笔退保金（责任准备金）减去退保手续费，就是我们说的现金价值了。

现金价值的确来源于客户交纳的保费，那它是如何形成的呢？我们知道，不同年龄段的人群发生风险的概率是不同的。对终身寿险来说，被保险人的年龄越大，发生身故的概率越大，保费也就越高。如果保费高到一定程度，超过保额很多，就失去了投保的意义。所以，我国长期人寿保险都采用"均衡保费法"收取保费，即把客户要交的所有保费平均到 20～30 年的交费期内。这样一来，就会出

---

① 责任准备金，是指保险公司为保证如约履行未来的赔偿或给付责任，提取的与其所承担的保险责任相对应的资金准备。保险公司会根据精算原理，按照一定的比例从保费中提留。

现保单的前期交费较多，扣除保障成本后还有剩余的情况。这个剩余的部分，就形成了现金价值。

需要注意的是，只有长期保险才会有现金价值，那些保障期限只有 1 年或者几个月的保险是没有现金价值的。因为这类保险的保障期限短，每年都相当于重新投保，比如住院医疗险，被保险人每到达一个年龄段保费就会上升或者下降。这种保险采用的不是均衡保费法，所以不会有现金价值。

除了退保时会提到现金价值，使用终身寿险保单的其他功能时也会涉及现金价值，比如保单贷款、减额交清、年金转换、自动垫交等。这些内容我会在后续的章节中逐一讲解。

终身寿险保单的现金价值因受交费方式的影响而不同。投保人交费的期限越短，每次交费的数额越大，他在保险公司那里积存起来用于履行将来保险义务的保费就越多，保费的储蓄性就越大，保单上的现金价值就越多。[1] 总体来看，定额终身寿险的现金价值比较低，增长速度也比较慢，需要 20 年左右的时间才能与所交保费持平。增额终身寿险的现金价值则比较高，增长速度也比较快，通常在保单第 6 年或者第 7 年初就可以与所交保费持平，部分产品甚至可以更早。

那么，为什么终身寿险保单的现金价值会和保额差很多呢？现金价值是在退保的前提下给付的金额[2]，而且已经扣除了基础费用和保障成本；保额则是被保险人发生保险事故后，保险公司赔付保险金的最高限额。二者本质上不属于同一种资产。所以，现金价值与保额有一定差距是很正常的。

---

[1] 孙祁祥. 保险学 [M]. 7 版. 北京：北京大学出版社，2021：137.
[2] 终身寿险产品中，在特定条件下保险公司也会将保单的现金价值作为身故保险金赔付给受益人。

第一章　基础知识：认识终身寿险

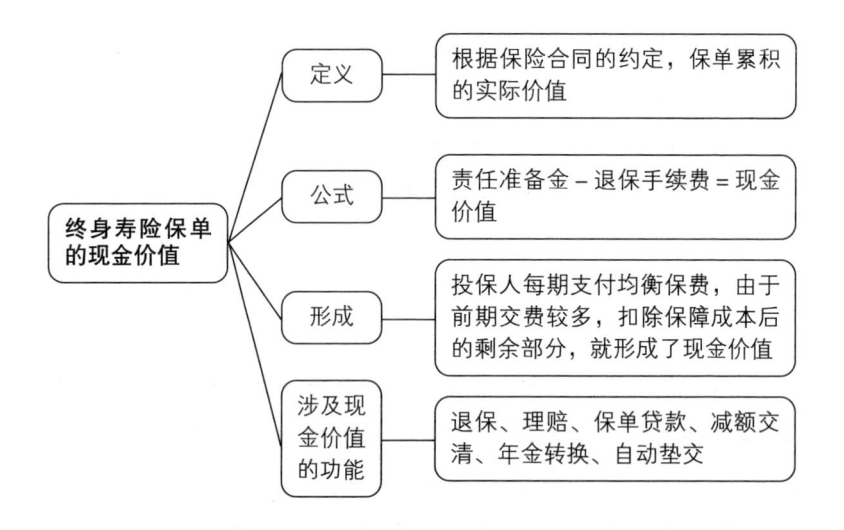

```
                    ┌─ 定义 ── 根据保险合同的约定，保单累积的实际价值

                    ├─ 公式 ── 责任准备金 – 退保手续费 = 现金价值
终身寿险保单
的现金价值
                    ├─ 形成 ── 投保人每期支付均衡保费，由于前期交费较多，扣除保障成本后的剩余部分，就形成了现金价值

                    └─ 涉及现金价值的功能 ── 退保、理赔、保单贷款、减额交清、年金转换、自动垫交
```

▶▶▶ **延伸阅读**

以下是某终身寿险合同条款中关于现金价值的约定。

现金价值　指保险单所具有的价值，通常体现为解除合同时，根据精算原理计算的，由本公司退还的那部分金额。此"金额"载明于保险单或批注上。

18 终身寿险为什么要设置免责条款？

保险代理人向丁先生推荐了一款终身寿险，丁先生觉得这份保险还不错，只是拿到保险合同后，他发现合同里有一个叫作"责任免除"的名词。丁先生有点疑惑，一面说保险是为人提供保障的，一面又要免除责任，这保险合同里该不会有什么陷阱吧？

▶▶▶ 专业解析

在客户投保时，有些保险销售人员没有向客户说明保险合同中的"免责条款"，其中一部分人是担心告知客户后，客户会有顾虑，从而放弃投保，还有一部分人是觉得所有保险合同中都有这样的条款，自己对客户说不说都一样。然而，如果保险销售人员不向客户介绍保险合同中的免责条款，将来发生理赔时就可能产生纠纷。

我们通常说的"免责条款"，就是保险合同里的"责任免除"这一项，是投保人投保时，保险公司在保险合同中约定的用以免除或限制保险公司承担合同责任的条款。通俗地说，就是被保险人发生了保险事故，凡是属于"责任免除"范围的，保险公司都不予赔付。保险产品所保障的，比如被保险人的死亡、伤残、疾病或达到合同约定的年龄、期限等，属于"保险责任"；而其所不保的，就属于"责任免除"。

那么，保险合同中为什么要设立免责条款呢？一是为了限制保险公司所承担的风险范围。保险公司是需要盈利的金融机构，其经营以稳健为主。只有可控的风险才属于保险产品的保障范围，而不可控的风险则不在其保障范围内。比如战争、暴乱、军事冲突等风

第一章 基础知识：认识终身寿险

险是不可控的，一旦发生这些风险，理赔率太高，超过了保险公司的承受能力，保险公司便在保险合同中约定不能承担这些风险，用以限制风险范围。二是为了防范道德风险。比如，投保人对被保险人的故意杀害或故意伤害，都是保险中涉及的较常见的道德风险，类似的情况必须被剔除出保障范围。

由于各家保险公司的风险管控力度和产品的保险责任不同，保险合同中的免责条款项目也不尽相同。以终身寿险为例，有的保险公司的终身寿险合同中的免责条款有九项或者七项，有的保险公司的终身寿险合同中的免责条款只有三项。

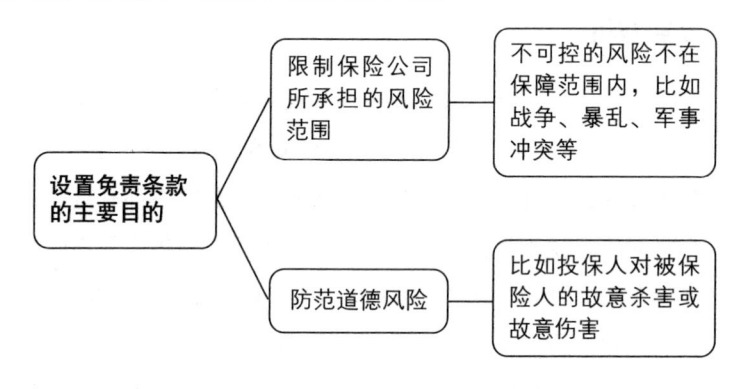

```
                    ┌─限制保险公司所承担的风险范围 ── 不可控的风险不在保障范围内，比如战争、暴乱、军事冲突等
设置免责条款的主要目的─┤
                    └─防范道德风险 ── 比如投保人对被保险人的故意杀害或故意伤害
```

▶▶▶ 延伸阅读

不同的终身寿险产品，其免责条款也不尽相同。以下列举三个终身寿险合同中的相关条款。

例一：

2.8 责任免除

因下列情形之一导致被保险人发生疾病、达到疾病状态或进行手术，或导致被保险人全残的，我们不承担给付保险金的责任：

（1）投保人对被保险人的故意杀害、故意伤害；

（2）被保险人故意犯罪或抗拒依法采取的刑事强制措施；

（3）被保险人故意自伤，或自本合同成立或者本合同效力恢复之日起2年内自杀，但被保险人自杀时为无民事行为能力人的除外；

（4）被保险人服用、吸食或注射毒品；

（5）被保险人酒后驾驶、无合法有效驾驶证驾驶或驾驶无合法有效行驶证的机动车；

（6）被保险人感染艾滋病病毒或患艾滋病，但本合同另有约定的除外；

（7）战争、军事冲突、暴乱或武装叛乱；

（8）核爆炸、核辐射或核污染；

（9）遗传性疾病，先天性畸形、变形或染色体异常，但本合同另有约定的除外。

例二：

第九条 责任免除

因下列情形之一导致被保险人身故的，我们不承担给付身故保险金的责任：

1. 投保人对被保险人的故意杀害、故意伤害；

2. 被保险人故意犯罪或者抗拒依法采取的刑事强制措施；

3. 被保险人自本合同成立或者合同效力恢复之日起2年内自杀，但被保险人自杀时为无民事行为能力人的除外；

4. 被保险人主动吸食或注射毒品；

5. 被保险人酒后驾驶、无合法有效驾驶证驾驶或驾驶无合法有效行驶证的机动车；

6. 战争、军事冲突、暴乱或武装叛乱；

7. 核爆炸、核辐射或核污染。

发生上述第1项情形导致被保险人身故的，本合同终止，您已交足2年以上保险费的，我们向其他权利人退还保险单的现金价值。

发生上述其他情形导致被保险人身故的，本合同终止，我们向您退还保险单的现金价值。

例三：

除外责任

2.1 被保险人因以下情形之一造成身故的，我们不承担给付身故保险金的责任：

（1）投保人对被保险人的故意杀害、故意伤害；

（2）故意犯罪或者抗拒依法采取的刑事强制措施；

（3）在本主险合同成立之日或最后复效日（以较迟者为准）起2年内自杀，但被保险人自杀时为无民事行为能力人的除外。

如果本主险合同有现金价值，发生上述第（1）种情形时，我们向被保险人的继承人退还现金价值，本主险合同效力终止；发生上述第（2）、（3）种情形之一时，我们将向您退还现金价值，本主险合同效力终止。

19 什么是自动垫交？

投保看似很简单，只要选好产品后签字、交费就可以了，但要想真正用好保险，不是一件简单的事情。

小谭从事保险销售工作一年了，对于保险的理念和产品的运用已经比较熟悉。上周，一位客户在投保终身寿险的时候向小谭咨询：如果续期保费交不上，又想让保单继续有效，有没有什么办法可以做到？于是，小谭介绍了几种方法供这位客户选择。

▶▶▶ **专业解析**

与银行、证券等金融产品不同的是，保险具有保障性，但是其保障性也是建立在一定基础上的。如果客户购买了期交保险，不能及时交纳保费，保单的效力就会中止，被保险人将失去保障。

遇到这种情况，只要投保人在宽限期内将欠交的保费补上，保单就继续有效。若没能在宽限期内筹集到足够的资金，投保人还可以使用保单贷款功能来交纳当年度的保费。但是，如果客户因出现特殊情况而无法办理保单贷款，甚至因联系方式变更而没有接到续费通知，那么保单就可能会失效。所以，在客户投保时，保险销售人员一般会推荐客户选择另外一种功能——保费自动垫交功能。

保费自动垫交，是指当投保人在宽限期结束时仍未交纳保费，而保单当时已经具有足够的现金价值时，保险公司依据与投保人的约定用保单的现金价值自动垫交保费，从而使保单保持有效的行为。这种方式相当于投保人向保险公司贷款交纳保费，目的是尽可能地避免出现客户因特殊情况导致保单失效，使其利益受损的情形。保费自动垫交有以下特点：

（1）在保单投保时必须选择自动垫交功能；

（2）保单的现金价值需要能够支付当期的保费；

（3）保单的现金价值不足以支付时，保单仍然会失效；

（4）通常是在宽限期结束后仍未交纳保费，才会使用自动垫交功能；

（5）自动垫交实质上仍是向保险公司贷款，需要支付利息。

保单失效后，被保险人发生了保险事故，保险公司是不会理赔的。因此，我建议大家在购买终身寿险时一定要勾选保费自动垫交功能，宁可用不上，也不能没有。

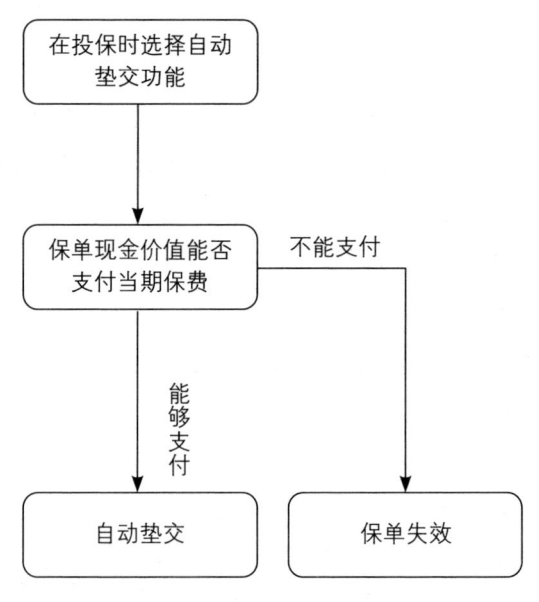

保费自动垫交流程

▶▶▶ 延伸阅读

某终身寿险合同中关于保费自动垫交的约定如下：

4.3 保险费自动垫交

您可以选择保险费自动垫交功能，即如果您在宽限期结束时仍未支付保险费，我们将按以下情况自动垫交当期应付的保险费：

若本合同的现金价值扣除您尚未偿还的各项欠款及应付利息（利率同贷款利率）之后的余额（简称"现金价值余额"）足以垫交当期应付的保险费时，我们将先行垫交当期应付的保险费，本合同继续有效。

若现金价值余额不足以垫交当期应付的保险费时，我们将以该余额计算本合同可以继续有效的天数，先行垫交您相应的保险费，本合同在此期间继续有效。当所垫交的保险费及利息加上其他各项欠款及利息达到本合同现金价值时，本合同中止。

所垫交的保险费视同贷款，我们将向您收取利息（利息同贷款利率）。

您在保险费自动垫交开始后申请结束保险费的自动垫交的，须补交所垫交的保险费及利息。

20 保险代理人离职了，会对我的保单产生影响吗？

年初，吴女士从保险代理人小美那里为自己投保了一份终身寿险。吴女士之所以在众多的保险代理人中选择了小美，主要是因为小美就住在自己家楼下，关于保险的问题随时都可以问她，沟通方便，自己也安心一些。

然而，小美因为要结婚，前不久去了远在千里之外的城市，保险公司的工作也辞了。吴女士担心：自己的保单是跟小美签的，所有的相关业务都是经小美的手办理的，现在小美离职了，将来要是自己真有保险方面的服务需求，该找谁？

▶▶▶ 专业解析

根据银保监会发布的《关于2022年上半年保险公司销售从业人员执业登记情况的通报》（银保监办便函〔2022〕784号），截至2022年6月30日，全国保险公司在保险中介监管信息系统执业登记的销售人员570.7万人，比2019年年底较高峰时期的973万人锐减402.3万人，减幅达41%。

可见，保险代理人是个流动性很强的职业，而终身寿险的保障期限是人的一辈子，交费期比较长。这就导致很多客户担心自己在某个保险代理人那里投保以后，对方的离职会对自己的保单服务产生影响。

其实，客户不必担心这个问题。因为客户是向保险公司投保，而不是向保险代理人投保。保险代理人仅仅是在保险公司授权范围内代理保险公司的部分经营业务。所以，保险代理人离职后，客户的权益不会受到影响。

保险代理人离职后,其在职时服务的保单在保险公司内部通常被称作"孤儿保单",也就是没有专门的保险代理人服务的保单。通常,保险公司会将这些"孤儿保单"交给专门的部门,一般叫作"保费部""区域拓展部""渠道部"等。该部门会重新安排保险代理人为客户提供保险服务,以满足客户在保单有效期内的交费、理赔、变更及加保等需求。

也就是说,除了为客户服务的那个人不再是原来的保险代理人,客户享受到的保险服务是没有变化的。这就像我们去银行柜台办理存款业务,即便办理存款的柜员被调离了,也不会影响我们放在银行里的存款和利息。

实际上,即便当初为客户服务的保险代理人没有离职,也可能因为工作内容调整或者代理人自身的原因等,而为客户更换其他的保险代理人。

案例中的吴女士不必担心为她提供服务的小美离职后,其保单的权益或服务会出现问题,很多保险公司都会重新安排保险代理人与客户对接。在新的保险代理人安排下来之前,有相关保险服务需求的客户,可以拨打保险公司的客服电话,客服部门会联系相应的工作人员为客户提供服务。我也建议像吴女士这样的客户,在得知原保险代理人不能继续为自己提供服务时,应主动向保险公司申请安排新的保险代理人。

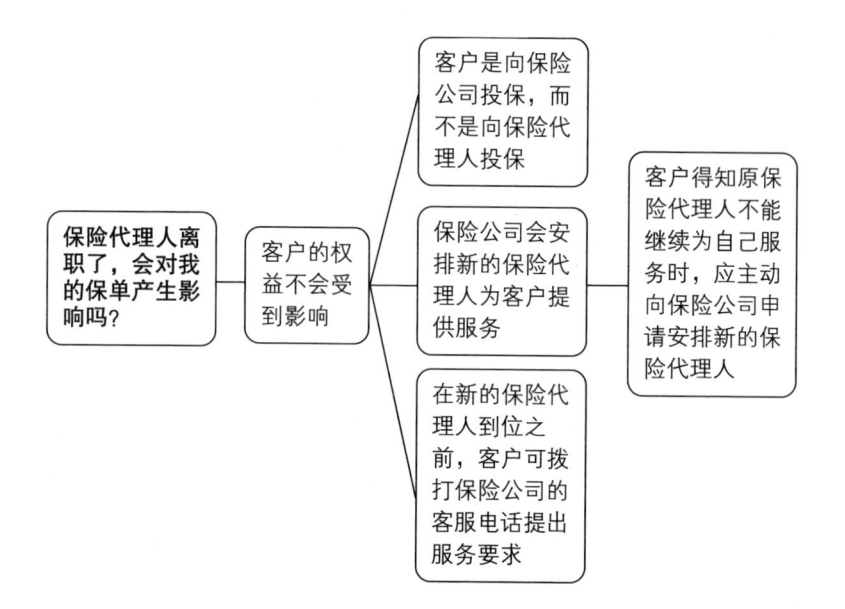

```
保险代理人离          客户是向保险
职了，会对我          公司投保，而          客户得知原保
的保单产生影  ── 客户的权  ── 不是向保险代  ── 险代理人不能
响吗？         益不会受          理人投保           继续为自己服
              到影响                              务时，应主动
                        保险公司会安              向保险公司申
                        排新的保险代              请安排新的保
                        理人为客户提              险代理人
                        供服务

                        在新的保险代
                        理人到位之
                        前，客户可拨
                        打保险公司的
                        客服电话提出
                        服务要求
```

▶▶▶ **延伸阅读**

在没有保险代理人服务的情况下，终身寿险的被保险人如果出险了，投保人或受益人该怎么办呢？如果当地有所投保的保险公司的分支机构，投保人或受益人可直接到保险公司向客服询问理赔流程。如果当地没有所投保的保险公司的分支机构，投保人或受益人可以拨打保险公司的客服电话，或在保险公司 App、官方微信公众号上进行报案，申请理赔。

21 在网上投保与找保险代理人投保，有什么区别?

小江是一个软件工程师，平时工作比较忙，所以吃穿用度大都通过网购。按照他的观点，网购的产品价格便宜，还送货上门，比自己去实体店购买要省时省力得多。

在朋友的推荐下，小江正在考虑给自己投保一份终身寿险。朋友建议他找一个保险代理人帮他办理，但小江觉得，网上也有保险，产品也差不多，价格还便宜，何必要从保险代理人那里投保，让他们赚取佣金呢？

▶▶▶ **专业解析**

随着网络购物平台的发展，人们逐渐养成了网上购物的习惯。大到家具，小到柴米油盐，都可以网购。网络上有众多商家供消费者选择，消费者通过查看价格、好评率、商家信用程度，就能轻松挑选出性价比高的产品。

除了生活用品，金融产品也可以网购。从银行的理财产品，到保险公司的保险产品，都可以在各种网络平台上进行购买。但从目前来看，在网上投保与找保险代理人投保还是有一定区别的，主要体现在以下几点：

第一，保险公司不一样。大型保险公司会将业务重点放在线下的保险代理人那里，而线上业务比较多的大都是新的保险公司。很多保险行业的新公司为了避免与业内的大型公司直接面对面竞争，从而选择了线上销售。不过，这并不意味着这些新保险公司的产品不如大型保险公司的产品好。实际上，由于线上销售的这些保险产品不需要投入大量的人力成本，所以保费通常会比线下的同类型产品便宜，反而性价比更高。

第二，产品不一样。就像家电一样，线上销售的产品与线下销售的产品型号和功能是不同的。保险产品也一样，线上销售的保险产品通常是保险责任比较简单的保障类保险产品，而线下保险代理人销售的保险产品通常保险责任比较复杂，需要由专业人士做解释说明，以帮助客户理解产品的内容。

第三，投保流程不一样。线下的投保流程是在保险代理人的协助下完成的，而线上的投保流程是在电脑或者手机的提示下完成的，全程没有销售人员参与。

是选择在网上投保，还是选择找保险代理人投保，要看个人的需求。如果你对保险的需求相对简单，可以在网上投保；如果你对保险的需求比较复杂，比如想投保终身寿险这类产品，建议你还是在线下找保险代理人投保。之所以如此建议，主要有以下几个原因：

第一，在网上投保，客户一般只能通过产品介绍页展示的图文信息对产品进行了解，相应的保险术语、保险合同条款，对非专业人士来说理解起来可能比较困难；线下的保险代理人则能针对客户的疑问，对保险产品的保障内容及可以实现的功能做详细介绍，让客户对产品有更加清晰的了解。

第二，网上通常只能展示单个产品；线下的保险代理人却能根据客户的实际情况设计保险产品组合，让客户获得符合个人需求的较为全面的保障。

第三，在网上投保，多数客户看到的是产品的收益或者保障范围，很少有客户关注理赔的规则，即便关注，大量晦涩难懂的专业术语也往往让人难以把握重点、完全理解其含义；线下的保险代理人则可以更多地为客户解析理赔的规则，让客户对与自身利益切实相关的规定有较为深入的了解。

第四，网上投保时没有销售人员的协助，这就意味着客户没有对应的服务人员，需要通过官方的客服电话或者 App 来获取服务；线下的保险代理人可以提供面对面的服务，即使代理人离职，也会有其他保险代理人来接替其服务。

当然，网上投保也是有很多优点的。比如，我们前面提到的网上销售的保险产品的保费通常较线下的保险产品的保费便宜不少，这样就能让客户以较低的价格获得较高的保障或者收益。再比如，网上销售的保险产品能够弥补线下保险销售中的保障缺失情况——在个险销售渠道，产品类型还算比较齐全，但是在银保销售渠道，很多都是理财类的主险产品，没有如意外险、百万医疗险等附加险产品。这就导致客户可能仅有理财类保险产品，缺乏重要的保障类保险产品。

其实，不论是在网上投保，还是找保险代理人投保，对客户来说，获取保险保障都是第一位的。除了保障，最重要的就是后期服务，毕竟谁都不愿意在投保一份保单后，还需要操心未来的各种服务问题。就终身寿险而言，其类型、功能、理赔服务等各个方面都相对复杂，像案例中的小江一样对保险不太了解，甚至无法厘清自己的保险需求的客户，建议还是找保险代理人投保。

在网上投保与找保险代理人投保的区别

投保方式	保险公司	产品	投保流程
在网上投保	多数为新保险公司	保险责任比较简单的产品较多	在网上完成，全程无销售人员参与
找保险代理人投保	大型保险公司	保险责任比较复杂的产品较多	由保险代理人协助完成

▶▶▶ **延伸阅读**

中国银保监会于 2020 年 12 月 7 日发布了《互联网保险业务监管办法》，对网上投保做了相应的规范。尽管网上投保很便捷，但消费者也要擦亮眼睛，对提供投保服务的网络平台要审其资质，辨其真伪，再做选择。

关于开展互联网保险业务的保险机构及其自营网络平台，《互联网保险业务监管办法》中有如下规定：

第七条　开展互联网保险业务的保险机构及其自营网络平台应具备以下条件：

（一）服务接入地在中华人民共和国境内。自营网络平台是网站或移动应用程序（APP）的，应依法向互联网行业管理部门履行互联网信息服务备案手续、取得备案编号。自营网络平台不是网站或移动应用程序（APP）的，应符合相关法律法规的规定和相关行业主管部门的资质要求。

（二）具有支持互联网保险业务运营的信息管理系统和核心业务系统，并与保险机构其他无关的信息系统有效隔离。

（三）具有完善的网络安全监测、信息通报、应急处置工作机制，以及完善的边界防护、入侵检测、数据保护、灾难恢复等网络安全防护手段。

（四）贯彻落实国家网络安全等级保护制度，开展网络安全定级备案，定期开展等级保护测评，落实相应等级的安全保护措施。对于具有保险销售或投保功能的自营网络平台，以及支持该自营网络平台运营的信息管理系统和核心业务系统，相关自营网络平台和信息系统的安全保护等级应不低于三级；对于不具有保险销售和投保功能的自营网络平台，以及支持该自营网络平台运营的信息管理系统和核心业务系统，相关自营网络平台和信息系统的安全保护等级应不低于二级。

（五）具有合法合规的营销模式，建立满足互联网保险经营需求、符合互联网保险用户特点、支持业务覆盖区域的运营和服务体系。

（六）建立或明确互联网保险业务管理部门，并配备相应的专业人员，指定一名高级管理人员担任互联网保险业务负责人，明确各自营网络平台负责人。

（七）具有健全的互联网保险业务管理制度和操作规程。

（八）保险公司开展互联网保险销售，应符合银保监会关于偿付能力、消费者权益保护监管评价等相关规定。

（九）保险专业中介机构应是全国性机构，经营区域不限于总公司营业执照登记注册地所在省（自治区、直辖市、计划单列市），并符合银保监会关于保险专业中介机构分类监管的相关规定。

（十）银保监会规定的其他条件。

22 购买了终身寿险，万一保险公司破产了，我的保单该怎么办？

保险代理人小丹与范女士是在一场读书会上相识的，得知范女士对保险行业的印象不错，且有意了解保险产品，小丹便主动上门拜访。在讲到终身寿险时，范女士问小丹："你说终身寿险的保障期限是人的一辈子，万一中途保险公司破产了，客户的保障不就落空了吗？"

▶▶▶ **专业解析**

许多人在购买保险之前，最常问的一个问题就是：万一保险公司破产了，我的保单该怎么办？

在讲这个问题之前，我们先要弄明白保险公司是什么性质的公司。

我国《保险法》要求保险公司分业经营。按照保险业务的不同，分为财产保险业务和人身保险业务两大基本类别，同一家保险公司不得兼营这两大基本类别的保险业务。[①]

在我国，绝大多数人投保的是人身保险，其中最主要的业务是人寿保险业务。也就是说，绝大多数人投保的公司是经营人寿保险业务的保险公司。《保险法》第八十九条第二款规定："经营有人寿保险业务的保险公司，除因分立、合并或者被依法撤销外，不得

[①] 但是，经营财产保险业务的保险公司经国务院保险监督管理机构批准，可以经营短期健康保险业务和意外伤害保险业务。

解散。"

很多保险公司的保险代理人,甚至是培训老师,都对这个法条有误解。他们说,因为这个法条,所以人寿保险公司不会破产,也不会解散。这个说法不全面,也不严谨。上述法条主要是为了保持人寿保险合同的连续性而做出的规定,即经营有人寿保险业务的保险公司,不得以分立、合并或被依法撤销以外的方式解散。但是,人寿保险公司终止业务的方式可不止解散一种,还有破产。《保险法》第九十条明确规定:"保险公司有《中华人民共和国企业破产法》第二条规定情形的,经国务院保险监督管理机构同意,保险公司或者其债权人可以依法向人民法院申请重整、和解或者破产清算;国务院保险监督管理机构也可以依法向人民法院申请对该保险公司进行重整或者破产清算。"所以,人寿保险公司既可以破产,也可以解散。

如果人寿保险公司真的被依法撤销或依法宣告破产了,我们的保单该怎么办呢?《保险法》第九十二条规定:"经营有人寿保险业务的保险公司被依法撤销或者被依法宣告破产的,其持有的人寿保险合同及责任准备金,必须转让给其他经营有人寿保险业务的保险公司;不能同其他保险公司达成转让协议的,由国务院保险监督管理机构指定经营有人寿保险业务的保险公司接受转让。转让或者由国务院保险监督管理机构指定接受转让前款规定的人寿保险合同及责任准备金的,应当维护被保险人、受益人的合法权益。"

也就是说,当人寿保险公司被依法撤销或者依法宣告破产时:

(1)保险合同和责任准备金要转让给其他人寿保险公司,由其他人寿保险公司接受转让;

(2)如果没有其他人寿保险公司愿意接受转让,由国家指定人寿保险公司来接受转让。

无论如何,被保险人和受益人的合法权益不会因此受到损失。

第一章 基础知识:认识终身寿险

换句话说，人寿保险有法律兜底，一定会保障客户的利益，大家尽可放心。

人寿保险公司终止业务的方式及其处理保单的方式

终止业务的方式	情况	处理保单的方式
解散	人寿保险公司分立、合并或者被依法撤销	人寿保险合同和责任准备金转让给其他人寿保险公司；没有其他人寿保险公司接受转让的，由国家指定人寿保险公司接受转让
破产	无法清偿到期债务	

▶▶▶ 延伸阅读

《保险法》

第八十九条　保险公司因分立、合并需要解散，或者股东会、股东大会决议解散，或者公司章程规定的解散事由出现，经国务院保险监督管理机构批准后解散。

经营有人寿保险业务的保险公司，除因分立、合并或者被依法撤销外，不得解散。

保险公司解散，应当依法成立清算组进行清算。

《中华人民共和国企业破产法》

第二条　企业法人不能清偿到期债务，并且资产不足以清偿全部债务或者明显缺乏清偿能力的，依照本法规定清理债务。

企业法人有前款规定情形，或者有明显丧失清偿能力可能的，可以依照本法规定进行重整。

23 保险公司做优惠活动时推荐的产品好不好？找熟人购买保险产品，能不能享有价格优惠？

金先生是个喜欢精打细算的人，购买一样产品之前，他总会先挑选好款式，然后等商家做活动的时候再购买，这为他省下了不少钱。在金先生看来，保险也一样，可以在保险公司做优惠活动的时候买。但他又担心，保险公司做优惠活动的产品会不会是滞销的产品。他听说一位老同学现在从事保险销售工作，便想向老同学咨询相关问题，同时，他也想知道自己通过老同学来购买保险产品能否有优惠。

▶▶▶ 专业解析

说到优惠活动，估计大家都会想到"双十一""双十二""618"等购物节，有什么想买的东西，就会考虑是否要等到这些优惠活动开始时再入手，能省则省。

这种做法，对于购买普通商品是没有问题的，但对于购买金融产品，特别是保险这类特殊的金融产品，就不一定适用了。为什么这么说呢？

第一，保险产品的定价不是某个人随意确定的，而是精算师经过一系列复杂的计算后得出的。我们在前面讲保险产品分红的时候提到了"死差""利差""费差"，而这还只是分红的部分来源。保险产品的定价不仅要考虑这些，还要考虑很多其他因素，计算方法极为复杂。

第二，保险产品在上市之前要经过监管机构的审核与备案。保险产品一旦备案，价格就不能更改，哪怕是产品所在保险公司的总公司也不能调整价格，除非将其下架，再重新上架一款新产品。所以，保险产品的价格是固定的，不能随意调整。

由此可见，保险产品的价格是不可能打折的。所以，保险公司做优惠活动，优惠的肯定不是价格。通常，保险公司的优惠活动是给予客户附加服务，比如医疗、税务和法律咨询等服务，或对某些附加服务给予一定优惠，比如降低养老社区费用门槛、降低保险金信托资金门槛等。

所以，如果你在保险公司做优惠活动时抱着减免保费的心态来购买保险，恐怕就要失望而归了。

那么，保险公司做优惠活动时推荐的保险产品会不会是滞销的产品呢？通常，保险公司不会为滞销的产品做优惠活动，而会对新上市的产品做优惠活动，以达到向市场推广新产品的目的。而且，保险产品没有好与不好的分别，只有适合与不适合客户的分别。

最后，如果购买保险时找熟人，在价格上能不能获得一些优惠呢？前面我们说到了，保险产品的价格是在产品备案后就确定下来的，不能随意调整。因此，从保险公司这里，再熟的人也无法给予客户价格上的优惠。能给予价格优惠的，只有一种情况，就是保险销售人员将自己佣金的一部分给客户，这种行为叫作"返佣"。

"返佣"在《保险法》中是明令禁止的行为。《保险法》第一百三十一条规定："保险代理人、保险经纪人及其从业人员在办理保险业务活动中不得有下列行为：……（四）给予或者承诺给予投保人、被保险人或者受益人保险合同约定以外的利益。"因此，不论保险销售人员和客户是不是熟人，都不能以"价格优惠""保费打折"等形式"返佣"。

如果保险销售人员有以上"返佣"行为，《保险代理人监管规定》第一百零九条规定："……法律、行政法规未作规定的，由保险监督管理机构给予警告，没有违法所得的，处1万元以下罚款，有违法所得的，处违法所得3倍以下罚款，但最高不得超过3万元。"

客户购买保险，是为了获得保障。保险销售人员销售保险，应该是通过个人的专业能力去满足客户的保障需求，而不是通过"返佣"的方式诱导客户投保。佣金是保险销售人员应得的利益，通过"返佣"来促成保单的销售人员，终究不能在这个行业里长久地发展下去。对客户来说，找到一个长期、专业、可靠的保险服务人员，比保费打折省点钱重要得多。

案例中的金先生应该以自身的保障需求为重，通过可靠的保险代理人选择能够满足自身需求的保险产品。如果保险公司恰好对他想投保的险种有一定的优惠活动，当然是好事，但若只为了一点优惠而忽略了核心的保障内容，或者因为等待优惠而拖延了获得保障的时间，就未免因小失大了。

保险公司做优惠活动的主要形式：
- 给予客户附加服务，比如医疗、税务和法律咨询等服务
- 对某些附加服务给予一定优惠，比如降低养老社区费用门槛、降低保险金信托资金门槛等

▶▶▶ **延伸阅读**

《保险法》

第一百三十一条 保险代理人、保险经纪人及其从业人员在办理保险业务活动中不得有下列行为：

（一）欺骗保险人、投保人、被保险人或者受益人；

（二）隐瞒与保险合同有关的重要情况；

（三）阻碍投保人履行本法规定的如实告知义务，或者诱导其不履行本法规定的如实告知义务；

（四）给予或者承诺给予投保人、被保险人或者受益人保险合同约定以外的利益；

（五）利用行政权力、职务或者职业便利以及其他不正当手段强迫、引诱或者限制投保人订立保险合同；

（六）伪造、擅自变更保险合同，或者为保险合同当事人提供虚假证明材料；

（七）挪用、截留、侵占保险费或者保险金；

（八）利用业务便利为其他机构或者个人牟取不正当利益；

（九）串通投保人、被保险人或者受益人，骗取保险金；

（十）泄露在业务活动中知悉的保险人、投保人、被保险人的商业秘密。

《保险代理人监管规定》

第七十条 保险代理人及其从业人员在办理保险业务活动中不得有下列行为：

（一）欺骗保险人、投保人、被保险人或者受益人；

（二）隐瞒与保险合同有关的重要情况；

（三）阻碍投保人履行如实告知义务，或者诱导其不履行如实告知义务；

（四）给予或者承诺给予投保人、被保险人或者受益人保险合同约定以外的利益；

（五）利用行政权力、职务或者职业便利以及其他不正当手段强迫、引诱或者限制投保人订立保险合同；

（六）伪造、擅自变更保险合同，或者为保险合同当事人提供虚假证明材料；

（七）挪用、截留、侵占保险费或者保险金；

（八）利用业务便利为其他机构或者个人牟取不正当利益；

（九）串通投保人、被保险人或者受益人，骗取保险金；

（十）泄露在业务活动中知悉的保险人、投保人、被保险人的商业秘密。

第一百零九条　个人保险代理人、保险代理机构从业人员违反本规定，依照《保险法》或者其他法律、行政法规应当予以处罚的，由保险监督管理机构依照相关法律、行政法规进行处罚；法律、行政法规未作规定的，由保险监督管理机构给予警告，没有违法所得的，处1万元以下罚款，有违法所得的，处违法所得3倍以下罚款，但最高不得超过3万元。

24 终身寿险要么是高杠杆,要么有固定收益,这样做保险公司不会亏本吗?

保险代理人小林多次拜访黄阿姨。每次黄阿姨听完小林对保险产品的介绍,都觉得不错,很想给自己的儿子购买一份终身寿险。但是,对于小林给出的保险配置方案,黄阿姨每次回家和老伴商量的时候,总会有一个顾虑:一份是高杠杆的终身寿险,交的钱不多,保额却很高,这么做保险公司不会亏本吗?这要是出险了,真能赔吗?另一份是有固定收益的终身寿险,这也让老两口不放心:如今银行利率都在下滑,将来保险公司真能按照合同里写的固定利率给钱吗?

▶▶▶ **专业解析**

很多人因为不了解保险公司的运作原理,有类似的疑问也不足为奇,但是大家都明白一个道理——"买的不如卖的精",因此也能想到保险公司销售产品应该不会亏本。那么,保险公司的钱到底放到哪里去了?都做了哪些投资?又是如何保证不会亏本的呢?

首先,我们要知道,保险公司在设计一个产品的时候,已经通过精算做好了未来的长期规划,考虑到了理赔概率和长期兑付的问题。换句话说,保险公司早已胸有成竹,才敢设计这样的产品,对客户做出承诺。

其次,各家保险公司都有自己专业化的资产管理团队或者资产管理公司,从客户那里收取来的保费,会在银保监会规定的范围内进行投资。2018年保监会发布《保险资金运用管理办法》(保监会令〔2018〕1号)第六条规定:"保险资金运用限于下列形式:(一)银行存款;(二)买卖债券、股票、证券投资基金份额等有价证券;(三)投资不动产;(四)投资股权;(五)国务院规定的其他资金运用形式。保险资金从事境外投资的,应当符合中国保监会、中国人民银行和国家外汇管理局的相关规定。"

我们来简单了解一下保险公司这五种资金运用形式:

(1)银行存款。这是非常安全稳健的投资方式。保险公司的存款金额是以亿元为单位的巨额资金,其存款利率会比个人存款略高。如此巨大的资金规模,其所产生的收益还是很可观的。

(2)买卖有价证券。与银行存款相比,有价证券的投资风险会高一些。但是,各家保险公司都有自己专业的投资部门,甚至还有资产管理公司,会确保投资的安全性和合理性。

(3)投资不动产。保险公司可以投资不动产,但投资范围会受到一定限制。2010年保监会出台了《保险资金投资不动产暂行办法》,对保险公司投资不动产做出了相关规定。这也从某种程度上提升了保险公司投资不动产项目的安全性。

(4)投资股权。2010年保监会也出台了《保险资金投资股权暂行办法》,对保险公司投资股权做出了相关规定。

(5)其他资金运用形式。比如,一些大型的国家基础建设项目,像京沪高铁、南水北调、西气东输等,都有保险资金的投入。

各家保险公司针对不同资产类别,资金运用的比例各不相同,但是为了保障保险资金的安全性,银保监会对保险公司的资金运用有一定的比例限制。举个例子来说,1995年,当时的《保险法》禁止保险资金入股市;1999年,批准保险资金可间接入市,比例为5%;2005年,保险资金可以直接入市,比例为该保险公司上年末总资产的 5%；2007 年，该比例上调至 10%。

2023 年 2 月 15 日，中国银保监会发布了《2022 年 4 季度保险业资金运用情况表》。

2022 年 4 季度保险业资金运用情况表

单位：亿元

项目	截至当期		
	账面余额	规模占比	同比增长
资金运用余额	253,544.42	100.00%	9.15%
财务收益率年化		3.76%	
综合收益率年化		1.83%	

其中：人身险公司

项目	截至当期		
	账面余额	规模占比	同比增长
资金运用余额	225,892.36	100.00%	9.38%
其中：银行存款	22,332.98	9.89%	8.90%
债券	94,075.39	41.65%	13.09%
股票	17,629.87	7.80%	10.19%
证券投资基金	12,081.30	5.35%	16.82%
长期股权投资	23,204.15	10.27%	11.54%
财务收益率年化		3.85%	
综合收益率年化		1.83%	

其中：财产保险公司

项目	截至当期		
	账面余额	规模占比	同比增长
资金运用余额	19,313.76	100.00%	8.69%
其中：银行存款	4,167.04	21.58%	3.68%
债券	6,491.74	33.61%	17.84%
股票	1,271.84	6.59%	−2.60%
证券投资基金	1,590.84	8.24%	5.50%
长期股权投资	1,246.91	6.46%	2.50%
财务收益率年化	3.23%		
综合收益率年化	1.49%		

备注：1. 本表统计全部保险资金运用情况，包括非独立账户和独立账户。因华夏人寿、天安人寿、天安财险、易安财险目前处于风险处置阶段，2021年9月起行业数据口径暂不包含这四家机构，环比、同比数据一并剔除计算。

2. 财务收益率年化＝〔（期末累计实现财务收益/平均资金运用余额）/x〕*4，x为当前季度。

3. 综合收益率年化＝〔（期末累计实现综合收益/平均资金运用余额）/x〕*4，x为当前季度。

4. 上述数据来源于各公司报送的保险数据，未经审计。

从上述表格可以看出，保险公司对于保险资金的运用一直本着安全的原则，并跟随市场的发展不断变化。保险公司通过资金的多项投资运作，分散风险，以保证资金的安全性。

如果出现极端情况，保险公司投资不利导致整体亏损，那要怎么办呢？银保监会对保险公司的运营监管指标中，偿付能力是非常重要的一项。如果偿付能力不足，就会在未来资产兑付时出现问题。当某家保险公司的偿付能力低于银保监会的监管指标时，银保监会会有一系列的监管动作来提高该保险公司的偿付能力，例如要求增加资本金、停止新业务、停止新开机构、限制投资形式或比例等。如果经过调整后，该保险公司的偿付能力依然不足，可能就会被银保监会接管或申请破产。我在本书第22节讲过，即使某家人寿保险公司破产，也会有其他人寿保险公司来承接保单，不会损害客户的保险合同利益。

因此，案例中的黄阿姨不用担心保险公司会因为挣不到钱或亏损，导致自己购买的高杠杆型和固定收益型终身寿险产品的利益受损。保险公司资金投资的多元化，以及资产管理的专业化，能够为保险资金提供有力的保障。保险公司背后有国家机构的监管，也将有效确保客户的保险利益。

终身寿险要么是高杠杆，要么有固定收益，这样做保险公司不会亏本吗？	保险公司在设计产品时就已经考虑到了理赔概率和长期兑付的问题，才会对客户做出承诺
	保险公司有自己专业化的资产管理团队或公司，在银保监会规定的范围内对所收取的保费进行投资运作，保证资金的安全性
	银保监会会对保险公司的偿付能力进行监管，在保险公司的偿付能力不足时，督促和引导保险公司恢复偿付能力

▶▶▶ 延伸阅读

《保险公司偿付能力管理规定》

第四条 保险公司应当建立健全偿付能力管理体系，有效识别管理各类风险，不断提升偿付能力风险管理水平，及时监测偿付能力状况，编报偿付能力报告，披露偿付能力相关信息，做好资本规划，确保偿付能力达标。

第八条 保险公司同时符合以下三项监管要求的，为偿付能力达标公司：

（一）核心偿付能力充足率不低于50%；

（二）综合偿付能力充足率不低于100%；

（三）风险综合评级在B类及以上。

不符合上述任意一项要求的，为偿付能力不达标公司。

第二十七条 对于核心偿付能力充足率和综合偿付能力充足率达标，但操作风险、战略风险、声誉风险、流动性风险中某一类或某几类风险较大或严重的C类和D类保险公司，中国银保监会及其派出机构应根据风险成因和风险程度，采取针对性的监管措施。

25 增额终身寿险为什么在前几年没有收益？

孔女士听说朋友购买了一份非常不错的保险，可以获得一笔固定收益，虽然不是很高，但是在资管新规出台后很多理财产品不能承诺保本的情况下，这样稳定的收益算是很不错的了。而且，听说这种产品还能快速保本，中途有需要的话，还可以保单贷款。

于是，孔女士找到保险代理人详细咨询了这种保险。代理人一听，就知道孔女士说的是增额终身寿险，于是向她介绍了增额终身寿险的产品形态和功能。孔女士拿着演示表看了半天，提出了一个问题："这个产品为什么在投保的前几年没有收益啊？它不是有固定收益的吗？"

▶▶▶ 专业解析

我在前文中说过，增额终身寿险是一种新型的寿险产品，是传统型终身寿险为了适应市场的需求而进行的产品升级。它在一定保障功能的基础上，更加突出投资理财的功能。但是，这样一种侧重于投资理财的保险产品，在前几年是没有收益，甚至不能保本的，这是为什么呢？原因主要有以下三点：

第一，增额终身寿险虽然更加强调投资理财的功能，但其本质上还是终身寿险，是一种保险产品而非理财产品，期望通过买保险在短期内获得高收益，并不现实。我在上一节讲到了保险公司的投资渠道，实际上，正是因为保险公司投资的方向和渠道都是相对安全、稳健的，所以即便是收益较高的增额终身寿险，也无法在前几年就有收益，多数要等到第6年或者第7年才有。

第二，客户所交的保费并不是全部被保险公司用于投资，保险公司从中扣除人力成本、管理成本和保障成本后，才能用于投资。而投资的收益要在覆盖所有前期成本后，才能实现盈利。这就好比开饭店有房租成本、员工成本、食材成本、水电成本等，这些前期投入的成本，需要一段时间的经营才能收回，然后才能盈利。所以，保险公司是需要一定的时间去投资产生收益的。

第三，银保监会提出"保险姓保"，说的就是保险需要回归保障功能，而不是成为理财产品。2017年，保监会发布了《关于规范人身保险公司产品开发设计行为的通知》，规定两全保险产品、年金保险产品的首次领取生存保险金时间必须在保单生效满5年之后。虽然文件中没有对终身寿险提出要求，但是低于5年就有收益的增额终身寿险是很难通过监管机构的审批的。

总体来说，增额终身寿险前期没有收益，主要还是保险资产投资稳定的性质、成本支出以及监管机构要求综合作用之后的结果。增额终身寿险提供的长期、稳定收益，是建立在较长时间的基础上的，这一点客户在投保时就应当有所认识。

```
                    ┌─────────────────────────────────────────┐
                    │ 增额终身寿险的本质是保险产品，而非理财产 │
                    │ 品，且保险公司的投资方向和渠道相对安全、稳 │
                    │ 健，无法在前期就产生收益                 │
                    └─────────────────────────────────────────┘
┌──────────────┐    ┌─────────────────────────────────────────┐
│ 增额终身寿险 │    │ 保险公司要从保费中扣除一系列成本后，才能用 │
│ 为什么在前几 ├────┤ 于投资，投资的收益要在覆盖所有前期成本后， │
│ 年没有收益？ │    │ 才能实现盈利                             │
└──────────────┘    └─────────────────────────────────────────┘
                    ┌─────────────────────────────────────────┐
                    │ 低于5年就有收益的增额终身寿险，很难通过监 │
                    │ 管机构的审批                             │
                    └─────────────────────────────────────────┘
```

第一章 基础知识：认识终身寿险

▶▶▶ 延伸阅读

《关于规范人身保险公司产品开发设计行为的通知》

三、保险公司开发设计的保险产品应当符合以下要求:

(一)两全保险产品、年金保险产品,首次生存保险金给付应在保单生效满5年之后,且每年给付或部分领取比例不得超过已交保险费的20%。

(二)万能型保险产品、投资连结型保险产品设计应提供不定期、不定额追加保险费,灵活调整保险金额等功能。保险公司不得以附加险形式设计万能型保险产品或投资连结型保险产品。

(三)护理保险产品在保险期间届满前给付的生存保险金,应当以被保险人因保险合同约定的日常生活能力障碍引发护理需要为给付条件。

(四)失能收入损失保险产品在保险期间届满前给付的生存保险金,应当以被保险人因合同约定的疾病或者意外伤害导致工作能力丧失为给付条件。

(五)团体医疗保险产品中,保险公司收取的医疗保费应全部用于医疗保险责任的保险金给付,且产品定价利率应符合相关监管规定要求。

(六)保险产品名称应当清晰明了,突出保险产品责任特点。保险产品定名、产品说明书以及相关产品宣传材料中不得包含"理财""投资计划"等表述。

(七)保险公司对产品进行组合销售的,应在产品销售和产品宣传材料中明确告知消费者为"保险产品组合"或"保险产品计划"。

26 终身寿险的预定利率和收益率，是一回事吗？

冯先生比较青睐以安全稳健为主的金融产品，对于有风险的项目，即使收益再高也不会涉足。最近，保险代理人小杨给他介绍了一款收益率为 3% 的终身寿险产品，而且告诉他这款产品的预定利率就是 3%，所以请他放心，产品的收益率一定能够达到 3%。

可是，冯先生看保险合同条款上只写着"保额增长 3%"。他不解地问小杨："什么是预定利率？跟收益率是一回事吗？保额增长 3% 与收益率为 3% 是一个意思吗？"

▶▶▶ **专业解析**

如果你和保险公司的销售人员打过交道，可能经常会听到他们在讲解产品时说："这款产品的预定利率是 3%。"那么，这个预定利率是什么意思？它跟收益率有什么关系？有的保险合同中还有"保底利率"一词，这又是什么意思？

除了万能保险中涉及"保底利率"，其他任何保险产品都没有"保底利率"。所谓"保底利率"，是指当出现极端情况，比如保险公司的万能保险收益为负值时，仍要兑现的最低利率。这个利率通常为 1.75%~2%，各家保险公司的保底利率各不相同。[①] 当然，当万能保险分配给客户的收益超过保底收益时，就要按照实际收益分配。目前，市场上各家保险公司的万能保险实际收益都高于其保底

[①]《关于健全人身保险产品定价机制的通知》中规定，自 2024 年 10 月 1 日起，新备案的万能型保险产品最低保证利率上限为 1.5%。未来，该最低保证利率上限仍有可能调整。

第一章　基础知识：认识终身寿险

收益。

"预定利率"是指寿险产品在计算保费及责任准备金时,预测收益率后所采用的利率,属于保险公司在设计产品时的一个参考数值。它是根据保险公司对未来资金运用收益率的预测而为保单假设的每年收益率。这个收益率并不是实际给付客户的产品收益率,只是用于计算客户需要交纳多少保费。举个例子,一款增额终身寿险产品在设计保费的时候,需要先计算出客户需要支付的所有成本,再减去该保费按照预定利率所产生的收益,这样就得出了客户需要交纳的保费。保单的预定利率越高,客户所需要交纳的保费就越少。

还记得前面讲分红时提到的分红的三大来源吗?其中非常重要的一项就是利差益。当保险公司产品的实际收益率高于预定利率时,就产生了利差益。所以,预定利率会影响保险公司的分红。

保单的预定利率通常是参照银行存款利率和预期投资收益率来设置的。一款产品的预定利率一旦确定,保险公司就要一直按照这个利率去执行,即使自身收益达不到预定利率也要执行。

国内保单预定利率的最高峰是在1993年,当时保单的预定利率高达8.8%,但是这样的高预定利率给保险公司的发展埋下了雷。银行存款利率可以说降就降,保单的预定利率却是要被写进合同里的。保单常年按照高预定利率增值,产生了很大的利差损,就这样,由于后期银行存款利率大幅下滑,一些保险公司也背上了沉重的负担。1999年,保监会规定国内寿险产品的预定利率统一为2.5%,以防范利差损风险。2013年,保监会发布《关于普通型人身保险费率政策改革有关事项的通知》(保监发〔2013〕62号)》,规定普通型人身保险预定利率由保险公司按照审慎原则自行决定,并规定2013年8月5日以及以后签发的普通型人身保险保单法定评估利率为3.5%。2019年,银保监会发布《关于完善人身保险业责任准备金评估利率形成机制及调整责任准备金评估利率有关事项的通知》（银保监办发〔2019〕182号），规定2013年8月5日及以后签发的普通型人身保险保单评估利率上限为年复利3.5%和预定利率的较小者。根据监管机构的要求，2023年8月起，普通型、分红型人身保险产品的预定利率上限分别调整为3%、2.5%。因此，目前市场上增额终身寿险的预定利率最高为3%。

了解了预定利率，我们再来看看收益率。增额终身寿险"3%的收益率"是什么意思呢？通常，各家保险公司的增额终身寿险条款中会规定，保单的年度保额在上一年度保额的基础上增长3%。这里的3%指的是保额增长的比例，严格来说不能算保单的收益率，因为保额还要换算成现金价值。但是，多数增额终身寿险保单在第6年或者第7年的现金价值已经保本，保额增长的部分相当于现金价值增长的部分，所以才会有"3%的收益率"一说。实际上，这个数值不一定只是3%，不同的保险公司可能会有一定的浮动。所以，"3%的收益率"这种说法是不严谨的。

案例中保险代理人小杨口中的"3%的预定利率"，是设计保险产品时保险公司内部的一项参考数据值，它决定了保费的高低；"3%的收益率"，实际上说的是增额终身寿险保单保额增长的比例，它决定了保额增长的速度。所以，小杨把保额增长的比例说成收益率，并不准确。而预定利率和收益率完全不是一回事，两者不能混同。保险销售人员一定要弄清楚这些利率之间的关系，不能误导消费者；消费者也应详细了解其中的差别，避免产生误解，未来引发纠纷。

保底利率、预定利率与收益率三者的区别

名称	含义
保底利率	仅在万能保险中出现，是指当出现极端情况，比如保险公司的万能保险收益为负值时，也要兑现的最低利率，通常为1.75%~2%（各家保险公司万能保险的保底利率各不相同）
预定利率	是指寿险产品在计算保费及责任准备金时，预测收益率后所采用的利率，属于保险公司在设计产品时的一个参考数值，它决定了保费的高低。目前，长期储蓄型保险的预定利率上限为3%
收益率	在增额终身寿险中，收益率实际上是指保额增长的比例，它决定了保额增长的速度。增额终身寿险的保额增长比例多为3%（不同的保险公司可能会有一定的浮动）

▶▶▶ 延伸阅读

《关于完善人身保险业责任准备金评估利率形成机制及调整责任准备金评估利率有关事项的通知》

各人身保险公司、中国保险行业协会：

为全面贯彻落实党中央、国务院关于金融工作的决策部署，深化金融供给侧结构性改革，守住不发生系统性风险底线，银保监会进一步完善了人身保险业责任准备金评估利率形成机制，并决定对人身保险业责任准备金评估利率进行调整。现将有关事项通知如下：

…………

三、自本通知发布之日起，人身保险业责任准备金评估利率执行以下规定：

1. 2013年8月5日及以后签发的普通型人身保险保单评估利率

上限为年复利 3.5% 和预定利率的较小者；2013 年 8 月 5 日以前签发的普通型人身保险保单评估利率继续执行原规定。

2. 分红型人身保险责任准备金的评估利率上限为年复利 3% 和预定利率的较小者。

3. 万能型人身保险责任准备金的评估利率上限为年复利 3%。

《关于健全人身保险产品定价机制的通知》

各金融监管局，各人身保险公司，保险业协会：

为全面贯彻中央金融工作会议精神，适应市场形势变化，强化资产负债统筹联动，切实提高人身保险业负债质量，现就健全人身保险产品定价机制有关事项通知如下：

一、自 2024 年 9 月 1 日起，新备案的普通型保险产品预定利率上限为 2.5%，相关责任准备金评估利率按 2.5% 执行；预定利率超过上限的普通型保险产品停止销售。

二、自 2024 年 10 月 1 日起，新备案的分红型保险产品预定利率上限为 2.0%，相关责任准备金评估利率按 2.0% 执行；预定利率超过上限的分红型保险产品停止销售。新备案的万能型保险产品最低保证利率上限为 1.5%，相关责任准备金评估利率按 1.5% 执行；最低保证利率超过上限的万能型保险产品停止销售。

三、建立预定利率与市场利率挂钩及动态调整机制。参考 5 年期以上贷款市场报价利率（LPR）、5 年定期存款基准利率、10 年期国债到期收益率等长期利率，确定预定利率基准值，由保险业协会发布。挂钩及动态调整机制应当报金融监管总局。达到触发条件后，各公司按照市场化原则，及时调整产品定价。

四、对于分红型保险产品和万能型保险产品，各公司在演示保单利益时，应当突出产品的保险保障功能，强调账户的利率风险共担和投资收益分成机制,帮助客户全面了解产品特点。要平衡好预定利率或最低保证利率与浮动收益、演示利益与红利实现率的关系,根据账户的资产配置特点和预期投资收益率,差异化设定演示利率,合理引导客户预期。在披露红利实现率时,应当以产品销售时使用的演示利率为计算基础。

…………

Chapter

2

第二章

一

功能解析：
人身保障与资产规划

27 终身寿险的主要功能有哪些?

郝女士是一名刚入职不久的保险代理人。在完成保险公司的入职培训后,她开始努力拓展客户。郝女士入职的这家保险公司今年的主打产品是终身寿险,但当她向客户介绍公司的某款终身寿险产品的功能时,她发现这款产品除了有身故和全残保障,好像没有其他功能了……

▶▶▶ 专业解析

我在第 2 节介绍了终身寿险的分类——终身寿险主要分为定额终身寿险、增额终身寿险、分红型终身寿险、投资连结型终身寿险和万能型终身寿险。由于产品类型不同,它们所提供的保险保障也有差别。案例中郝女士所提到的那款终身寿险只有身故和全残保障,应该是定额终身寿险。

然而,即便是功能相对简单的定额终身寿险,其功能也不仅仅局限于身故和全残保障。下面,我们就来看一下终身寿险到底都有哪些功能。

1. 提高个人的身价保障

终身寿险的一个主要功能就是提高个人的身价保障,而定额终身寿险最能够体现这一功能,其杠杆率是所有终身寿险产品里最高的。因此,定额终身寿险很适合家庭的经济支柱投保。家庭支柱一旦倒下,很可能导致家庭经济崩塌。通过投保定额终身寿险,用少量资金获取高额保障,抵御未知的风险,为家庭成员提供一道经济的"防火墙",是一个不错的选择。

2. 一份保单两种保障

增额终身寿险可以实现一份保单两种保障的目的。对资金不是特别宽裕的家庭来说，既想给家庭支柱一份保障，又想给子女积攒一笔资金，就可以以家庭支柱为被保险人、以子女为受益人，投保增额终身寿险来实现这一目的（详见本书后续章节）。

3. 替代年金保险的大部分功能

目前的年金保险大多可在保单的第 5 年末、第 6 年初开始领取年金，而增额终身寿险大多也是到了第 6 年（部分保险公司为第 7 年）才有收益。客户可以将增额终身寿险每年的保额递增部分通过部分退保的方式领取出来使用，这与年金保险有异曲同工之妙。

4. 资产隔离

因为终身寿险的被保险人是保单的保险标的，所以在终身寿险中通常没有保险利益（除全残外）。被保险人生存时，保单的现金价值及增值部分通常归投保人所有，而被保险人身故时，身故保险金会给到受益人。通过设置终身寿险的保单架构，被保险人就可以实现资产隔离。

5. 家庭财富安全传承

终身寿险还有家庭财富安全传承的功能。传统的家庭财富传承方式面临着诸多风险：如果传承得早，可能会让自己失去对财富的控制；如果没有提早规划财富传承，可能会令家人陷入遗产纠纷。终身寿险可以通过指定受益人的方式，让财富实现有序传承，有效规避上述风险。而且，终身寿险具备杠杆功能，也许只需要几百万元的保费，就能为家人传承上千万元的遗产，实现遗产的增值，同时可以规避传承中的风险（详见本书后续章节）。

6.资产增值

分红型、投资连结型、万能型终身寿险的主要功能是资产增值。分红型终身寿险的增值方式比较保守，与保险公司的经营状况直接挂钩；万能型终身寿险的增值方式是它有保底利率，收益上不封顶，比分红型终身寿险的利率更有保证；投资连结型终身寿险的增值方式则有一定风险，有亏损的可能，但正是因为存在风险，它也可能带来更高的收益。不管哪一种终身寿险，都能实现资产增值。

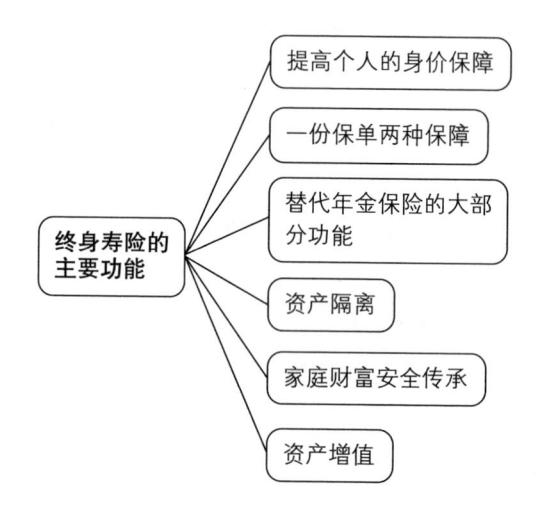

终身寿险的主要功能：
- 提高个人的身价保障
- 一份保单两种保障
- 替代年金保险的大部分功能
- 资产隔离
- 家庭财富安全传承
- 资产增值

▶▶▶ 延伸阅读

根据中国保险行业协会2022年6月6日发布的《2021年银行代理渠道业务发展报告》，2021年人身险公司银保业务全年累计实现原保险保费收入11990.99亿元，较2020年同比增长18.63%，呈现连续四年增长态势，原保险保费收入持续站稳万亿规模，超过人身险公司保费收入总量的三分之一，业务占比同比上升3.73个百分点。

2021年分红寿险新单原保险保费收入4298.79亿元,同比增长9.67%;普通寿险新单原保险保费收入2641.52亿元,同比增长25.75%,实现了快速增长。

28 什么是终身寿险的年金转换功能?

为应对风险,武先生考虑给自己购买一份终身寿险作为保障。根据他的情况,保险代理人向武先生推荐了保障型和理财型两种终身寿险产品,这却让武先生左右为难了:自己的确需要人身保障,可养老也是大事。武先生手头的资金有限,一时不知道该购买哪一种。保险代理人了解他的想法后,推荐了终身寿险的年金转换功能。

▶▶▶ **专业解析**

不少客户选择保险产品时会像武先生一样纠结,到底是选择保障类产品,还是选择理财类产品呢?特别是收入不高、家庭负担又比较重的人群,在投保时顾虑重重:一方面,自己的家庭责任很重,为了应对风险,需要较高的保险保障,但目前预算又有限,保障类产品无疑更适合;另一方面,随着年龄和收入的增长,到了不得不考虑个人未来的养老生活时,保障类产品却无法解决养老金问题,还需要重新投保理财类产品。

那么,是否可以按需而变,在保障优先时,投保保障类产品,到了一定年龄有资金需求时,再将该产品转换成理财类产品呢?我们可以通过投保有终身寿险转换年金保险功能的保险产品来实现这一目的。

终身寿险转换为年金保险,这在保险合同条款中通常被称为"年金转换权"。但行使年金转换权是有一定条件的:

(1)保单没有发生理赔,且经过了一定的保单年度(3年或者5年),或者被保险人达到了一定的年龄(60周岁或者65周岁),投保人才可以申请将终身寿险转换为年金保险。

（2）保单已经发生理赔，受益人领取身故保险金后，受益人可以申请将部分或者全部保险金转换为年金。但需要注意的是，用于转换为年金保险的资产，不能低于年金保险的最低投保金额。

将终身寿险转换为年金保险，从本质上来说，是用保单的现金价值或者保险金以趸交的方式重新投保了一份年金保险。一般在转换过程中可能会出现以下三种情况：

（1）保单没有发生理赔，原终身寿险的投保人和被保险人就是转换后年金保险的投保人和被保险人。针对这种情况，通常核保流程比较简单。

（2）保单发生了全残理赔，全残保险金的受益人是被保险人本人，年金保险的投保人和被保险人还是原终身寿险保单的投保人和被保险人。

（3）保单发生了身故理赔，身故保险金为受益人所有。此时将保险金转换为年金，实质上是受益人为自己重新投保了一份年金保险，其核保流程与购买新保单一样。

关于终身寿险转换为年金保险，我有以下几点看法分享给大家：

第一，如果保单的现金价值已经超过了本金，此时使用年金转换权比较合适，因为在保单没有理赔前使用年金转换权，相当于用终身寿险保单的现金价值去投保年金保险。但如果现金价值还没有保本就使用年金转换权，对客户来说是有损失的。

第二，定额终身寿险如果有年金转换权，对客户来说是一个不错的选择。定额终身寿险侧重于提供身价保障，没有增额终身寿险的资金灵活领取功能，而转换为年金保险后，就可以以年金的形式领取保单中的资金。但是，这是建立在被保险人已经不需要较高的身价保障，且保单的现金价值已经保本的前提下。

第三，目前有些保险公司在增额终身寿险中也提供了年金转换权，这将提升产品的灵活性。增额终身寿险的现金价值较高，可以部分领取资金，本身就比较灵活，如果再加上年金转换权，就能在资产规划上为客户提供更多便利。

第四，年金转换权是部分终身寿险保险合同中给予客户的一种权益，为客户提供了更多选择，但客户在投保的过程中，还是要看终身寿险产品本身能否满足自己的需求，而不是舍本逐末，一味地关心合同中是否有年金转换权。我在前面讲过，年金转换权如果操作不当，可能会损失保单资产。

案例中的武先生，可以选择有年金转换权的终身寿险产品。等自己到达一定年龄，保单的现金价值已超过本金的时候，行使年金转换权，从而实现当前的身价保障和未来的养老需求得以两全的目的。

行使终身寿险年金转换权的条件	保单没有发生理赔，且经过了一定的保单年度（3年或者5年），或者被保险人达到了一定的年龄（60周岁或者65周岁），投保人才能行使年金转换权
	保单已经发生理赔，受益人领取身故保险金后，可以申请将部分或全部保险金转换为年金，但用于转换年金的资产不能低于年金保险的最低投保金额

▶▶▶ 延伸阅读

某终身寿险合同中对年金转换权的约定如下:

7.6 年金转换权

您或受益人可通过以下方式申请订立我们届时提供的转换年金保险合同,我们审核同意后按转换当时该转换年金保险合同的约定给付年金:

(1) 自本合同第三个保单年生效对应日起,且于本合同发生保险事故之前,您可申请将本合同的现金价值全部或部分转换为年金;

(2) 本合同发生保险事故,受益人依照约定领取保险金后,可申请将全部或部分保险金转换为年金。

参与转换年金的金额不得低于当时我们规定的最低金额。

29 终身寿险保单能申请保单贷款吗？贷款额度是多少？还不上怎么办？

曹先生是一家公司的老板，收入颇丰，又有一定的风险意识。这些年，他陆陆续续为家人配置了一些保险，其中不少是终身寿险。最近，曹先生的资金周转困难。他本来想去银行贷款，可银行的贷款手续相对烦琐，审核周期较长。他现在急需用钱，就想向身边朋友借点钱应急。恰好这时他的保险代理人来找他，听说了这个情况，对他说："您不用到处去求人借钱。您不是有保单吗，您可以用保单向保险公司贷款，保险公司的放款速度很快。"曹先生一听，连忙询问用保单贷款的方法。

▶▶▶ **专业解析**

保单贷款，全称保单质押贷款，是指保险公司按照保险合同的约定，以投保人持有的保单现金价值为质，按照保单现金价值的一定比例，向投保人提供的一种短期资金支持。

客户往往对金融资产的流动性和变现能力有要求，保单贷款就是保险公司为满足这一要求而开展的保单增值服务。那么，什么样的保单可以进行质押贷款呢？通常情况下，保险期间超过一年且具有保单现金价值的个人人身保险，在保险合同有效期内且犹豫期满后，可依据保险合同的约定向符合申请条件的投保人提供保单贷款。因此，不管是终身寿险，还是年金保险，甚至是重疾险，都可以进行保单贷款。但是，这仅限于个人保单，团体保单是不能进行保单贷款的。

保单在进行质押贷款的同时，只要未出现中止或终止情形，保险公司就要按照保险合同的约定履行保险责任。无论是保险责任，还是保单的收益，都不会因质押贷款而使该保单与其他没有质押贷款的保单有所区别。

保单贷款能贷多少额度呢？质押贷款的额度是按照保单现金价值的一定比例来确定的。根据2020年银保监会下发的《人身保险公司保单质押贷款管理办法（征求意见稿）》的规定，保单贷款金额的最高上限为申请贷款时保单现金价值的80%，而市场上各家保险公司执行的比例通常为70%~80%。假设你的保单的现金价值是30万元，那么你可以通过保单贷款贷出21万~24万元的资金。

当然，保单贷款贷出的资金，其使用是有限制的。《人身保险公司保单质押贷款管理办法（征求意见稿）》规定："投保人不得违反国家法律法规和政策规定，将所借款项用于房地产和股票投资，不得用于购买非法金融产品或参与非法集资，不得用于未上市股权投资。"所以，贷出的资金虽然属于你，但并不是你想怎么用就能怎么用的，这一点一定要了解。

既然是质押贷款，那是不是也需要支付利息呢？需要！有些人认为，自己借的是保单的现金价值，而现金价值又属于投保人，这不就是拿"自己的钱"吗？为什么还要付利息？这种观点是错误的。保单贷款，实质上是将保单的现金价值抵押给保险公司，然后从保险公司借款的行为。这和你将房子质押给银行而从银行借款是一个道理，只不过质押物不同，一个是保单的现金价值，一个是房子。同时，保单在质押贷款期间，保险责任和收益不会有损失。这说明我们借走的不是现金价值，所以借的不是"自己的钱"。

至于保单贷款的利率，这在保险行业里没有统一的标准，各家保险公司基本是参照半年或者一年期银行贷款利率来制定各自的贷款利率，而且会根据市场利率的起伏而调整，具体利率需要以各家保险公司公布的为准。

那么问题又来了，保单贷款可以贷多长时间呢？根据《人身保险公司保单质押贷款管理办法（征求意见稿）》的规定，每笔保单的质押贷款期限不得超过 12 个月。如果贷款到期仍需要继续使用资金，可以先归还贷款，然后再次贷出。而且，保单贷款利息是根据资金实际使用天数来计算的。假如你质押贷款时选择的贷款期限为 6 个月，但实际使用了 100 天，那么保险公司就会按照 100 天来计算贷款利息。

最后，如果到了还款期限，投保人还不上贷款怎么办？到了还款期限，投保人仍还不上贷款，保险公司通常会扣除保单的现金价值来偿还贷款的利息。当现金价值小于贷款的本金和利息时，保险公司可以直接终止保险合同，也就是"强制退保"，用保单退出来的现金价值去支付贷款的本金和利息。

终身寿险可以进行保单贷款，其中增额终身寿险因为有较高的现金价值，在实际运用时，其保单贷款功能也是一种优势。但是，任何贷款都是"救急不救穷"。保险的意义在于提供保障，我们不能将保单贷款作为长期的理财行为，更不能当作投机行为。

保单贷款的相关内容

项目	要点
可贷保单	具有现金价值的个人人身保险
保险责任	贷款期间不受影响
可贷金额	最高上限为保单现金价值的80%，通常为70%~80%

续表

项目	要点
贷款使用范围	不得用于房地产和股票投资；不得用于购买非法金融产品或参与非法集资；不得用于未上市股权投资
贷款利率	参照半年或者一年期银行贷款利率，具体以保险公司公布的利率为准
贷款期限	不超过12个月，以资金实际使用天数计算；贷款到期仍需要继续使用资金的，可以先还贷，然后再次贷出
贷款到期未还	扣除保单的现金价值偿还贷款利息；当保单的现金价值小于贷款的本金和利息时，保险合同终止

▶▶▶ 延伸阅读

《人身保险公司保单质押贷款管理办法（征求意见稿）》

第四条 保险公司对保险期间超过一年且具有保单现金价值的个人人身保险，在保险合同有效期内且犹豫期满后，可依据保险合同约定向符合申请条件的投保人提供保单质押贷款。

保险公司不得对投资连结保险保单和团体保险保单提供保单质押贷款。

第五条 在保单质押贷款期间，保险合同未出现中止或终止情形的，保险公司应按照保险合同约定履行保险责任。

第十二条 保单质押贷款金额不得高于申请贷款时保单现金价值的80%。

保险公司应加强对保单质押贷款的额度管理，确保发放的贷款金额不超过监管规定。

第十三条 保险公司在签订贷款协议时，应要求投保人如实告知贷款用途，并进行记录。投保人不得违反国家法律法规和政策规定，将所借款项用于房地产和股票投资，不得用于购买非法金融产品或参与非法集资，不得用于未上市股权投资。

保险公司应将保单质押贷款发放至投保人本人的银行账户。

投保人应按照贷款协议约定的用途使用贷款，并如实向保险公司提供使用情况信息或证明。投保人未如实提供、超过贷款协议约定范围使用贷款资金的，保险公司有权解除合同或提前收回贷款。

第十四条 保单质押贷款申请办理时间应在保险合同犹豫期满后，贷款期限应在保单保险期间内，保单质押贷款期限不得超过12个月。

第十七条 当投保人未偿还的保单质押贷款本息之和超过保单现金价值时，保险公司可依据贷款协议约定对保单进行效力中止处理；合同效力因贷款原因而中止的，保险公司应提前一个月向投保人发送通知及后续工作提示。

如投保人未在保单效力中止后90天内与保险公司解除合同或全面清偿保单质押贷款所欠本息，则构成不良贷款。当投保人全部清偿保单质押贷款本金和利息后，或投保人以解除合同时的保单现金价值或保险金抵偿保单质押贷款本金和利息后，保险公司应相应调整贷款状态。

30 财富传承的过程中存在哪些风险？

唐先生是一家大型公司的老板，他与妻子只有一个女儿，平时对女儿百般疼爱。因为女儿喜欢影视制作，一心想踏入影视行业，唐先生便不强求女儿接手自己的公司。但他不止一次发愁，自己积累的这些财富该如何传承给女儿。

▶▶▶ **专业解析**

由于终身寿险在财富传承方面有着特殊的作用，所以本节我们先来了解一下财富传承过程中可能会出现的风险。只有了解潜在的风险，才能利用好各种金融、法律工具，提前做好预案，避免财产损失。

财富传承，可以分为生前传承和身后传承两种。这两种传承方式都会面临一些潜在的风险。生前传承最大的风险，就是自己失去对财富的控制权。一般来说，财富的所有权发生转移，也就意味着控制权的转移。所以很多老年人不愿意在生前将财富传承给子女，而是希望等到自己临终之际再做传承，以保证个人的养老生活。

比起生前传承失去对财富的控制权的风险，身后传承的风险更大、更复杂，一般有以下几种情况：

第一，没有做任何财富传承规划，导致遗产面临法定继承。对于法定继承，有多个继承人的，可能因继承人之间对遗产的分配不能达成一致意见而引发遗产继承纠纷；有唯一继承人的，也可能因被继承人突然离世，没有留下遗产线索，导致继承人找不到遗产，造成遗产损失。

第二，即便被继承人通过订立遗嘱做了财富传承规划，也可能会出现遗嘱无效的情况。据不完全统计，在我国的遗产案件中，有约 60% 的遗嘱被法院判定为无效遗嘱。比如，亲属作为代书遗嘱的代书人，见证人不具备见证资格或者没有全程见证，自书遗嘱在遗嘱人意识不清的情况下拟定，等等。当遗嘱被认定为无效时，财富传承又会回到法定继承程序。

第三，遗嘱虽然有效，但遗嘱继承人无法获取继承权公证书。被继承人无论是否立有遗嘱，继承人在继承其遗产时都需要提供继承权公证书，以确保本人拥有合法的继承权利。根据《民法典》的规定，配偶、子女、父母都是法定继承人，因此继承人在开具继承权公证书时，需要提供所有已经去世的法定继承人的死亡证明。这里面最难获取的是被继承人的父母的死亡证明（继承人的爷爷奶奶、外公外婆的死亡证明），因为被继承人的父母通常去世的时间较早，他们的死亡证明不容易查找。另外，即便对继承权公证所需资料准备得很充分，只要法定继承人中有一个人不同意遗产分配方案，遗嘱继承人就无法快速获取继承权公证书，需要法定继承人之间继续沟通，甚至对簿公堂。

第四，继承的财产因继承人的婚姻关系破裂而导致外流。根据《民法典》婚姻家庭编的规定，在婚姻关系存续期间继承的遗产，如果不是遗嘱中指定给到夫妻中一个人的，这笔遗产就属于夫妻共同财产。一旦夫妻发生婚变，遗产就要被平均分割。

第五，如果被继承人生前有债务，根据《民法典》继承编的规定，继承人在继承遗产之前，必须先清缴税款和偿还债务。中国目前没有遗产税，遗产中最大的损失可能来源于债务。如果被继承人生前债务的价值大于遗产的价值，那么对继承人而言，就谈不上继承财产了。

第六，如果被继承人去世时，其父母仍在世，他们可以获取一部分的遗产份额。如果被继承人的父母没有放弃所继承遗产的份额就去世了，那么这些未分配的遗产就会变成被继承人的父母自己的遗产向下传承，从而导致被继承人的遗产流入自己的兄弟姐妹手中。

通过上述分析我们可以发现，财富传承一定要综合考虑多种风险因素可能导致的财富损失，否则自己生前的财富传承心愿恐怕就无法实现了。

案例中的唐先生应当先了解生前传承与身后传承中的风险，针对这些潜在的风险选择对应的传承工具，从而使自己的财富能够安全、高效地传承给女儿。

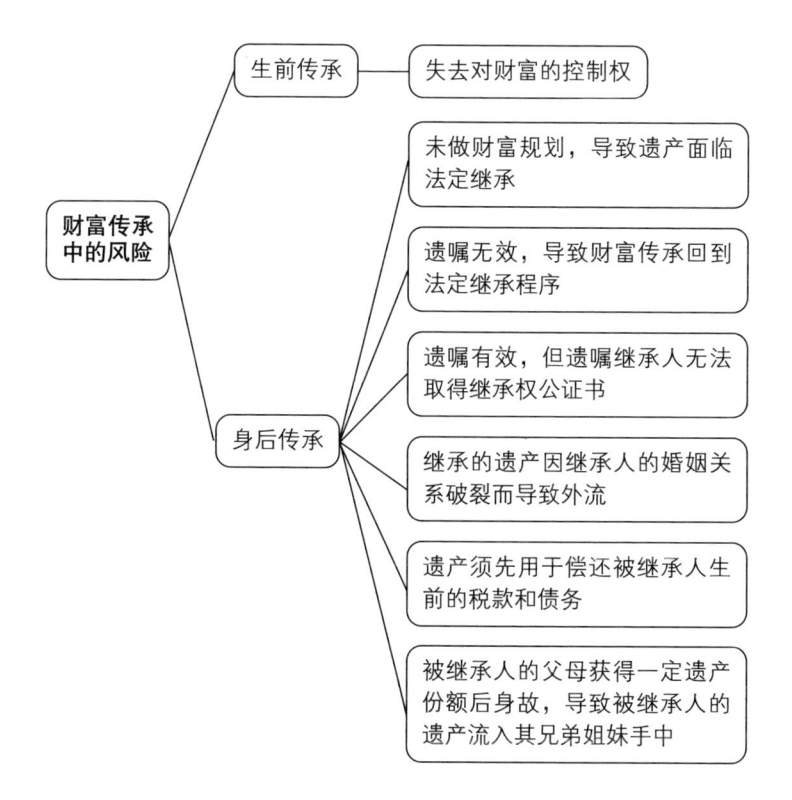

财富传承中的风险
- 生前传承
  - 失去对财富的控制权
- 身后传承
  - 未做财富规划，导致遗产面临法定继承
  - 遗嘱无效，导致财富传承回到法定继承程序
  - 遗嘱有效，但遗嘱继承人无法取得继承权公证书
  - 继承的遗产因继承人的婚姻关系破裂而导致外流
  - 遗产须先用于偿还被继承人生前的税款和债务
  - 被继承人的父母获得一定遗产份额后身故，导致被继承人的遗产流入其兄弟姐妹手中

▶▶▶ 延伸阅读

《民法典》

第一千一百五十九条 分割遗产，应当清偿被继承人依法应当缴纳的税款和债务；但是，应当为缺乏劳动能力又没有生活来源的继承人保留必要的遗产。

第一千一百六十一条 继承人以所得遗产实际价值为限清偿被继承人依法应当缴纳的税款和债务。超过遗产实际价值部分，继承人自愿偿还的不在此限。

继承人放弃继承的，对被继承人依法应当缴纳的税款和债务可以不负清偿责任。

31 如何利用终身寿险保单实现财富传承？

小吴是一名银行理财经理，日常工作主要是给自己所在银行网点的客户配置金融产品。工作中，他经常会遇到上了年纪的客户向他询问关于遗产怎么传承的问题。如今为了遗产打官司、兄弟反目、亲戚变成仇人的例子很多，他们希望自己百年之后，能避免发生这些事，把财富传承给自己选定的人，中间不要出什么差池，造成什么损失。遇到这种情况，小吴经常会把购买终身寿险作为财富传承的一种方法，介绍给这些客户。

▶▶▶ 专业解析

我在上一节提到了财富传承的过程中可能存在的风险，既然有风险，就一定有解决方案。解决此类问题，可以利用法律工具，比如遗嘱、赠与合同等，也可以利用金融工具，比如信托、保险等。其中大众接触较多的是金融工具。由于信托的门槛较高，并非所有人都能够设立，所以保险就成为多数人实现财富传承愿望的工具。

终身寿险在财富传承中的作用不容小觑，其中最常见的产品是定额终身寿险和增额终身寿险。这两种产品作为财富传承工具，有着非常大的优势。

（1）定额终身寿险的杠杆率比较高，可以提供更高的保额。这就意味着在向下一代传承财富的过程中，投保人不需要投入大量的资金，就可以实现高额的传承。增额终身寿险的现金价值较高，资金使用灵活，便于投保人规划自己的养老生活。

（2）利用定额终身寿险及增额终身寿险传承财富的同时，通过合理设置保单架构,可以最大限度地规避财富传承过程中可能带来的损失。

那么,如何根据客户的需求,利用这两种终身寿险产品与保单架构的搭配来规避风险,安全、高效地进行财富传承呢?我们通过以下三种保单架构对此进行分析。

1. 定额终身寿险保单架构

投保人	→	被保险人	→	受益人
父母		父母		子女

定额终身寿险保单架构示意图

这种保单架构的作用在于:

(1)利用定额终身寿险的高杠杆率,父母可以用较少的保费获得较大的保额,增加传承的财富。

(2)父母去世后,子女只需要带着相关理赔资料去保险公司申请理赔,即可领取保险金,不需要其他人的同意,无须做继承权公证。

(3)子女领取的保险金不属于父母的遗产,不用为父母偿还债务,可以规避父母的债务风险。

(4)子女领取的保险金属于其个人财产,不属于夫妻共同财产,可以规避财富外流的风险。

2. 增额终身寿险保单架构(一)

投保人	→	被保险人	→	受益人
父母		子女		父母/孙子女

增额终身寿险保单架构(一)示意图

这种保单架构的作用在于：

（1）增额终身寿险保单的存续时间越长，收益就越高，子女做被保险人，有效延长了保单的收益期限。

（2）父母去世后，子女可以直接申请将自己变更为投保人，保单继续有效。子女可以获得长久的收益，也可以直接退保获得保单的现金价值。

（3）增额终身寿险保单的现金价值较高。如果需要资金周转，父母可以向保险公司申请保单贷款。

（4）被保险人去世后，由其父母或者子女领取保险金，财富不会外流。

3.增额终身寿险保单架构（二）

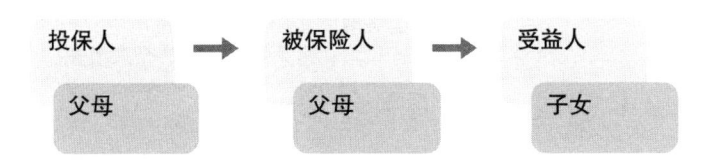

投保人 → 被保险人 → 受益人
父母　　　父母　　　子女

增额终身寿险保单架构（二）示意图

这种保单架构的作用在于：

（1）父母为自己投保，给自己储备一笔养老金，一方面可以较灵活、自由地取用资金，另一方面能够保证未来的养老生活。

（2）父母去世后，子女领取保险金，无须做继承权公证。

（3）父母去世后，子女领取的保险金不属于父母的遗产，可以规避父母的债务风险。

（4）父母去世后，子女领取的保险金不属于子女的夫妻共同财产，可以规避财富外流的风险。

对希望在身后为子女留下更多财富的父母来说，终身寿险无疑是一种很合适的工具。不过，根据客户不同的背景和需求，终身寿险产品搭配合适的保单架构，确实可以在一定程度上规避财富传承过程中的一些风险，避免给个人资产带来损失。但是，任何产品、任何架构都是建立在投保时资产没有风险的基础上的，比如资金来源合法，投保人和受益人没有债务风险，等等，否则将无法达到客户所期望的财富规划的效果。

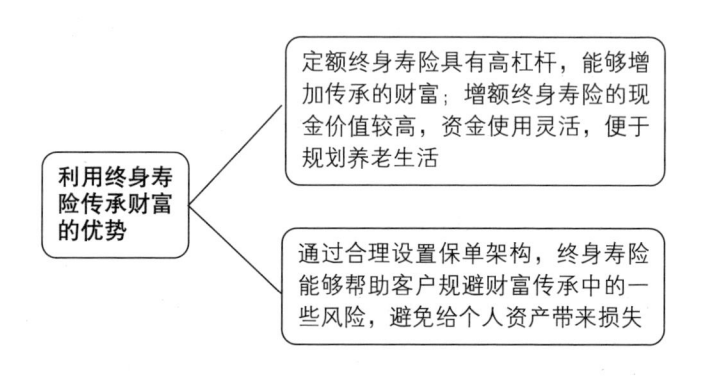

利用终身寿险传承财富的优势：
- 定额终身寿险具有高杠杆，能够增加传承的财富；增额终身寿险的现金价值较高，资金使用灵活，便于规划养老生活
- 通过合理设置保单架构，终身寿险能够帮助客户规避财富传承中的一些风险，避免给个人资产带来损失

▶▶▶ 延伸阅读

赠与合同，是指赠与人将自己的财产无偿给予受赠人，受赠人表示接受赠与的合同。由于订立程序简单、成本较低，赠与合同已经成为财富传承的主要法律工具之一。它可以实现财富的定向传承，且私密性较强。

然而，赠与的实质是财产所有权的转移，赠与财产一旦完成交付或者登记，一般情况下很难撤销，赠与人也就失去了对财产的控制权。如果传承得过早，可能导致赠与人的话语权下降，甚至晚年生活无所依靠。在没有附加条件赠与的情况下，后代（受赠人）如何使用这些财产也是无法控制的，若受赠人不具备财产管理能力，甚至肆意挥霍财产，则会使传承的财富大幅缩水。

32 立遗嘱与投保终身寿险，哪种传承方式更好？

魏先生家族中的男性很多都是在60岁左右时由于各种原因去世的。魏先生今年50多岁了，他担心自己也会出现这个情况，于是开始考虑规划自己的财富传承。

通过与专业人士沟通，魏先生得知自己可以通过订立遗嘱、购买终身寿险来传承财富。魏先生认为这两种方式各有各的优势，所以他不知道选择哪种更好。

▶▶▶ 专业解析

前文中，我简单提到了遗嘱，它和终身寿险都具有传承的功能，也都能实现财富的定向传承。我们先来了解一下遗嘱在财富传承中的优势：

（1）遗嘱可以传承的资产类型非常广泛，比如金融资产、固定资产、股权资产、古董字画等都可以通过遗嘱进行传承。

（2）遗嘱可以实现按意愿传承。遗嘱人可以通过订立遗嘱，将财产传给法定继承人，也可以剥夺特定继承人的继承权，还能按照自己的意愿对各继承人的遗产继承份额进行分配。

（3）遗嘱可以通过多种方式设立。《民法典》规定的遗嘱形式有自书遗嘱、代书遗嘱、录音录像遗嘱、口头遗嘱、打印遗嘱、公证遗嘱。立有多份遗嘱的，以最后一份遗嘱为准。

（4）传承资产清晰。遗嘱中需要列出所有遗产的明细，这样即便遗嘱人因意外或者疾病身故，继承人也能找到遗产，避免因遗产内容模糊不清导致出现不必要的财产纠纷。

（5）可以实现定向传承，防止遗产因子女婚变而外流。在遗嘱中设立遗产专属于子女的条款，可以防止子女继承的遗产变为夫妻共同财产，离婚时被配偶分割。

遗嘱在财富传承中也有劣势，主要包括：

（1）遗嘱效力纠纷。虽然遗嘱有多种形式，但遗嘱的效力也容易被质疑。比如，自书遗嘱是不是本人亲笔书写？代书遗嘱代书人的身份是否符合法律规定？见证人的见证是否有效？遗嘱人当时是否受到胁迫，意识是否清楚？……一旦出现这些问题，都可能导致遗嘱无效。

（2）获取继承权公证书难度较大。光有遗嘱还不能继承遗产，遗嘱继承人必须有继承权公证书，而出具继承权公证书又要涉及很多证明资料，比如祖辈的死亡证明。遗嘱继承人很可能因为亲属早年去世，资料丢失无法查证，导致无法办理继承权公证书。即使资料齐全，也可能因为其他继承人不配合签字，导致无法获得继承权公证书，不得已选择通过诉讼的方式获取继承权的证明资料。

（3）如果被继承人生前有欠缴的税款和未偿还的债务，遗产必须先用于缴税、还债，再被继承。如果债务大于遗产，那么就没有遗产可以继承了。

（4）遗嘱无法约束继承人的行为。虽然遗嘱人可以约定遗产给谁、给多少，但是继承人继承遗产后，遗嘱人就无法控制其如何使用了。遗产可能因为被挥霍、篡夺导致大量损失，与遗嘱人的传承愿望背道而驰。

了解了遗嘱，我们再来看看终身寿险在财富传承中的优势和劣势。

上一节，我提到终身寿险在财富传承中有两大优势：一是利用定额终身寿险的高杠杆率，增加传承的财富，利用增额终身寿险现金价值较高、资金取用灵活的特点,规划养老生活;二是通过合理设置保单架构,减少财富传承中的损失。关于第二点,实际上还可以通过设立保险金信托来实现。有关保险金信托的内容,我将在第五章做详细分析。

与遗嘱相比,终身寿险也有比较明显的劣势:一是终身寿险只能传承现金类资产,其他类型的资产无法通过保险进行传承;二是受益人只能是直系亲属,特殊情况下可以是旁系亲属,但总体来说受益人的范围比较窄,不能更好地按照个人意愿去传承;三是投保终身寿险受到年龄和代际关系的影响,年龄太大或者太小都不能做投保人,而且隔代投保的投保流程比较复杂,有些保险公司不能承保。

对比这两种工具在传承中的优势与劣势,你应该已经意识到,利用遗嘱传承和利用终身寿险传承,其实没有哪一种方式是完美的,因为没有任何一种工具是全能的,只能说不同的方式适合不同的人。而且很多时候,财富传承过程中人们会根据个人的需求,使用不止一种法律或金融工具。

遗嘱传承与终身寿险传承的对比

项目	遗嘱传承	终身寿险传承
可传承的资产类型	金融资产、固定资产、股权资产、古董字画等	现金资产
继承人的范围	法定继承人及法定继承人以外的其他人;可以剥夺特定继承人的继承权	受益人只能是直系亲属,特殊情况下可以是旁系亲属

续表

项目	遗嘱传承	终身寿险传承
设立方式	自书遗嘱、代书遗嘱、录音录像遗嘱、口头遗嘱、打印遗嘱、公证遗嘱	设置保单架构，或设立保险金信托
能否实现定向传承	能，只要在遗嘱中写明给谁	能，受益人获得的身故保险金属于其个人财产
缺点	（1）易发生遗嘱效力纠纷；（2）获取继承权公证书难度较大；（3）遗产必须先偿还被继承人所欠的税款、债务；（4）无法约束继承人的行为	（1）只能传承现金类资产；（2）受益人范围较窄；（3）对投保人的年龄有要求，隔代投保受限制

▶▶▶ 延伸阅读

《民法典》

第一千一百三十四条　自书遗嘱由遗嘱人亲笔书写，签名，注明年、月、日。

第一千一百三十五条　代书遗嘱应当有两个以上见证人在场见证，由其中一人代书，并由遗嘱人、代书人和其他见证人签名，注明年、月、日。

第一千一百三十六条　打印遗嘱应当有两个以上见证人在场见证。遗嘱人和见证人应当在遗嘱每一页签名，注明年、月、日。

第一千一百三十七条　以录音录像形式立的遗嘱，应当有两个以上见证人在场见证。遗嘱人和见证人应当在录音录像中记录其姓名或者肖像，以及年、月、日。

第一千一百三十八条　遗嘱人在危急情况下，可以立口头遗嘱。口头遗嘱应当有两个以上见证人在场见证。危急情况消除后，遗嘱人能够以书面或者录音录像形式立遗嘱的，所立的口头遗嘱无效。

第一千一百三十九条　公证遗嘱由遗嘱人经公证机构办理。

33 如何利用终身寿险保单实现婚姻财富规划？

严女士是一家外贸公司的经理，因相亲认识了现在的男友王先生。两人恋爱两年，有了结婚的打算。严女士深知经济独立的重要性，虽然她很愿意与王先生组建家庭，但未来的生活究竟什么样，谁也不能预料。所以，她希望在结婚之前，将自己的财富做好规划，确保以后就算两人感情有变离婚了，自己也有足够的钱继续生活，不至于陷入经济拮据的境地。最近，严女士听朋友说可以利用保险做财富规划。她想知道，保险能不能帮她规划婚姻财富。

▶▶▶ **专业解析**

婚姻财富规划，是财富规划中的一个重要板块。与财富传承相同，做婚姻财富的规划也需要考虑婚姻财富风险。婚姻财富主要有以下几种风险：

第一，婚前财产与婚内财产混同。婚前财产在婚后大多很难确定其专属性，特别是婚前的现金资产，一旦在婚后与其他账户频繁转账，就很可能会造成资金上的混同，导致婚前的个人财产变成婚后的夫妻共同财产。

第二，婚前财产在婚后被夫妻共同债务侵蚀。只要在婚内的债务被认定为夫妻共同债务，夫妻双方就都对这笔债务有清偿的责任，即便是夫妻一方在婚前的个人财产，可能也要被拿来偿债。

第三，婚后受赠的财产被认定为夫妻共同财产。比如，子女在婚后接受父母的资金赠与，如果没有证据证明该笔资金是赠与子女个人的，根据《民法典》婚姻家庭编的规定，这笔资金将属于子女的夫妻共同财产。

鉴于以上潜在的风险，婚姻财富规划的重点就是给个人资产加一个"姓氏"，即让这笔资产具有专属性，避免与夫妻共同财产混同，并隔离在夫妻共同债务之外。

合理搭建终身寿险的保单架构，就可以实现规避婚姻财富风险的目的。以严女士的情况为例，她可以利用以下两种保单架构，分别对自己的婚前财产和婚内财产进行规划。

1. 婚前财产规划

严女士对婚前财产的规划，可采用下面这种增额终身寿险保单的架构。

投保人 → 被保险人 → 受益人
严女士的父母   严女士   严女士的父母

增额终身寿险保单架构示意图

这种保单架构的作用在于：

（1）严女士的父母替严女士代持保单资产，能够规避保单被严女士的债务牵连的风险。如果严女士婚后因夫妻共同债务成为被执行人，因为她不是保单的投保人，而是被保险人，其名下没有保单收益，所以保单无法被执行。

（2）规避婚后的财产混同风险。如果未来严女士发生婚变，由于她不是保单的投保人，保单资产不属于她，所以即便离婚，保单也不会作为夫妻共同财产被分割。

（3）如果严女士身故，身故保险金由作为受益人的父母领取，资产不会外流。

2. 婚内财产规划

严女士对婚内财产的规划，可采用下面这种增额终身寿险保单的架构。

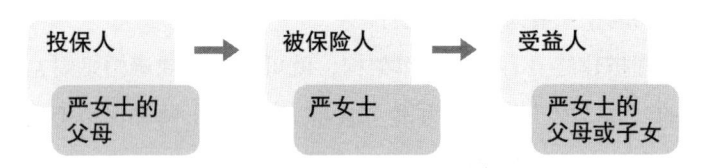

投保人（严女士的父母）→ 被保险人（严女士）→ 受益人（严女士的父母或子女）

增额终身寿险保单架构示意图

这种保单架构的作用在于：

（1）由严女士出资，父母做投保人，父母通过拥有该保单的现金价值实现资产代持。

（2）当严女士及其配偶出现债务风险时，保单不会被执行。

（3）如果严女士身故，身故保险金由作为受益人的父母或者子女领取，资产不会外流。

针对上述两种保单架构，我都建议大家投保增额终身寿险，主要原因有两个：

第一，与定额终身寿险相比，增额终身寿险的现金价值较高，目前市场上的主流产品在第5个保单年度末就可以实现现金价值保本。这意味着保单资产可以灵活取用。

第二，虽然保单资产可以灵活取用，但是增额终身寿险依然是保险产品。如果被保险人全残，全残保险金属于被保险人的个人财产；如果被保险人身故，身故保险金属于受益人；如果被保险人没有发生保险事故，保单的现金价值属于投保人，被保险人没有保单收益，保单不会被执行，能够有效隔离债务风险。

案例中的严女士可以利用上述两种保单架构，保护自己的婚前财产和婚内财产，规避婚姻中潜在的财产损失风险。

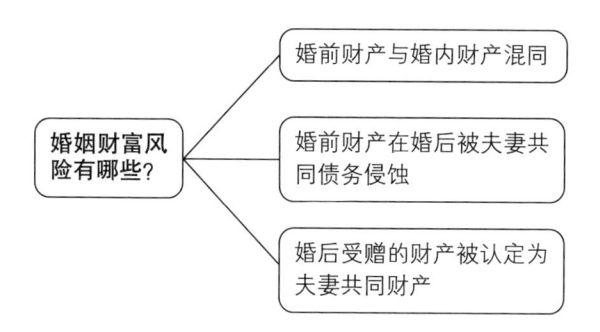

婚姻财富风险有哪些？
- 婚前财产与婚内财产混同
- 婚前财产在婚后被夫妻共同债务侵蚀
- 婚后受赠的财产被认定为夫妻共同财产

▶▶▶ 延伸阅读

《民法典》

第一千零六十二条　夫妻在婚姻关系存续期间所得的下列财产，为夫妻的共同财产，归夫妻共同所有：

（一）工资、奖金、劳务报酬；

（二）生产、经营、投资的收益；

（三）知识产权的收益；

（四）继承或者受赠的财产，但是本法第一千零六十三条第三项规定的除外；

（五）其他应当归共同所有的财产。

夫妻对共同财产，有平等的处理权。

第一千零六十三条　下列财产为夫妻一方的个人财产：

（一）一方的婚前财产；

（二）一方因受到人身损害获得的赔偿或者补偿；

（三）遗嘱或者赠与合同中确定只归一方的财产；

（四）一方专用的生活用品；

(五)其他应当归一方的财产。

第一千零六十四条 夫妻双方共同签名或者夫妻一方事后追认等共同意思表示所负的债务,以及夫妻一方在婚姻关系存续期间以个人名义为家庭日常生活需要所负的债务,属于夫妻共同债务。

夫妻一方在婚姻关系存续期间以个人名义超出家庭日常生活需要所负的债务,不属于夫妻共同债务;但是,债权人能够证明该债务用于夫妻共同生活、共同生产经营或者基于夫妻双方共同意思表示的除外。

34 婚前购买的终身寿险，未来若发生婚变，保单会被分割吗？

付先生工作后的第二年，从保险代理人那里购买了一份终身寿险，投保人和被保险人都是自己，受益人是父母，交费期是10年。后来，付先生结婚了，此时这份终身寿险的交费期还剩5年。婚后，付先生向保险代理人咨询：剩余的保费自己应该怎么交，才能避免保单成为夫妻共同财产？

▶▶▶ **专业解析**

根据《民法典》的规定，夫妻一方的婚前财产属于夫妻一方的个人财产。婚前投保终身寿险时，保费来源于个人，保单自然就是个人财产。但我们也知道，终身寿险的保险期间较长，大部分消费者选择的交费方式是期交，这就导致投保人结婚后，很可能要继续交纳保费。此时就容易产生一个问题：由于婚前财产在婚后极有可能与婚后财产发生混同，用于交纳保费的资金可能会被认定为夫妻共同财产。万一发生婚变，保单是不是也需要被分割呢？这个问题我们需要分不同的情况来讨论：

第一，自己做投保人和被保险人。如果像案例中的付先生那样，自己做投保人和被保险人，一旦发生婚变，付先生婚前用个人或者父母的资金交纳保费的部分无须做财产分割。婚后交纳的保费，若付先生能够证明保费来自个人财产或父母对自己的定向赠与，保单就无须进行分割；若付先生没有证据证明有以上情况，保单的部分资产就属于夫妻共同财产，需要进行分割。

第二，父母做投保人，自己做被保险人。还是以付先生为例，如果投保人是父母，被保险人是付先生，付先生的婚前和婚后都是父母在交纳保费，或有证据证明付先生将婚内的个人财产交给父母用于交纳保费，这种情况下如果发生婚变，由于保单的现金价值属于投保人，即付先生的父母，不属于付先生的夫妻共同财产，所以保单不会被分割。

如果付先生的配偶有证据证明付先生在自己不知情的情况下，将夫妻共同财产转移给父母用于交纳保费，这种情况下，保单的现金价值仍属于付先生的父母，不会被分割。但《民法典》第一千零六十二条规定，夫妻对共同财产有平等的处理权。第一千零九十二条又规定，夫妻一方隐藏、转移、变卖、毁损、挥霍夫妻共同财产或者伪造夫妻共同债务企图侵占另一方财产的，在离婚分割夫妻共同财产时，对该方可以少分或者不分。因此，尽管保单可以不被分割，付先生的配偶却有权要求付先生用其他夫妻共同财产对这部分被转移到付先生父母手中、用于交纳保费的夫妻共同财产给予补偿。

由此可见，婚前投保终身寿险，婚后继续交费，在一定程度上存在婚变时保单被分割的风险。付先生如果不想让保单在婚后变成夫妻共同财产，一定要使用婚前的个人财产或者父母定向赠与的资金交纳保费，并注意保存证据，同时避免用于交纳保费的账户与婚后的其他账户频繁发生资金往来，从而避免与婚后的夫妻共同财产混同。

实际上，想要避免保单在婚后被分割，最稳妥的办法是让父母做投保人，负责交纳保费。如果是自己做投保人，应尽量在婚前交完所有的保费；若因资金困难，无法在婚前完成交费，那么婚后交纳的保费一定要使用明确属于自己或父母定向赠与的资金，并保留相关证据。

婚前购买的终身寿险在婚后继续交纳保费，离婚时保单的分割情形

终身寿险的保单架构	婚姻阶段	保费资金来源	离婚时保单是否被分割
自己做投保人和被保险人	婚前	婚前用个人或者父母的资金交纳保费的部分	否
	婚后	能证明交费资金来自个人财产或父母对自己的定向赠与	否
	婚后	不能证明交费资金来自个人财产或父母对自己的定向赠与	是
父母做投保人，自己做被保险人	婚前	父母交纳保费	否
	婚后	父母交纳保费	否
	婚后	能证明交给父母用于交纳保费的资金来自婚内个人财产	否
	婚后	配偶能证明保费来自另一方转移的夫妻共同财产	否，但配偶有权要求补偿

▶▶▶ 延伸阅读

《民法典》

第一千零九十二条　夫妻一方隐藏、转移、变卖、毁损、挥霍夫妻共同财产，或者伪造夫妻共同债务企图侵占另一方财产的，在离婚分割夫妻共同财产时，对该方可以少分或者不分。离婚后，另一方发现有上述行为的，可以向人民法院提起诉讼，请求再次分割夫妻共同财产。

35 用夫妻共同财产购买的终身寿险，离婚时会不会被分割？如何分割？

小文婚后在熟识的保险代理人那里为自己投保了一份终身寿险，保费每年从小文的银行账户里自动扣除。最近，小文在和丈夫办理离婚手续，丈夫要求分割小文买的终身寿险保单，但小文认为，这份保单是她买给自己的，就和给自己买的手机一样，不应该被分割。两人为此争吵不休。

▶▶▶ **专业解析**

人们常用"十年修得同船渡，百年修得共枕眠"来形容两个人能结为夫妻的不易，但实际上，两个人想要长久地走下去更难——因家庭琐事争吵、陷入财务困境、感情逐渐淡漠……这些都可能导致一段婚姻终结。正所谓"至亲至疏夫妻"，即便离了婚，两人的争端可能也没有结束，最常见的原因就是婚姻财产分割问题。

那么，像案例中的小文那样，终身寿险保单是用夫妻共同财产购买的，离婚时保单会不会被分割？该如何分割呢？

夫妻一方为投保人的，离婚时保单会被分割；夫妻一方的父母为投保人的，此时保单的现金价值属于投保人，不属于夫妻的共同财产，离婚时不会被分割。但是，如果保费是一方偷偷转移夫妻共同财产交给父母用于投保的，那么在离婚时，配偶可以从其他财产上获得对应的补偿。

还有一种特殊情况，即夫妻一方为投保人，被保险人是子女，保单金额又不是特别大，根据2016年浙江省高级人民法院发布的《关于审理婚姻家庭案件若干问题的解答》(高法民一〔2016〕2号)，这种情况在浙江省很可能会被认定为夫妻双方对子女的赠与，不参与离婚分割。至于其他省份，则要看法官如何裁判了。

因此，案例中小文用夫妻共同财产为自己购买的这份终身寿险保单，其丈夫是有权要求分割的。

了解了在什么情况下需要分割保单，我们再来回答"怎么分割"的问题。如果夫妻双方在婚前或者婚内有婚姻财产协议，规定了保单资产的归属，离婚时按照婚姻财产协议来分割即可。如果没有婚姻财产协议，那么一般需要对半分割保单当时的现金价值。假设小文与丈夫离婚时保单的现金价值为10万元，那么小文需要将其中的一半，即5万元付给丈夫。

既然用夫妻共同财产投保终身寿险，婚变时难逃被分割的结局，那还有没有投保的必要呢？答案是"有"。因为投保和不投保还是有区别的——离婚时分割保单，只能分割保单的现金价值，而现金价值在交费期内一般都低于所交保费。这就降低了这笔夫妻共同财产的净值，也就意味着投保人可以获得更多的资产。假设保单的保费是100万元，现金价值是60万元，如果分割保单，投保人只需付给配偶现金价值的一半，即30万元。与100万元的一半，即50万元相比，少分了20万元。当然，这个比例也是根据险种和保单所处阶段来看的。通常保障功能越强的保险产品，现金价值越低，尤其是在保单的初期。

如果配偶以投保人转移夫妻共同财产为由起诉，要求少分给投保人财产可以吗？这个问题要看购买的时间。投保人在离婚期间购买的大额保单，很可能被认定为是在转移夫妻共同财产；但若是在很早之前就购买了大额保单，通常不会被认定为是在转移夫妻共同财产，但保单仍会被分割。

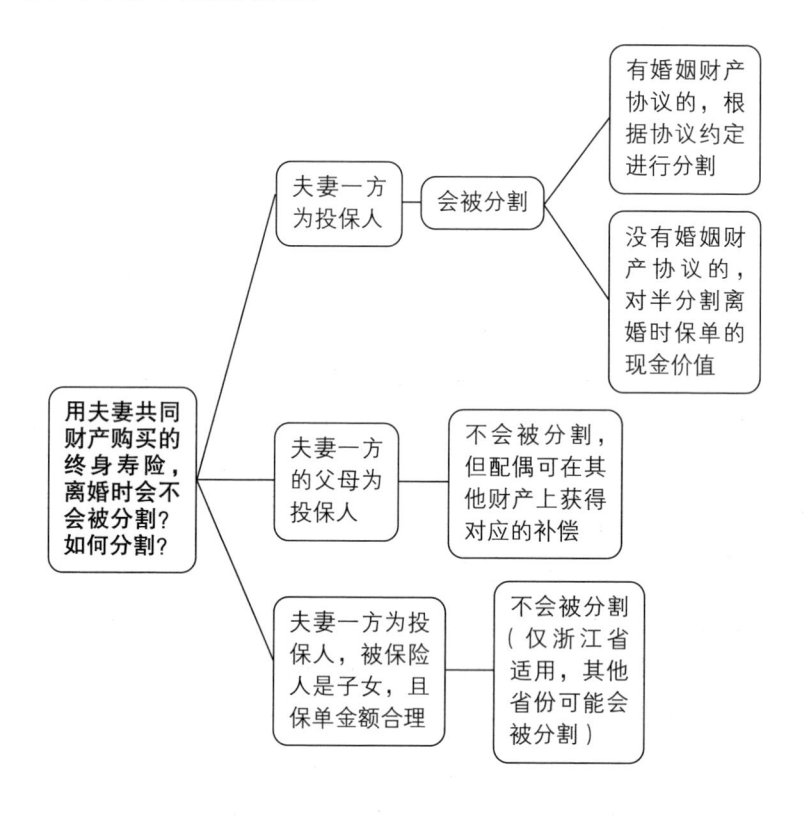

用夫妻共同财产购买的终身寿险，离婚时会不会被分割？如何分割？

- 夫妻一方为投保人 → 会被分割
  - 有婚姻财产协议的，根据协议约定进行分割
  - 没有婚姻财产协议的，对半分割离婚时保单的现金价值
- 夫妻一方的父母为投保人 → 不会被分割，但配偶可在其他财产上获得对应的补偿
- 夫妻一方为投保人，被保险人是子女，且保单金额合理 → 不会被分割（仅浙江省适用，其他省份可能会被分割）

▶▶▶ 延伸阅读

浙江省高级人民法院《关于审理婚姻家庭案件若干问题的解答》

十五、婚姻关系存续期间，夫妻一方为子女购买的保险，在离婚时可否作为夫妻共同财产予以分割？

答：婚姻关系存续期间，夫妻一方为子女购买的保险视为双方对子女的赠与，不作为夫妻共同财产分割。

36 父母为已婚子女购买的终身寿险，子女婚变时会被分割吗？

刘女士今年56岁，早年间因为与丈夫性格不合离婚了，独自带着儿子小宋生活了很久。现在小宋已经结婚，婚后生了个女儿。刘女士想为小宋买一份终身寿险，多给他提供一份保障。她身边一个经常一起聊天的老姐妹听了她的这个想法却说："不要傻了，你给儿子花钱，以后他要是离婚了，你的钱就得让他媳妇分走一半！"一听这话，刘女士犹豫了。离婚时要分割财产，她是知道的，可这保单也要分吗？

▶▶▶ 专业解析

随着社会的发展和人们观念的改变，离婚在当下已经不是什么新鲜事。父母当然希望自己的孩子婚姻生活稳定、幸福，并尽力为孩子提供各方面的支持。但面对孩子婚姻的破裂，唯有无奈。尤其是当遇到小夫妻因为财产分割问题而争执不休彼此伤害时，当事人的父母经常一筹莫展。其实，如果父母早在对子女进行财富支持时就采取一些恰当的方法，是可以在一定程度上避免离婚时发生财产纠纷的。

案例中，刘女士要为已婚的儿子投保终身寿险，这属于对儿子的一种资金赠与行为。根据《民法典》第一千零六十二条的规定，夫妻在婚姻关系存续期间继承或者受赠的财产归夫妻共同所有。那么，刘女士购买的这份寿险是不是就属于儿子的夫妻共同财产呢？

如果儿子发生婚变，这份保单是否会被分割呢？这要根据父母为子女投保时的保单架构情况来分析。

1. 父母用自己的资产为子女投保终身寿险

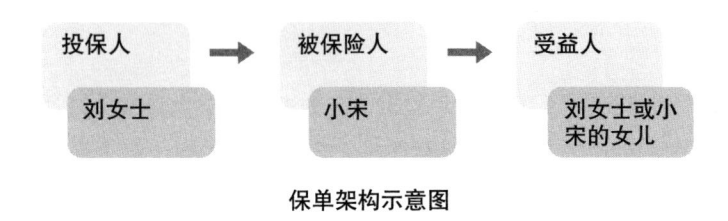

投保人 刘女士 → 被保险人 小宋 → 受益人 刘女士或小宋的女儿

保单架构示意图

这种保单架构下，保单的现金价值由投保人刘女士持有，儿子小宋若发生婚变，保单资产不会被分割。

2. 由父母出资，子女为投保人和被保险人投保终身寿险

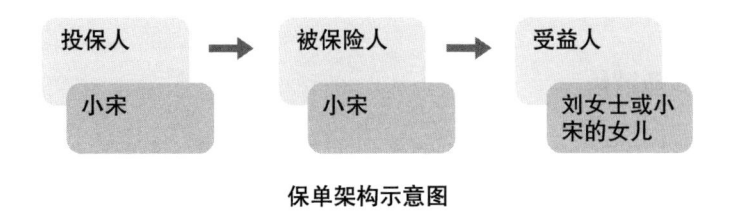

投保人 小宋 → 被保险人 小宋 → 受益人 刘女士或小宋的女儿

保单架构示意图

这种保单架构下，实际出资人是刘女士，投保人是小宋。保单的现金价值属于投保人，即小宋。小宋离婚时，如果有证据证明母亲的出资是只给自己一个人的，保单资产就无须进行分割；如果没有证据证明母亲的出资是只给自己一个人的，这笔保单资产就属于夫妻共同财产，离婚时需要分割。

因此，父母为已婚子女投保终身寿险，最好将自己设置为投保人，这样就可以保证即使子女婚变，保单资产也不会作为子女的夫妻共同财产被分割。如果让子女自己做投保人，就要保留好证据，

或通过公证、签订赠与合同等形式，确保能够证明这笔资金是自己定向赠与子女个人的，防止子女婚变时保单资产被分割。

这样一份终身寿险保单，既达到了给子女一份终身保障的目的，也为子女婚内财产规划尽了一份力。

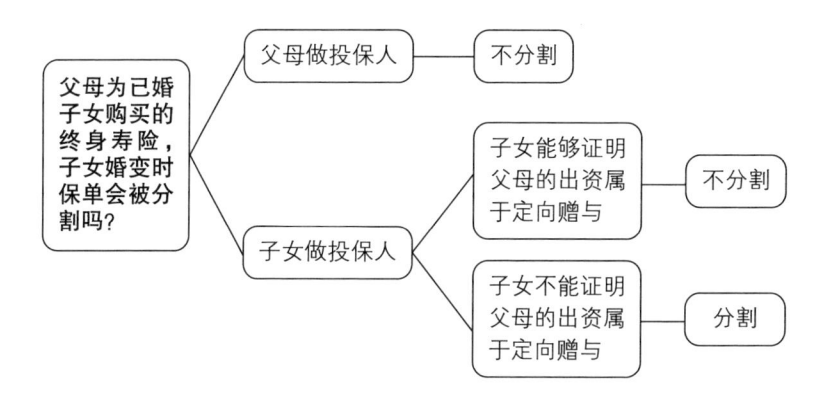

```
父母为已婚子女购买的终身寿险，子女婚变时保单会被分割吗？
├── 父母做投保人 → 不分割
└── 子女做投保人
    ├── 子女能够证明父母的出资属于定向赠与 → 不分割
    └── 子女不能证明父母的出资属于定向赠与 → 分割
```

▶▶▶ 延伸阅读

《民法典》

第一千零六十二条　夫妻在婚姻关系存续期间所得的下列财产，为夫妻的共同财产，归夫妻共同所有：

（一）工资、奖金、劳务报酬；

（二）生产、经营、投资的收益；

（三）知识产权的收益；

（四）继承或者受赠的财产，但是本法第一千零六十三条第三项规定的除外；

（五）其他应当归共同所有的财产。

夫妻对共同财产，有平等的处理权。

第一千零六十三条　下列财产为夫妻一方的个人财产：

（一）一方的婚前财产；

（二）一方因受到人身损害获得的赔偿或者补偿；

（三）遗嘱或者赠与合同中确定只归一方的财产；

（四）一方专用的生活用品；

（五）其他应当归一方的财产。

37 婚内获得的身故保险金，如何避免成为夫妻共同财产？

彭女士的母亲前段时间去世了。母亲生前曾经投保过一份终身寿险，保额为 50 万元，受益人是彭女士。彭女士在保险公司工作人员的帮助下办理了保单的理赔手续，顺利获得了 50 万元的身故保险金。

获得保险金后，彭女士的丈夫多次提及想动用这 50 万元做投资。但他这些年的投资多是血本无归，彭女士对他的投资眼光实在没有信心，就始终没有同意，导致两人经常发生争吵。丈夫一气之下说："就算离婚，这钱你也得分我一半，这是夫妻共同财产。"彭女士一下子紧张起来，万一真的离婚，这笔钱会不会被丈夫分走一半呢？

▶▶▶ 专业解析

《第八次全国法院民事商事审判工作会议（民事部分）纪要》中规定："婚姻关系存续期间，夫妻一方作为被保险人依据意外伤害保险合同、健康保险合同获得的具有人身性质的保险金，或者夫妻一方作为受益人依据以死亡为给付条件的人寿保险合同获得的保险金，宜认定为个人财产，但双方另有约定的除外。"也就是说，只要夫妻双方没有特殊约定，婚姻关系存续期间一方作为终身寿险的受益人获得的身故保险金，法院一般会判定属于其个人财产。

因此，彭女士获得的 50 万元保险金，属于她的婚内个人财产。但是，彭女士也并非就高枕无忧了。因为毕竟是夫妻两个人共同生活，资金很可能发生混同，比如用存有保险金的账户接收夫妻双方的工资、奖金等，导致这笔钱无法与其他夫妻共同财产准确区分，这样一旦离婚，保险金仍可能作为夫妻共同财产被分割。那么，彭女士该如何避免这种事情发生呢？

第一，彭女士可以将身故保险金存入单独账户，同时不与家庭的任何资金发生往来。简单来说，就是账户内的资金"只出不进"，防止与其他资金混同。

第二，彭女士可以将身故保险金存入单独账户，然后用这笔钱以自己为投保人和被保险人，投保一份终身寿险。我建议投保现金价值较高的增额终身寿险，可以灵活取用资金。投保新保单后，身故保险金转化为新保单的现金价值，仍然属于投保人，即彭女士的婚内个人财产，而非夫妻共同财产。

当然，不止终身寿险这一种保险产品可以帮助彭女士避免这50万元被丈夫分走一半，但增额终身寿险是一个较优的选择。如果投保年金保险，即使彭女士使用的是婚内的个人财产（50万元的身故保险金）投保，婚姻关系存续期间产生的年金收益也会被认定为投资收益，依然存在变为夫妻共同财产的可能性。

婚内获得的身故保险金，如何避免成为夫妻共同财产？	将保险金存入单独账户，不与家庭的任何资金发生往来
	将保险金存入单独账户后，用保险金为自己投保增额终身寿险

▶▶▶ 延伸阅读

《第八次全国法院民事商事审判工作会议（民事部分）纪要》

二、关于婚姻家庭纠纷案件的审理

（二）关于夫妻共同财产认定问题

5. 婚姻关系存续期间，夫妻一方作为被保险人依据意外伤害保险合同、健康保险合同获得的具有人身性质的保险金，或者夫妻一方作为受益人依据以死亡为给付条件的人寿保险合同获得的保险金，宜认定为个人财产，但双方另有约定的除外。

婚姻关系存续期间，夫妻一方依据以生存到一定年龄为给付条件的具有现金价值的保险合同获得的保险金，宜认定为夫妻共同财产，但双方另有约定的除外。

38 欠债的情况下可以投保终身寿险吗？

季先生从事石材加工行业，为发展业务，他向银行贷款 2000 万元。目前，季先生的生意经营得不错，也在正常还款。前不久，季先生的太太生了个女儿，全家沉浸在喜悦当中。季先生便有意给自己和孩子增加一些保障，于是找到保险代理人，想要为自己买一份终身寿险，再给孩子配置一些合适的保险产品。不过在投保前，季先生需要先了解一个问题：目前自己处于欠钱的状态，可以投保终身寿险吗？

▶▶▶ **专业解析**

做生意开公司的老板需要贷款，普通工薪阶层需要贷款买房买车。在当下这个社会，无论负债是大是小，没有负债的人反而是少数的。既然负债算是一种比较正常的情况，那么在这种情况下可以投保终身寿险吗？可以，但是有条件。

在没有发生债务纠纷的情况下，我们可以自由支配名下的资金来购买各种产品，投保终身寿险自然也是没有问题的。但是，如果发生了债务纠纷，甚至被列为"失信被执行人"，根据 2015 年《最高人民法院关于限制被执行人高消费及有关消费的若干规定》（法释〔2015〕17 号）第三条的规定，被执行人为自然人的，被采取限制消费措施后，不得支付高额保费购买保险理财产品。此时，大部分的人寿保险都是无法投保的，包括终身寿险。

那么，在负债情况下投保的终身寿险，将来执行债务时，保单是否会被用于偿债呢？如果债务人是投保人，保单作为投保人的资产,自然会被用于偿债。但这并不意味着负债情况下投保终身寿险就没有意义了。首先,保单并非一定会被法院执行还债,如果投保人(债务人)的其他财产足以偿还债务,保单就是安全的;其次,通常只有企业债务牵连家庭资产时才会造成大量债务,做好家企资产隔离,便可以规避这种风险。即使家企资产已经无法区分了,提前设置好终身寿险的保单架构,还是能够实现一部分的资产隔离的(详见本书后续章节)。

虽然负债并不影响投保终身寿险,但保单还是可能会因为保单架构没有设置好、投保时间太晚等被用于偿债。因此,建议大家尽量在没有负债的情况下投保。如果像案例中的季先生这样,负债已经不可避免,那就要在债务风险最小的时候投保,并设置好保单架构,千万不要等到发生债务纠纷时才匆忙投保。

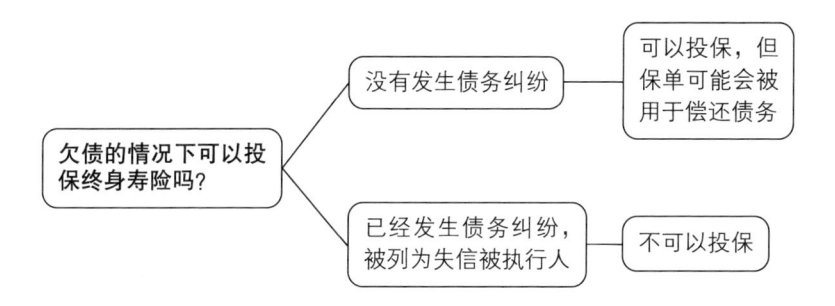

```
欠债的情况下可以投  ┬── 没有发生债务纠纷 ─── 可以投保,但保单可能会被用于偿还债务
保终身寿险吗?      │
                   └── 已经发生债务纠纷,被列为失信被执行人 ─── 不可以投保
```

▶▶▶ 延伸阅读

《最高人民法院关于限制被执行人高消费及有关消费的若干规定》

第三条第一款 被执行人为自然人的,被采取限制消费措施后,不得有以下高消费及非生活和工作必需的消费行为:

(一)乘坐交通工具时,选择飞机、列车软卧、轮船二等以上

舱位；

（二）在星级以上宾馆、酒店、夜总会、高尔夫球场等场所进行高消费；

（三）购买不动产或者新建、扩建、高档装修房屋；

（四）租赁高档写字楼、宾馆、公寓等场所办公；

（五）购买非经营必需车辆；

（六）旅游、度假；

（七）子女就读高收费私立学校；

（八）支付高额保费购买保险理财产品；

（九）乘坐G字头动车组列车全部座位、其他动车组列车一等以上座位等其他非生活和工作必需的消费行为。

39 终身寿险保单会被法院强制执行吗?

虞女士是一家食品加工企业的法定代表人,从事食品加工行业已经有 20 多年了,企业一直保持着不大不小的规模。随着市场竞争愈发激烈,企业经营每况愈下,不得已,虞女士准备向外融资借款。但虞女士担心:一旦企业无法偿还借款,自己的个人财产会不会被法院强制执行?自己以前投保的终身寿险保单是否也会被强制执行?

▶▶▶ **专业解析**

我们先来了解一下什么叫"法院强制执行"。法院强制执行,是法院根据法律裁判结果对被告人采取的强制行为。这是一种特殊的强制措施,由人民法院执行人员按照法律文书的规定,强制被申请执行人完成指定的行为。

强制执行一般需要满足三个条件:(1)法律文书已经生效;(2)申请人是生效法律文书确定的权利人;(3)当事人在法定期限两年内提出申请。

长期以来,保险行业里一直流传着一句话——"保单可以起到'离婚不分,欠债不还,避债避税'的作用"。这里所说的"欠债不还",意思是可以规避法院强制执行。这种说法显然是错误的。保单作为一种特殊的金融资产,虽然有一定的债务隔离功能,但是没有任何一种金融工具能够逃脱法律的管辖范围。因此,保单是可以被法院强制执行的。

不过,关于哪些保单可以被强制执行,以及怎么执行,全国各地的标准并不统一。目前，浙江省高级人民法院、江苏省高级人民法院、上海市高级人民法院对于保单资产的执行出台了具体的规定。

浙江省高级人民法院《关于加强和规范对被执行人拥有的人身保险产品财产利益执行的通知》（浙高法执〔2015〕8号）

一、投保人购买传统型、分红型、投资连接型[①]、万能型人身保险产品、依保单约定可获得的生存保险金、或以现金方式支付的保单红利、或退保后保单的现金价值，均属于投保人、被保险人或受益人的财产权。当投保人、被保险人或受益人作为被执行人时，该财产权属于责任财产，人民法院可以执行。

江苏省高级人民法院《关于加强和规范被执行人所有的人身保险产品财产性权益执行的通知》（苏高法电〔2018〕506号）[②]

一、保险合同存续期间，人身保险产品财产性权益依照法律、法规规定，或依照保险合同约定归属于被执行人的，人民法院可以执行。人身保险产品财产性权益包括依保险合同约定可领取的生存保险金、现金红利、退保可获得的现金价值（账户价值、未到期保费），依保险合同可确认但尚未完成支付的保险金，及其他权属明确的财产性权益。

人民法院执行人身保险产品财产性权益时，应遵守《中华人民共和国民事诉讼法》第二百四十三条、《最高人民法院关于人民法院民事执行中查封、扣押、冻结财产的规定》第五条的规定。例如，对于被

---

① 编辑注：这里的"投资连接型"指的就是投资连结型，此文为官方文件，不宜修改原文，故保留。
② 已于2020年12月31日失效，但实践中，江苏法院仍认可保单现金价值可以作为强制执行标的，并可直接冻结和扣划。

保险人或受益人为被执行人的重疾型保险合同,已经发生保险事故,依保险合同可确认但尚未完成支付的保险金,人民法院执行时应当充分保障被执行人及其所扶养家属的生存权利及基本生活保障。

上海市高级人民法院《关于建立被执行人人身保险产品财产利益协助执行机制的会议纪要》

三、规范执行与特殊免除

(一)明确被执行人及对应的执行标的

被执行人为投保人的,可冻结或扣划归属于投保人的现金价值、红利等保单权益。

被执行人为被保险人的,可冻结或扣划归属于被保险人的生存金等保险权益。

被执行人为受益人的,可冻结或扣划归属于受益人的生存金等保险权益。

…………

(三)特殊免除执行的保单类型

鉴于重大疾病保险、意外伤残保险、医疗费用保险等产品人身专属性较强、保单现金价值低,但潜在可能获得的保障大,人民法院应秉承比例原则,对该类保单一般不作扣划。

保险机构认为涉案保单不适宜扣划的,可通过本纪要第六条确定联络人沟通反馈,但应在回执中予以说明。

从上述三地高级人民法院对保单资产执行的通知中可以看出,保单可以被法院强制执行,但是要区分归属。例如,上海市高级人民法院的规定基本明确了不同的资产归属于不同的当事人,只要当事人是被执行人,法院就可以强制执行其保单资产。

终身寿险也是保险产品，同样无法跳出法律法规的框架之外。但在以下几种情况下，终身寿险保单可以不被强制执行。

第一，在本人没有债务负担的情况下，由同样没有债务风险的父母或者成年子女做投保人，本人做被保险人投保终身寿险。当本人负债时，该保单不会被强制执行。因为被保险人名下没有保单资产或者收益，即使其成为被执行人，法院也无法强制执行该保单。

第二，终身寿险保单的投保人是信托公司，原投保人为保险金信托的委托人。由于信托财产独立于委托人的其他财产，所以只要信托设立时委托人没有债务负担，即使原投保人成为被执行人，法院也不能强制执行该保单。

第三，终身寿险保单的受益人是信托公司，身故保险金直接进入信托账户，原终身寿险保单的受益人变为信托受益人。当信托受益人负债时，只要委托人设立保险金信托时在信托合同中规定了"信托受益权不得用于清偿债务"，即使信托受益人成为被执行人，法院也不能强制执行其受益权。

哪些情况下，终身寿险保单不会被法院强制执行？	在本人没有债务负担的情况下，由同样没有债务风险的父母或者成年子女做投保人，本人做被保险人，当被保险人成为被执行人时，保单不会被强制执行
	投保人是信托公司，原投保人为保险金信托的委托人，信托成立时委托人没有债务负担。当委托人成为被执行人时，保单不会被强制执行
	受益人是信托公司，原保单受益人为信托受益人，委托人在信托合同中规定"信托受益权不得用于清偿债务"。当信托受益人成为被执行人时，保单不会被强制执行

▶▶▶ 延伸阅读

《中华人民共和国信托法》(以下简称《信托法》)

第十五条　信托财产与委托人未设立信托的其他财产相区别。设立信托后,委托人死亡或者依法解散、被依法撤销、被宣告破产时,委托人是唯一受益人的,信托终止,信托财产作为其遗产或者清算财产;委托人不是唯一受益人的,信托存续,信托财产不作为其遗产或者清算财产;但作为共同受益人的委托人死亡或者依法解散、被依法撤销、被宣告破产时,其信托受益权作为其遗产或者清算财产。

第四十七条　受益人不能清偿到期债务的,其信托受益权可以用于清偿债务,但法律、行政法规以及信托文件有限制性规定的除外。

40 终身寿险保单能避债吗？如何配置保单才能隔离债务风险？

赵女士和丈夫共同经营着一家建筑工程公司。公司的规模不大，不过利润还算可观。但做生意总会有风险，夫妻二人一直担心，一旦公司卷入债务纠纷，可能会牵连到个人和家庭资产。在一次保险公司举办的沙龙活动中，两人听说可以通过投保终身寿险来隔离债务风险。他们想知道怎么操作才能实现这个目的。

▶▶▶ **专业解析**

避债是利用各种方法逃避本来应该承担的债务责任，而保险能够实现的是在一定条件下的债务隔离。一般在债务发生之前就要做债务隔离规划，发生债务后再做规划，通常得不到法律的认可。因此，保险的债务隔离功能与所谓的避债是有本质区别的。

保险的债务隔离功能所依据的，不仅仅是保险责任，更多的是保单架构中的资产归属。因为保险与其他理财工具相比有一个较为明显的区别——能够做到"三权分立"，即所有权、控制权和受益权分离。通过设置保单架构，保险能将资产的所有权和受益权分离，从而起到隔离债务的作用。

终身寿险在一定条件下是能够隔离债务风险的。这里的"一定条件下"是指：

第一，投保人不能是债务人。保单现金价值属于投保人，如果投保人是债务人，一旦发生债务纠纷，保单大概率会被用于偿债。

第二，受益人也不能是债务人。被保险人身故后，受益人领取的身故保险金是其个人财产。如果受益人是债务人，这笔资产就会被用于偿债。

所以，终身寿险的投保人和受益人都不能是债务人，否则是无法隔离债务风险的。那如果被保险人是债务人，会不会对保单的债务隔离功能产生影响呢？正如我在上节所说的，终身寿险的被保险人名下没有保单资产和收益，即便被保险人是债务人，也不会因为其欠债而强制执行保单资产。

既然终身寿险的投保人和受益人都不能是债务人，那么以家中债务风险最小的人作为投保人或者受益人比较合适。比如，由已经退休且没有超过70周岁的父母做投保人。但是，如果父母投保的资金是由自己赠与的，考虑到对保费来源的要求，仍然需要在个人资产没有债务纠纷的时候去做规划，这样保单的债务隔离功能才能实现。如果父母已经去世或者超过70周岁，自己的子女又没有成年，无法做投保人，还可以考虑设立保险金信托，将投保人变更为信托公司。这种方式也可以起到隔离债务的作用。将受益人变更为信托公司，同样可以避免受益人领取的保险金被用于偿债。

需要说明的是，债务人的配偶不能做保单的投保人，因为一旦债务被认定为夫妻共同债务，配偶做投保人的保单同样要被用于偿债。

总体来说，想要利用终身寿险保单隔离债务风险，要注意以下三点：一是要在个人资产状况良好的情况下投保，切勿在风险发生后突击投保；二是尽量不要让有债务风险的人做终身寿险的投保人和受益人；三是在必要情况下，可以引入保险金信托来规避风险。

最后我想说的是，任何规划都必须是未雨绸缪，而不是临时抱佛脚。案例中的赵女士和丈夫必须在公司和家庭都没有债务纠纷时投保终身寿险，并选择债务风险最小的家庭成员做投保人和受益人，才能有效隔离债务风险，保护个人和家庭资产。

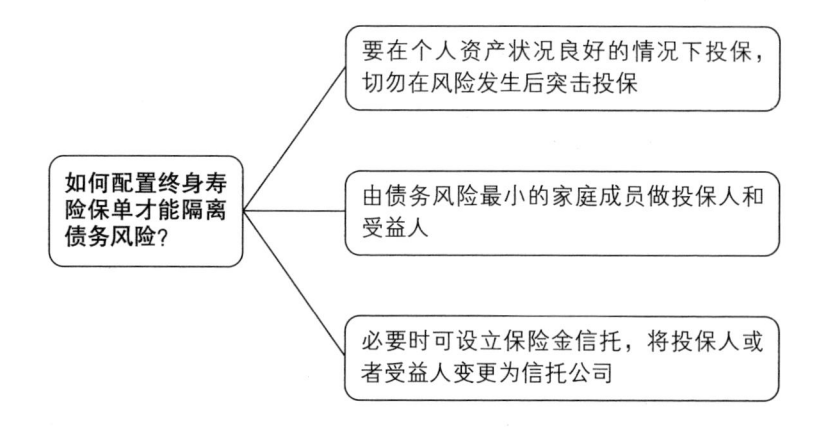

```
                          ┌─ 要在个人资产状况良好的情况下投保，
                          │  切勿在风险发生后突击投保
                          │
如何配置终身寿           ├─ 由债务风险最小的家庭成员做投保人和
险保单才能隔离            │  受益人
债务风险？                │
                          └─ 必要时可设立保险金信托，将投保人或
                             者受益人变更为信托公司
```

▶▶▶ 延伸阅读

如果终身寿险保单的受益人是债务人，被保险人去世后，债权人能否直接到保险公司领取身故保险金呢？答案是"不能"。

《民法典》第三百三十五条第一款规定："因债务人怠于行使其债权或者与该债权有关的从权利，影响债权人的到期债权实现的，债权人可以向人民法院请求以自己的名义代位行使债务人对相对人的权利，但是该权利专属于债务人自身的除外。"人寿保险合同的保险金请求权就是专属于债务人自身的债权，因此债权人无法行使代位权，也就不能直接到保险公司领取身故保险金。

41 将终身寿险的投保人变更为成年子女，可否避免保单被法院强制执行？

林女士经营的企业因市场环境变化和管理不善，已经负债累累，她很害怕企业的债务会牵连到自己的个人和家庭资产。林女士想起自己在前几年投保的大额终身寿险。在投保时，她听代理人说可以通过变更投保人的方式来规避债务风险。所以，她准备将投保人变更为正在读研的儿子。那么，林女士这样做，能避免保单被法院强制执行吗？

▶▶▶ **专业解析**

终身寿险保单是可以被法院强制执行的，这一点我在第 39 节已经详细论述过。案例中的林女士是保单的投保人，如果她成为被执行人，保单的现金价值将会变成被执行资产。那么，像林女士这样，既是投保人，也可能因为债务纠纷成为被执行人，能否通过变更投保人来避免保单被法院强制执行呢？

通过变更投保人转移债务人名下资产的行为，根据《民法典》第五百三十八条的规定，这种行为很可能会被认定为以无偿转让财产的方式影响债权人实现债权，债权人可以申请人民法院撤销该行为。据此，我认为通过变更投保人来避免保单被法院强制执行的关键在于变更的时间。

如果是在发生债务纠纷之前，原投保人的个人资产状况良好时进行的投保人变更，这种情况下大概率是可以避免保单被法院强制执行的。因为此时变更投保人，没有损害债权人的利益。

如果是在发生债务纠纷期间或者发生债务纠纷之后才进行投保人变更，这种行为一旦被债权人发现，基本上就会被法院认定为是在"减损责任财产，损害债权人利益"，保单也不可避免地会被法院强制执行。不过，个人名下的保单属于个人隐私，通常情况下我们是无法查询到别人名下的保单的，除非持有相关的法律文件。

对案例中的林女士来说，她将保单的投保人变更为儿子，可能会出现以下几种情况：

（1）债权人知道林女士名下有大额保单，并认为林女士变更投保人的行为是在恶意转移财产，便要求撤销投保人变更或者直接强制执行该保单。当然，具体如何执行要看法院的判决。

（2）债权人想了解林女士名下是否有大额保单，去保险公司或者保险行业协会调查，但保险公司和保险行业协会考虑到要保护客户隐私，通常不允许个人调查他人名下的保单情况。

（3）债权人通过各种途径调查到了林女士名下的保单情况，但如果林女士在此之前已经完成了投保人的变更，那么债权人就只能查到投保人是林女士的儿子，也就无权要求强制执行该保单。

因此，想要利用终身寿险隔离债务风险，投保人一定不能是债务人。

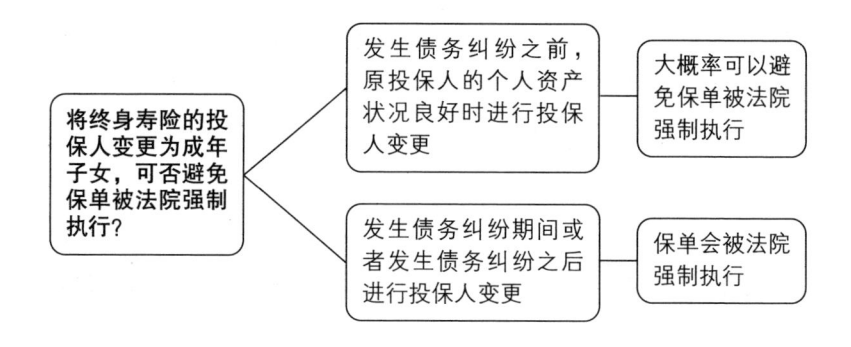

将终身寿险的投保人变更为成年子女，可否避免保单被法院强制执行？	发生债务纠纷之前，原投保人的个人资产状况良好时进行投保人变更	大概率可以避免保单被法院强制执行
	发生债务纠纷期间或者发生债务纠纷之后进行投保人变更	保单会被法院强制执行

▶▶▶ **延伸阅读**

《民法典》

第五百三十八条 债务人以放弃其债权、放弃债权担保、无偿转让财产等方式无偿处分财产权益,或者恶意延长其到期债权的履行期限,影响债权人的债权实现的,债权人可以请求人民法院撤销债务人的行为。

42 受益人获得的身故保险金,是不是要先用于还债?

佟女士经营着几家连锁酒店,近几年她酒店的生意一直不太景气,如果勉强维持下去,她可能会面临债务问题。好在佟女士在几年前就做了财富规划,并且为自己投保了一份高额的终身寿险。但佟女士担心:如果自己死后,孩子在领取保险金之前,是不是要先偿还自己的债务呢?

▶▶▶ 专业解析

我在为客户做财富规划时,很多投保了终身寿险的客户会问:受益人拿到的钱,是不是要先用于还债?

要回答这个问题,我们先要搞清楚:"还债"还的是谁的债?是被保险人遗留的债务,还是受益人本人的债务?

如果是被保险人的债务,原则上受益人是不用清偿的。只要被保险人明确指定了受益人,那么受益人领取的身故保险金就不属于《民法典》第一千一百六十一条规定的需要先清偿债务的资产,无须用于偿还被保险人生前的债务。

我在第 10 节简单提到过指定受益人与未指定受益人的区别,大家可以回顾一下。如果被保险人没有指定受益人或者受益人指定不明无法确定,身故保险金就会被当作被保险人的遗产,必须先清偿被保险人生前的债务,剩余的部分才能由法定继承人分别继承。

还有一种特殊情况,受益人是被保险人的配偶,被保险人的债务又属于夫妻共同债务。这种情况下，受益人获得的身故保险金同样需要用于清偿这笔夫妻共同债务。

如果是受益人本人的债务呢？只要受益人领取了这份身故保险金，这笔资产就属于其个人财产，自然可以被用于清偿其个人债务。

那么，有没有什么方法可以规避上述这种风险呢？有。

（1）如果被保险人身故之前已经存在债务风险，受益人又是被保险人的配偶，那么最好在被保险人在世时就将受益人变更为没有债务风险的亲属，避免保险金被用于偿还夫妻共同债务。

（2）如果被保险人身故之前，受益人已经存在债务风险，那么应在被保险人在世时尽快将受益人变更为没有债务风险的亲属。

（3）如果没有其他亲属能够做受益人，也可以考虑设立保险金信托，将受益人变更为信托公司，再将原保单受益人变为信托受益人。目前，多数信托公司的信托资产领取是申领制。如果信托受益人不申领资金，那么这笔资金将一直在信托账户中运作，甚至可以通过新增下一代信托受益人来隔离债务风险。

案例中的佟女士其实不必担心，只要她在保险合同中明确指定自己的孩子为受益人，这笔身故保险金就无须用于偿还佟女士的债务。

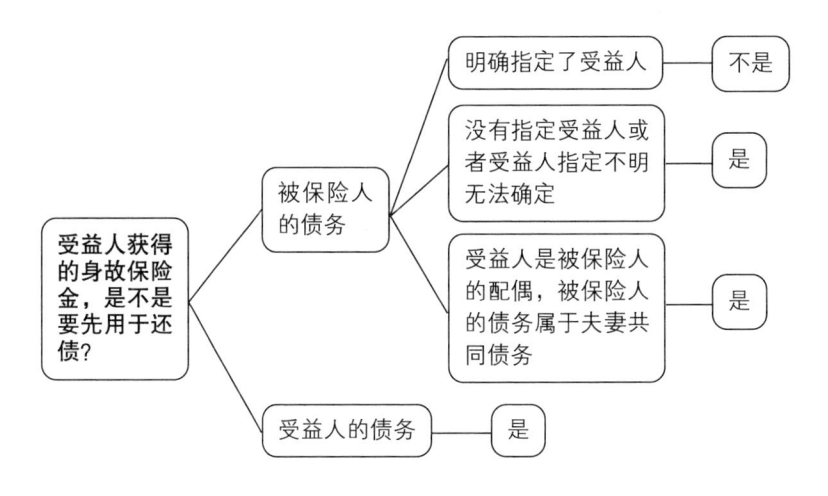

受益人获得的身故保险金，是不是要先用于还债？	被保险人的债务	明确指定了受益人	不是
		没有指定受益人或者受益人指定不明无法确定	是
		受益人是被保险人的配偶，被保险人的债务属于夫妻共同债务	是
	受益人的债务		是

▶▶▶ **延伸阅读**

《民法典》

第一千一百六十一条 继承人以所得遗产实际价值为限清偿被继承人依法应当缴纳的税款和债务。超过遗产实际价值部分,继承人自愿偿还的不在此限。

继承人放弃继承的,对被继承人依法应当缴纳的税款和债务可以不负清偿责任。

43 丈夫欠的债，妻子的终身寿险保单需要用于还债吗？

王阿姨的女儿快要订婚了，她忙着为女儿准备嫁妆。与丈夫商量后，王阿姨决定在女儿婚前过户一套房子给女儿，再由他们老两口出资，让女儿自己为自己投保一份增额终身寿险。没想到，这种方案立刻遭到了保险代理人的反对。代理人解释道："王阿姨，婚后夫妻一方欠债，另一方名下的资产可能要用来还债，保单也不例外。"

▶▶▶ **专业解析**

前文中我说过，投保人不能是债务人的配偶，因为其中会涉及夫妻共同债务的问题。本节，我们就来详细了解一下什么是夫妻共同债务。

根据《民法典》第一千零六十四条的规定，在以下几种情况下，债务将被认定为夫妻共同债务：

（1）夫妻双方共同签名。这种情况常见于银行贷款，如果贷款人已婚，通常银行会要求夫妻双方共同签字确认，由此产生的债务自然也是双方的共同债务。

（2）夫妻一方事后追认。这个追认不仅仅是口头或者书面的追认，如果发生用一方的个人账户去帮另一方还债的情况，也可能被认定为事后追认。

（3）以个人名义借债用于夫妻共同生活。虽然是一方以个人名义产生的债务，但是两个人共同使用了，那也需要夫妻共同偿还。

（4）以个人名义借债超过日常生活所需，但债权人能够证明用于夫妻共同生活、共同生产经营或者基于夫妻双方共同意思表示。这一条相对比较复杂，通常借债金额超过日常生活所需就不是夫妻共同债务了，但是债权人若能证明这笔借款确实用于夫妻共同生活或者共同生产经营，那就又变成了夫妻共同债务。

一旦一方所负债务被认定为夫妻共同债务，就需要夫妻双方共同偿还，即便离婚，也不能免除另一方对夫妻共同债务的偿还义务。

了解了夫妻共同债务，我们再来回答本节的问题：丈夫欠的债，妻子的终身寿险保单需要用于还债吗？

这要先看这笔债务是什么时候产生的。如果债务是丈夫在婚前产生的，就要看其是否被用于婚后夫妻共同生活。没有被用于婚后夫妻共同生活，这笔债务就属于丈夫的个人债务，妻子的终身寿险保单无须用于还债；被用于婚后夫妻共同生活，比如借钱购置结婚所需的物品等，这笔债务就可以被认定为夫妻共同债务，妻子的终身寿险保单需要用于还债。

如果债务是丈夫在婚后产生的，就要看这笔债务是否符合上述的夫妻共同债务的认定标准。符合认定标准，这笔债务就属于夫妻共同债务，妻子的终身寿险保单需要用于还债；不符合认定标准，这笔债务就不属于夫妻共同债务，妻子的终身寿险保单无须用于还债。

另外，丈夫欠的债，妻子的终身寿险保单到底需不需要用于还债，还要看她是保单的投保人还是被保险人。如果是被保险人，而且投保时资金安全合法，保单也无须用于还债。

所以，案例中的王阿姨最好自己做投保人，为女儿投保增额终身寿险。这样一来，即便女儿婚后产生了夫妻共同债务，这份保单也是安全的，无须用于还债。

利用保险做家庭财富规划不是一件简单的事，除了要与法律相结合，还要综合考量可能产生的法律纠纷、不同保险产品的特点、不同保单架构所能实现的功能。考虑得越全面，规划得越早，财富就越安全。

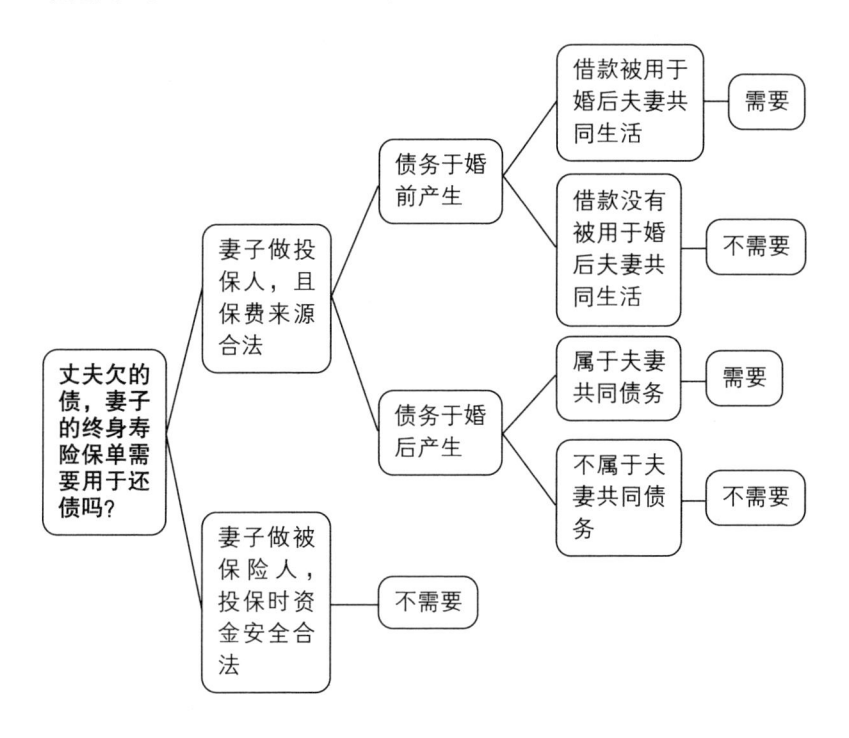

```
丈夫欠的债，妻子的终身寿险保单需要用于还债吗？
├─ 妻子做投保人，且保费来源合法
│   ├─ 债务于婚前产生
│   │   ├─ 借款被用于婚后夫妻共同生活 —— 需要
│   │   └─ 借款没有被用于婚后夫妻共同生活 —— 不需要
│   └─ 债务于婚后产生
│       ├─ 属于夫妻共同债务 —— 需要
│       └─ 不属于夫妻共同债务 —— 不需要
└─ 妻子做被保险人，投保时资金安全合法 —— 不需要
```

▶▶▶ 延伸阅读

《民法典》

第一千零六十四条　夫妻双方共同签名或者夫妻一方事后追认等共同意思表示所负的债务，以及夫妻一方在婚姻关系存续期间以个人名义为家庭日常生活需要所负的债务，属于夫妻共同债务。

夫妻一方在婚姻关系存续期间以个人名义超出家庭日常生活需要所负的债务，不属于夫妻共同债务；但是，债权人能够证明该债务用于夫妻共同生活、共同生产经营或者基于夫妻双方共同意思表示的除外。

第一千零八十九条　离婚时，夫妻共同债务应当共同偿还。共同财产不足清偿或者财产归各自所有的，由双方协议清偿；协议不成的，由人民法院判决。

44 终身寿险保单能实现税务筹划吗?

李先生白手起家,如今已经拥有一家大型公司。现在年龄大了,李先生开始考虑继承的问题。但近些年,他不断听到要征收遗产税的消息。开公司的人对税务问题极其敏感,李先生知道按照一些西方国家的惯例,遗产税征收比例是很高的,遗产规模越大,税率就越高。如果有一天国内也要开征遗产税,有没有可能通过前期规划,在需要缴纳税款时合法合理地节省一点呢?这时,一直为李先生公司提供保险服务的业务员告诉他,利用保险就能实现税务筹划。购买保险不仅在未来可能征收的遗产税上起到节税作用,对于现在的个人所得税的筹划,也会有一定帮助。那么,保险究竟是怎么实现税务筹划的?

▶▶▶ 专业解析

税务筹划,是指在纳税行为发生之前,通过对纳税主体的经营活动或投资行为等涉税事项做出事先安排,在合法的前提下减少或递延税款支付的一系列谋划活动。[1] 所以,税务筹划不是避税,也不是逃税,而是合理合法的节税。

我们日常生活中涉及的税种有很多,比如消费税、增值税、个人所得税等。保险作为一种金融工具,是可以实现一部分资产的税务筹划的。不过,保险的税务筹划功能主要针对以下两个税种。

---

[1] 姜春毓,董华.税务筹划[M].北京:电子工业出版社,2012:3.

1. 个人所得税

个人购买普通的商业保险是不能税前抵扣个人所得税的，但购买某些保险的资金可以用来抵扣个人所得税。目前，国内可以抵扣个人所得税的保险，称为"税优保险"。年金保险、商业健康险和税延养老保险中标有"税优识别码"的产品，就可以享受税优政策。以商业健康险为例，投保人能享受每年2400元（每月200元）的税前扣除优惠政策。需要注意的是，这2400元不是减免的税收金额，而是税前的收入金额。假设购买此商业健康险的投保人月薪是1万元，可以从这1万元中减去200元，以9800元的收入计算他当月应纳个人所得税。

根据《中华人民共和国个人所得税法》（以下简称《个人所得税法》）第四条第五项的规定，保险赔款（保险金）属于免征个人所得税的范围。这就意味着，终身寿险保单的受益人领取的身故保险金，无须缴纳个人所得税。如果受益人是他国的税收居民呢？从美国、加拿大、澳大利亚这几个国家的税法来看，法律都规定了保险赔款免征个人所得税。

那么，增额终身寿险、分红型终身寿险、投资连结型终身寿险和万能型终身寿险都存在资产的增值收益，这些增值部分是否可以免征个人所得税呢？答案是"可以"。目前尚无明确的法律法规要求这些增值部分缴纳个人所得税。

在实际操作过程中，客户从保险公司领取的资金都不需要缴纳个人所得税。

2. 遗产税

如果未来我国开征遗产税，保险金是否需要缴纳遗产税呢？目前，关于遗产税征收的方式，我国政府尚在讨论阶段，未来究竟如何操作，还无法确定。但根据国际惯例及周边开征遗产税的国家和地区的法律来看，终身寿险的身故保险金是有较大概率免征遗产税的。

如果被继承人的遗产规模较大，继承人需要缴纳高额遗产税后才能完成继承，此时，对手头资金并不宽裕的继承人来说，终身寿险的身故保险金无疑是雪中送炭。这可能将是未来终身寿险税务筹划功能的另一个重要体现。

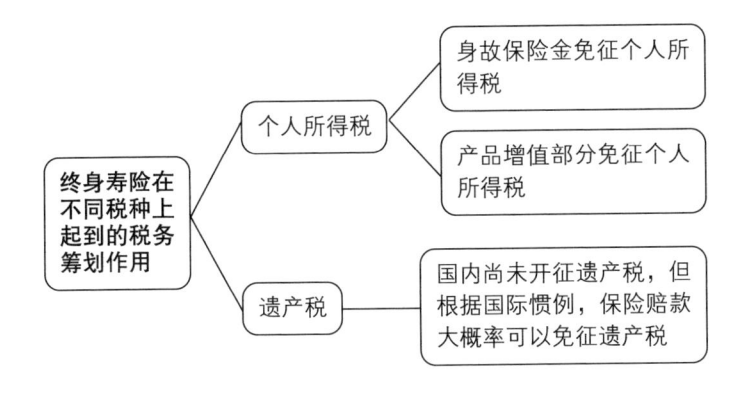

```
                          ┌─ 身故保险金免征个人所得税
          ┌─ 个人所得税 ──┤
终身寿险在 │               └─ 产品增值部分免征个人所得税
不同税种上─┤
起到的税务 │               ┌─ 国内尚未开征遗产税，但根据国际惯例，保险赔款
筹划作用   └─ 遗产税 ──────┤  大概率可以免征遗产税
```

▶▶▶ 延伸阅读

《个人所得税法》

第四条 下列各项个人所得，免征个人所得税：

（一）省级人民政府、国务院部委和中国人民解放军军以上单位，以及外国组织、国际组织颁发的科学、教育、技术、文化、卫生、体育、环境保护等方面的奖金；

（二）国债和国家发行的金融债券利息；

（三）按照国家统一规定发给的补贴、津贴；

（四）福利费、抚恤金、救济金；

（五）保险赔款；

（六）军人的转业费、复员费、退役金；

（七）按照国家统一规定发给干部、职工的安家费、退职费、基本养老金或者退休费、离休费、离休生活补助费；

（八）依照有关法律规定应予免税的各国驻华使馆、领事馆的外交代表、领事官员和其他人员的所得；

（九）中国政府参加的国际公约、签订的协议中规定免税的所得；

（十）国务院规定的其他免税所得。

前款第十项免税规定，由国务院报全国人民代表大会常务委员会备案。

45 什么是遗产税？若中国开征遗产税，身故保险金需要缴纳遗产税吗？

马先生应邀参加了某银行举办的沙龙。听专家讲到遗产税的时候，他想起自己前两年购买的一份大额终身寿险，不禁担忧：万一中国开征遗产税，未来孩子领取保险金时是不是要先缴纳遗产税呢？

▶▶▶ **专业解析**

我在上一节中简单提到，终身寿险的保险金是有较大概率免征遗产税的。这一节，我们就来聊一聊什么是遗产税。

遗产税，就是财产所有人死亡后，针对其遗产所征收的税负总额。我国目前没有开征遗产税，也从未发布过遗产税相关条例或条例草案。前几年网上流传着2004年、2010年两个版本的《中华人民共和国遗产税暂行条例（草案）》，但在2017年被《财政部关于政协十二届全国委员会第五次会议第0107号（财税金融类018号）提案答复的函》（财税函〔2017〕197号）这一文件辟谣。

2021年8月17日，中央财经委员会第十次会议在北京召开，会上提出了"共同富裕"的社会目标，并且提出了"三次分配"的基础收入制度安排。2022年，党的二十大报告中，习近平总书记提出了"规范收入分配秩序，规范财富积累机制"。被社会各界人士讨论了许多年的房地产税、赠与税和遗产税再次得到大家的关注，尤其是遗产税。许多人认为，中国未来如果开征遗产税，将是对社会财富的一次重新分配。

要了解遗产税，我们可以从以下几个问题入手：

1. 如果开征遗产税，是向谁征税？是遗产的继承人，还是被继承人

目前，中国周边征收遗产税的国家和地区以及世界主要国家的遗产税，都是根据被继承人遗产数额的大小按比例向继承人收取的。根据《民法典》第一千一百六十一条的规定，除非继承人放弃继承，否则继承人必须在遗产继承范围内清偿被继承人应当缴纳的税款和债务。因此，中国一旦开征遗产税，除非继承人放弃继承，否则必须依法缴纳遗产税。

2. 什么是被继承人的遗产

《民法典》第一千一百二十二条规定："遗产是自然人死亡时遗留的个人合法财产。依照法律规定或者根据其性质不得继承的遗产，不得继承。"也就是说，被继承人的遗产必须是其生前积累的合法财产。换句话说，被继承人死亡后，不属于被继承人的财产的，也不应该属于其遗产，比如死亡赔偿金。

如果是被继承人生前的特殊财产在身后获得的，依然可能是遗产。比如，被继承人生前签订了房屋回迁安置协议，但死后才获得房产，这也属于遗产。

3. 被继承人的所有财产都会被征收遗产税吗

不是的。通常，各个国家和地区的遗产税都会有一个免税额度。比如，美国2022年的遗产税个人免税额度为1206万美元。在此额度之上的遗产才开始征收遗产税。相信未来中国开征遗产税时，也会有一定的免税额度。

了解了遗产税，再来分析"终身寿险的身故保险金是有较大概率免征遗产税的"这句话就更清晰了。其关键就在于，终身寿险的

身故保险金是不是被保险人的遗产。

身故保险金是在被保险人身故之后产生的，而且它不属于被保险人，所以理论上身故保险金不属于被保险人的遗产。但是，如果出现了《保险法》第四十二条规定的三种情况[①]，身故保险金就会成为被保险人的遗产。继承人要继承这笔钱，就必须缴纳遗产税。

换言之，在明确指定保单受益人，避免身故保险金成为被保险人的遗产的情况下，有很大概率可以免征遗产税。

需要注意的是，以上只是我根据目前我国的政策及其他国家和地区的遗产税法律法规做出的推测与分析，仅可作为参考，具体如何实施，还要看将来遗产税的法条如何规定。

遗产税的相关信息

项目	内容
征税对象	继承人
征税方式	根据被继承人遗产数额的大小按比例收取
遗产范围	被继承人生前积累的合法财产
征税范围	各个国家和地区的遗产税（中国目前并未开征遗产税）会有一定的免税额度，在此额度之外的遗产才会被征收遗产税

[①] 这三种情况是指：没有指定受益人或者受益人指定不明无法确定；受益人先于被保险人死亡，又没有其他受益人；受益人依法丧失了受益权或者放弃受益权，又没有其他受益人。

▶▶▶ **延伸阅读**

  2021年4月28日,财联社发布消息称:"据韩国国际广播电台网站报道,三星家族28日公开了有关已故三星会长李健熙遗产的继承和回馈社会计划。李健熙的遗产包括三星生命和三星电子等20万亿韩元规模的股份以及房地产和艺术品。根据这份遗嘱,遗产继承税达到12万亿韩元(约合人民币699亿元)以上,占比超过遗产总额的一半。这是韩国有史以来最高的遗产税额,相当于去年一年韩国征收的继承税总额的3倍还多。遗属决定将在今后5年内分6次缴清税额。"①

---

① 财联社. 三星家族将缴12万亿韩元遗产继承税[EB/OL].(2021-04-28)[2023-03-31]. https://www.cls.cn/detail/737760.

Chapter 3

第三章

一

购买策略：
终身寿险怎么买

46 大人和孩子到底谁应该优先投保终身寿险？

朱女士的丈夫是一名卡车司机，常年在外跑运输，两人的儿子今年刚上小学。朱女士既想给丈夫投保一份寿险，又想给孩子存一笔教育金，奈何资金有限。与丈夫商量后，她决定先给孩子购买一份增额终身寿险作为教育金，保险代理人却给出了不同的建议。

▶▶▶ 专业解析

大人和孩子到底谁应该优先投保？当资金有限时，这个问题就会困扰投保的客户。我们常常会听到这句话"再苦不能苦孩子，再穷不能穷教育"，并且当今社会，许多人就是靠努力学习考上好的大学从而改变自己的人生轨迹的。所以，中国的父母对孩子的教育是不遗余力的。

为了将最好的东西留给孩子，许多父母在购买保险的时候，会优先给孩子投保，然后再去考虑自己的保障。对终身寿险这个险种来说，这种做法是不正确的。期交终身寿险的交费期短则5年左右，长则10年至20年。这么长的交费期，需要投保人有充足的资金持续交费。一旦家庭支柱发生人身风险，失去赚钱的能力，整个家庭没有了主要收入来源，保单就可能面临失效的风险，孩子会失去保障，保单也会受到损失。

所以，正确的做法是为家庭支柱配置充分的人身保障后，再考虑孩子的保障问题。对资金有限的家庭来说，该如何充分利用这笔资金使其提供更多的保障呢？以案例中朱女士的情况为例，有以下三种投保方案：

方案一：

以家庭支柱，即朱女士的丈夫为投保人，给儿子投保增额终身寿险或者其他新型终身寿险。选择这种架构的前提条件是所投保的保险产品一定要有投保人豁免功能，即如果投保人身故或者全残，剩余保费不用交纳，保险保障继续有效。

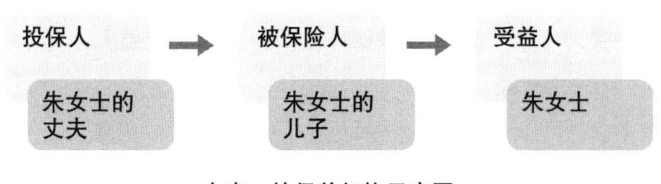

投保人	→	被保险人	→	受益人
朱女士的丈夫		朱女士的儿子		朱女士

方案一的保单架构示意图

方案二：

不是所有的保险公司的产品都有投保人豁免功能，如果没有，也可以考虑家庭支柱自己给自己投保增额终身寿险或者其他新型终身寿险的方案。

如果朱女士的丈夫能够陪伴孩子长大，这种投保方案就算是做了一份长期的理财，强制储蓄了一笔教育金；如果他发生风险身故了，孩子也会获得一笔比所交保费要高的保险金（具体要看产品条款）。

投保人	→	被保险人	→	受益人
朱女士的丈夫		朱女士的丈夫		朱女士的儿子

方案二的保单架构示意图

方案三：

如果家庭支柱的人身风险较高，也可以考虑直接为其投保定额终身寿险，提供较高的人身保障。保额的计算方法通常是所有的债务－储蓄＋子女独立前的生活费。如果算出来发现保额过高，可以优先解决债务问题。

投保人	→	被保险人	→	受益人
朱女士		朱女士的丈夫		朱女士的儿子

方案三的保单架构示意图

本节探讨的是在资金有限的情况下，大人和孩子谁应该优先投保终身寿险的问题。我给出的三种不同的方案，均建立在大人先获得保障的基础上，再给孩子提供保障。这是家庭投保终身寿险的基本原则。即使是资金充足甚至资产量较多的高净值家庭，会因风险不同而有不同的终身寿险投保方案，"大人优先"的原则也不会改变。

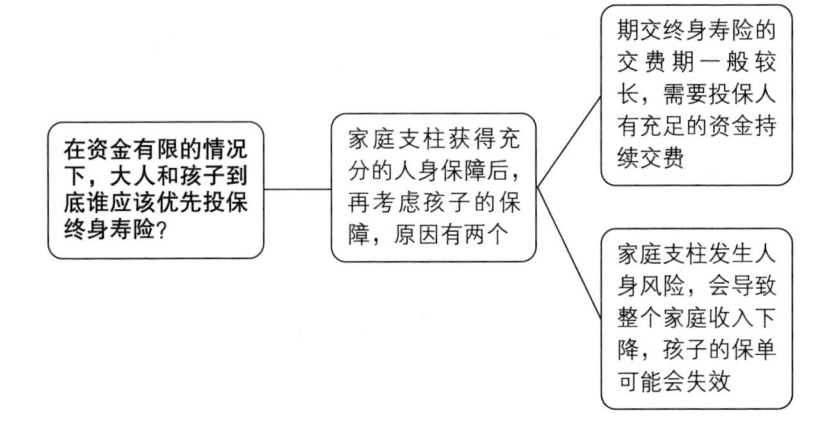

在资金有限的情况下，大人和孩子到底谁应该优先投保终身寿险？ → 家庭支柱获得充分的人身保障后，再考虑孩子的保障，原因有两个：

- 期交终身寿险的交费期一般较长，需要投保人有充足的资金持续交费
- 家庭支柱发生人身风险，会导致整个家庭收入下降，孩子的保单可能会失效

▶▶▶ **延伸阅读**

投保人豁免，简单来说就是指保单的投保人如果不幸身故或者因严重伤残而丧失交纳保费的能力，保险公司将免去其以后要交纳的保费，受益人可以领取到与正常交费一样的保险金。

一般来说，投保人豁免的形式主要有三种：

（1）作为单独的附加险出现，客户可以自由选择是否投保，如果投保，需要另外交钱。

（2）作为附加险与特定主险捆绑在一起。

（3）以保险责任的形式出现，直接体现在主险合同中，客户不需要额外花钱购买。

47 有必要给家里的老人投保终身寿险吗?

贾女士今年 57 岁，退休后就一直在帮女儿照顾外孙女。最近，女儿跟贾女士提起，想要给贾女士投保一份增额终身寿险。一方面是表达对贾女士的感激与爱，另一方面也想给贾女士储备一笔资金以备养老。但贾女士觉得没有必要，自己的年龄这么大了，购买保险不划算，给自己买保险的钱还不如留给外孙女。那么，到底有没有必要给家里的老人投保终身寿险呢？

▶▶▶ 专业解析

不少人认为老人没有必要投保终身寿险，这是由多方面的原因造成的。

首先，上了一定年纪的老人投保终身寿险，会出现保费高、保额低的情况，甚至出现"保费倒挂"①。从保额的杠杆率来看，的确是没有年轻人投保划算。

其次，很多保险公司将被保险人的年龄最高上限设定在 60 周岁或者 65 周岁，导致一部分超龄的老人没有终身寿险产品可以投保。

最后，退休以后才投保终身寿险，即使作为储备养老金使用，在时间上也比较晚了。

但实际上，老人比其他年龄段的人更需要保险，也需要用终身寿险去解决一些问题。

第一，年纪大了，不代表没有人身风险，即使这时终身寿险保

---

① 是指所交保费大于保额的一种现象。

额的杠杆率较低，有也比没有强。

第二，老人可以通过投保定额终身寿险进行财富传承。

第三，如果老人不能成为终身寿险的被保险人，也可以成为保单的投保人，依然可以通过保单架构实现自己的财富规划。例如，隔代投保以储备孙子女的教育金、婚嫁金，代持保单以保全子女的婚姻财富、隔离子女债务风险等。

第四，即便老人及其家人没有婚姻、债务、传承等的风险需求，通过投保增额终身寿险，获得一笔收益持续稳定、能够伴随老人终身的保险金也很不错。虽然老人已经不是终身寿险投保的最佳人群，但只要存在财富的风险和需求，就有必要通过保险工具去实现。错过了最佳的投保年龄不要紧，因为当下就是最佳的投保时间。

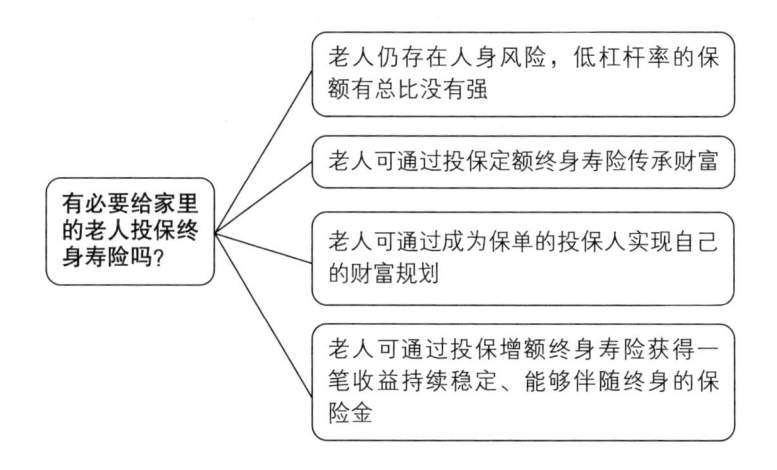

```
                  ┌─ 老人仍存在人身风险，低杠杆率的保
                  │   额有总比没有强
                  │
                  ├─ 老人可通过投保定额终身寿险传承财富
有必要给家里 ─────┤
的老人投保终      ├─ 老人可通过成为保单的投保人实现自己
身寿险吗?         │   的财富规划
                  │
                  └─ 老人可通过投保增额终身寿险获得一
                      笔收益持续稳定、能够伴随终身的保
                      险金
```

▶▶▶ **延伸阅读**

2019 年 4 月 16 日，国务院办公厅发布《关于推进养老服务发展的意见》（国办发〔2019〕5 号），其中明确提出：

四、扩大养老服务消费

（十五）发展养老普惠金融。支持商业保险机构在地级以上城市开展老年人住房反向抵押养老保险业务，在房地产交易、抵押登记、公证等机构设立绿色通道，简化办事程序，提升服务效率。支持老年人投保意外伤害保险，鼓励保险公司合理设计产品，科学厘定费率。鼓励商业养老保险机构发展满足长期养老需求的养老保障管理业务。支持银行、信托等金融机构开发养老型理财产品、信托产品等养老金融产品，依法适当放宽对符合信贷条件的老年人申请贷款的年龄限制，提升老年人金融服务的可得性和满意度。扩大养老目标基金管理规模，稳妥推进养老目标证券投资基金注册，可以设置优惠的基金费率，通过差异化费率安排，鼓励投资人长期持有养老目标基金。养老目标基金应当采用成熟稳健的资产配置策略，控制基金下行风险，追求基金资产长期稳健增值。（银保监会、证监会、人民银行、住房城乡建设部、自然资源部按职责分工负责）

48 外国人/移民家庭可以投保国内的终身寿险吗?

托马斯是美国人,目前在北京的一家民办高中当英语老师。他来中国7年,基本融入了中国的生活,再过2个月,托马斯就要与女友在北京结婚了。结婚前,他想要为长期留在中国生活的自己配置一些保险产品。

那么,美国人可以在中国的保险公司为自己投保终身寿险吗?

▶▶▶ **专业解析**

随着全球经济一体化不断加深及中国经济高速发展,外国人来华工作生活,中国人移民其他国家已经很常见了。那么,在中国长期生活的外国人或者移民家庭是否可以投保国内的终身寿险呢?

目前,国内的保险公司在投保条件上很少有国籍身份的限制,除了一些互联网保险产品不对外籍人士开放,通常,线下销售的保险产品,外籍人士都是可以投保的。所以,外国人/移民家庭都可以在国内投保终身寿险。

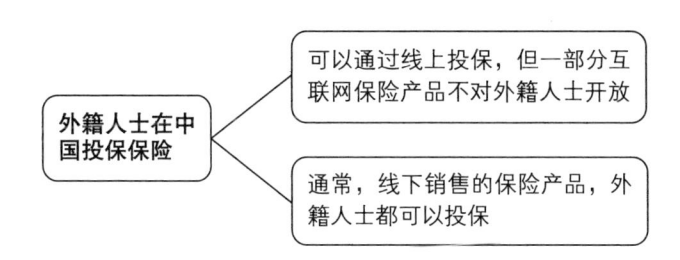

```
                    ┌─────────────────────────────┐
                    │ 可以通过线上投保,但一部分互 │
                    │ 联网保险产品不对外籍人士开放 │
┌──────────────┐    └─────────────────────────────┘
│ 外籍人士在中 │
│ 国投保保险   │    ┌─────────────────────────────┐
└──────────────┘    │ 通常,线下销售的保险产品,外 │
                    │ 籍人士都可以投保             │
                    └─────────────────────────────┘
```

第三章 购买策略:终身寿险怎么买

▶▶▶ **延伸阅读**

虽然外籍人士也可以投保国内的终身寿险,但不同保险公司对于外籍人士投保的要求并不相同。比如,有的保险公司规定只要外籍人士满足"仅为中国税收居民"即可投保,有的保险公司则对居住时间也有要求。

49 公司可以出资为员工投保终身寿险吗？

黄先生是某家公司的股东，每年都会从公司获得分红。这天，他听一个朋友说，公司可以为员工投保商业保险，保费不但能抵扣他要缴纳的个人所得税，公司也能因此少缴一些税费，一举两得。听到这种说法，黄先生就想：能不能从自己的分红里拿出一部分钱，由公司为自己投保一份终身寿险呢？

▶▶▶ 专业解析

根据《保险法》第三十一条的规定，投保人可以为与其有劳动关系的劳动者投保人身保险。另外，被保险人同意投保人为其投保的，也可以为其投保。所以，从法律层面来说，公司是可以为员工投保人身保险的。人身保险当然也包括终身寿险。

但是，从保险公司的实操层面来看，公司为员工投保人身保险，基本上都是通过购买团体保险的方式实现的。而团体保险的产品基本都是意外险、医疗险、重疾险、补充养老险，虽然也有寿险产品，不过一般是定期寿险，很少有终身寿险——截至 2023 年 3 月 31 日，保险行业协会官网上显示在售的团体终身寿险产品仅有 16 款。

终身寿险通常是在个人保险业务渠道销售，而各家保险公司的个人保险业务的投保单上，投保人都是个人，没有单位。各家保险公司产品的投保规则中，也不允许单位作为个人保险产品的投保人。因此，案例中的黄先生希望由公司出资为自己投保终身寿险，这个愿望目前在我国保险市场尚无法实现。

不过，如果黄先生希望通过公司为其投保保险以减少个人所得税缴纳额度的同时，公司也能增加一些税前列支[①]费用的话，目前确实有公司出资为个人投保且可以税前列支的保险可供选择，主要包括以下两种。

1. 商业保险

（1）企业依照国家有关规定为特殊工种职工支付的人身安全保险费和国务院财政、税务主管部门规定可以扣除的其他商业保险费，准予税前扣除，企业为投资者或者职工支付的商业保险费，不得扣除。

（2）企业职工因公出差乘坐交通工具发生的人身意外保险费支出，准予税前扣除。

（3）企业参加财产保险，按照规定交纳的保险费，准予税前扣除。

（4）企业参加雇主责任险、公众责任险等责任保险，按照规定交纳的保险费，准予在税前扣除。

2. 社会补充保险

企业为全体职工支付的补充养老保险费、补充医疗保险费，交费额不超过职工工资总额5%的部分，可以在税前扣除。

企业为职工投保的保险，除上述两种情况外，都是无法在税前扣除的。

[①] 税前列支中的"税"，是指企业所得税。所谓"税前列支"，就是税前利润中可以抵扣的费用。这里说的税前列支的保险，指的是保费可以在缴纳企业所得税之前抵扣，减少缴纳企业所得税的基数，从而降低缴纳的企业所得税金额的保险。

```
                                    ┌─────────────────────────────┐
                                    │ 企业依照国家有关规定为特殊    │
                                    │ 工种职工支付的人身安全保险    │
                                    │ 费和国务院财政、税务主管部    │
                                    │ 门规定可以扣除的其他商业保    │
                                    │ 险费                         │
                                    └─────────────────────────────┘
                    ┌──────────┐    ┌─────────────────────────────┐
                    │ 商业保险 │────│ 企业职工因公出差乘坐交通工    │
                    └──────────┘    │ 具发生的人身意外保险费支出    │
                                    └─────────────────────────────┘
                                    ┌─────────────────────────────┐
                                    │ 企业参加财产保险,按照规定     │
                                    │ 交纳的保险费                 │
                                    └─────────────────────────────┘
 ┌──────────────┐                   ┌─────────────────────────────┐
 │ 企业为职工   │                   │ 企业参加雇主责任险、公众责    │
 │ 投保的资金   │                   │ 任险等责任保险,按照规定交     │
 │ 可以计入税   │                   │ 纳的保险费                   │
 │ 前列支费用   │                   └─────────────────────────────┘
 │ 的保险种类   │
 └──────────────┘
                    ┌──────────────┐ ┌─────────────────────────────┐
                    │ 社会补充保险 │─│ 企业为全体职工支付的补充养    │
                    └──────────────┘ │ 老保险费、补充医疗保险费,     │
                                     │ 交费额不超过职工工资总额      │
                                     │ 5% 的部分                    │
                                     └─────────────────────────────┘
```

▶▶▶ 延伸阅读

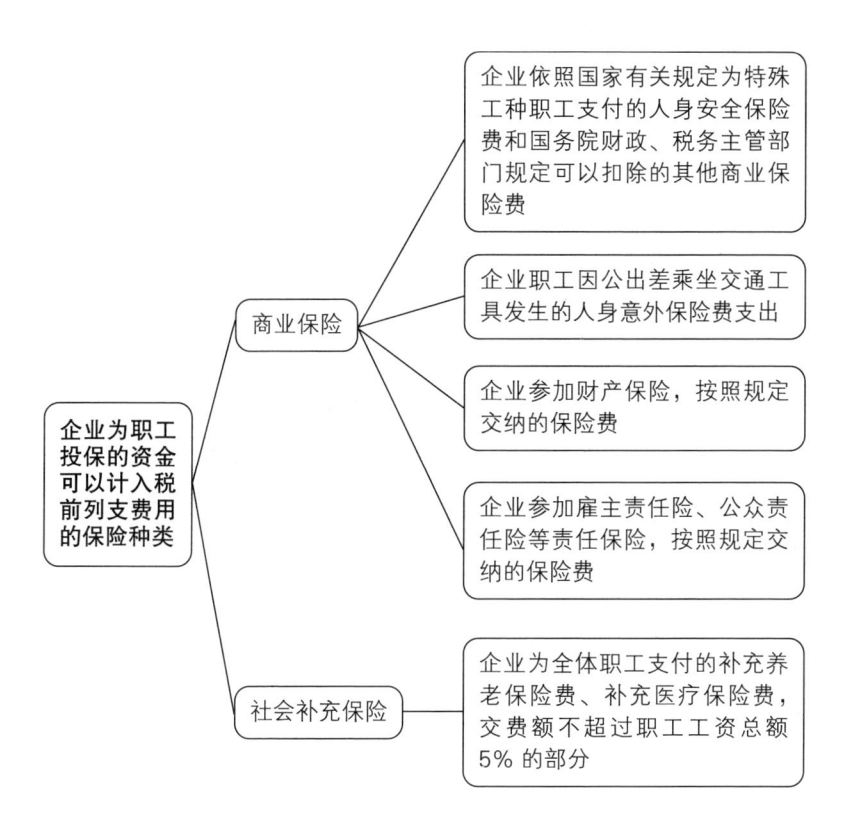

《保险法》

第三十一条　投保人对下列人员具有保险利益:

（一）本人;

（二）配偶、子女、父母;

（三）前项以外与投保人有抚养、赡养或者扶养关系的家庭其他成员、近亲属;

（四）与投保人有劳动关系的劳动者。

除前款规定外，被保险人同意投保人为其订立合同的，视为投保人对被保险人具有保险利益。

订立合同时，投保人对被保险人不具有保险利益的，合同无效。

《财政部国家税务总局关于补充养老保险费 补充医疗保险费有关企业所得税政策问题的通知》（财税〔2009〕27号）

各省、自治区、直辖市、计划单列市财政厅（局）、国家税务局、地方税务局，新疆生产建设兵团财务局：

根据《中华人民共和国企业所得税法》及其实施条例的有关规定，现就补充养老保险费、补充医疗保险费有关企业所得税政策问题通知如下：

自2008年1月1日起，企业根据国家有关政策规定，为在本企业任职或者受雇的全体员工支付的补充养老保险费、补充医疗保险费，分别在不超过职工工资总额5%标准内的部分，在计算应纳税所得额时准予扣除；超过的部分，不予扣除。

财政部　国家税务总局
二〇〇九年六月二日

50 企业主如何配置终身寿险？

谭先生经营着一家服装企业。受市场环境影响，他的企业近期的经营状况不佳，迫不得已，谭先生只好以个人名义向银行贷款用于企业经营。但谭先生很担心，如果后期企业经营状况仍没有起色，自己借的款会还不上，将来企业的债务就会牵连到自己的家庭资产。他听说，购买保险可以保全财产，真的是这样吗？又该如何操作呢？

▶▶▶ **专业解析**

很多企业主在企业经营过程中会不自知地将自己的家庭资产置于风险之中，最常见的就是因为家企不分导致企业债务牵连家庭资产。比如，把股东分红以借款的方式拿回家，用个人账户收取对公款项，将家庭消费的单据拿到企业去报销，个人向企业借款长期不还，等等。

以上这些都可能造成家庭资产与企业资产混同。平时没有发生债务或者税务问题，企业主不觉得这样做会存在风险，但是根据2023年《中华人民共和国公司法》（以下简称《公司法》）的相关规定，一旦发生债务或者税务问题，企业主就可能需要用家庭资产来清偿。

还有一种情况是，企业主的家庭资产主动与企业资产混同。比如，企业缺钱用家庭资产"输血"，企业债务用家庭资产担保，家庭资产由企业直接持有等。

在企业遇到经营困难时，用家庭资产帮助企业渡过难关是一种权宜之计。如果企业经营状况因此有所好转，那就达到了目的，获得了相对较好的结果。当然，这样做也可能得到不好的结果，即便投入家庭资产，企业也回天乏术，只能破产清算。在这种情况下，投入企业的家庭资产已经无法挽回，但这样最多也只是损失了投入企业的这部分家庭资产。而若用家庭资产为企业债务提供担保，一旦企业资不抵债，更多的家庭资产就会被用于偿债，比如企业主抵押的房子被拍卖。我们常看到的"法拍房"，很多就源于此。还有的企业主为了少缴个人所得税，将因家庭所需购买的房产和车辆直接登记成企业资产，使用人却还是自己和家人，这样一旦遇上债务纠纷，这些房产和车辆就很容易被执行。

面对这么多的潜在风险，企业主能否通过投保终身寿险来进行财产保全呢？对此，我有以下几个建议：

（1）企业主一定要在个人资产状况最好的时候做资产规划。只要自己现在没有债务纠纷，就是最好的投保时间。反之，一旦发生了债务纠纷，企业主做的任何规划都有可能被认定为恶意转移资产。

（2）企业主本人不能做保单的投保人。保单现金价值是投保人的资产，企业主作为投保人遇到债务纠纷时，其名下的保单现金价值就有可能被用于偿债。所以，建议由家中没有债务风险的亲属（企业主的配偶除外）做投保人，企业主做被保险人投保终身寿险。

（3）由企业主的其他亲属做投保人时，要注意保费的来源问题。比如，大额的终身寿险往往需要企业主向投保人提供投保资金，为避免风险，企业主不能在债务发生之后进行转账，否则也会被视为恶意转移资产。只有在没有发生风险的时候，向投保人合法赠与资产，才能保证保单功能的实现。

（4）如果企业主没有合适的其他亲属做投保人，但又想投保大额的终身寿险，可以通过设立保险金信托[①]，将投保人变更为信托公司来规避风险。但是，这仍然要建立在投保时没有债务纠纷的前提下。

为应对种种潜在风险，企业主需要在发生债务纠纷时通过保单保护资产，也需要在没有发生债务纠纷时灵活使用保单资产，还需要给自己提供高额的身价保障，以防止本人发生人身风险导致家人失去经济来源。所以，在产品选择上，企业主可以通过投保增额终身寿险来提供可以灵活使用的资产，通过投保定额终身寿险来提供高额的身价保障。这两份保障应该是每个企业主必备的，具体金额和保单架构则需要根据个人的需求来量身定制。

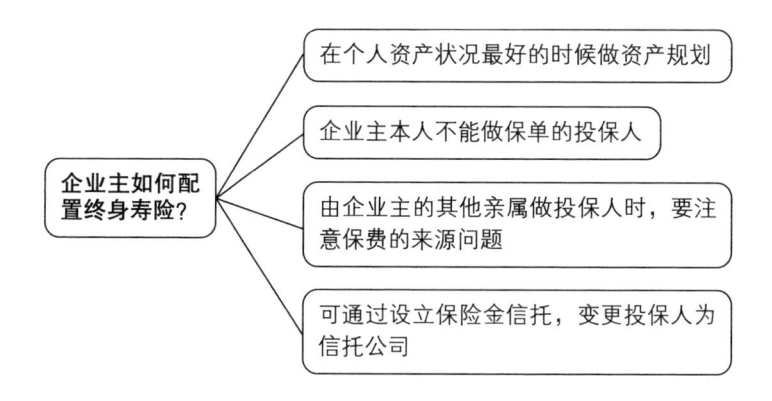

企业主如何配置终身寿险？
- 在个人资产状况最好的时候做资产规划
- 企业主本人不能做保单的投保人
- 由企业主的其他亲属做投保人时，要注意保费的来源问题
- 可通过设立保险金信托，变更投保人为信托公司

[①] 这里可以使用保险金信托 2.0 模式，即将保险合同的投保人、受益人都变更为信托公司。在保单存续期内，由信托公司利用信托财产交纳续期保费，并作为保单的受益人受托管理和分配相关保险金。

▶▶▶ **延伸阅读**

《公司法》

第三条 公司是企业法人，有独立的法人财产，享有法人财产权。公司以其全部财产对公司的债务承担责任。

公司的合法权益受法律保护，不受侵犯。

第四条 有限责任公司的股东以其认缴的出资额为限对公司承担责任；股份有限公司的股东以其认购的股份为限对公司承担责任。

公司股东对公司依法享有资产收益、参与重大决策和选择管理者等权利。

第二十一条 公司股东应当遵守法律、行政法规和公司章程，依法行使股东权利，不得滥用股东权利损害公司或者其他股东的利益。

公司股东滥用股东权利给公司或者其他股东造成损失的，应当承担赔偿责任。

第二十三条 公司股东滥用公司法人独立地位和股东有限责任，逃避债务，严重损害公司债权人利益的，应当对公司债务承担连带责任。

股东利用其控制的两个以上公司实施前款规定行为的，各公司应当对任一公司的债务承担连带责任。

只有一个股东的公司，股东不能证明公司财产独立于股东自己的财产的，应当对公司债务承担连带责任。

51 上班族如何配置终身寿险？

闵女士在一家大型企业的人力资源部工作，这份工作让她对保险有较多的认识。她深知仅仅依靠社保是不能满足自身的风险防范需求的，所以她希望通过投保增额终身寿险来增加自己的保障。

▶▶▶ **专业解析**

上班族对于商业保险的看法通常分为两类：一类认为自己已经有社保了，有些福利好的单位还会给员工配置额外的医疗保险和养老保险，自己应该不用再去配置商业保险了；另一类则认为社保也好，单位给购买的团体保险也好，都是较低水平的保障，自己应该再配置一些商业保险作为补充才更安全。

这两种看法我们无法去评判对与错，至于保障够不够，只有当个人遇到具体的风险时才知道。但不可否认的是，多一份保障，安全系数确实会更高一些。

那么，上班族可能会遇到哪些风险？针对这些风险，他们可以配置哪些终身寿险产品呢？

（1）健康风险。针对这种风险，我通常建议配置社会医疗保险与重疾险、商业医疗险的保险组合。想更多地了解重疾险，可参看本系列图书的其他相关书籍。

（2）人身风险。针对这种风险，我通常建议配置定额终身寿险，避免当个人身故或全残时，给个人或者家庭造成严重的经济损失。

（3）子女的教育金短缺风险。针对这种风险，我通常建议配置增额终身寿险或者万能型终身寿险等具有理财性质的终身寿险，以储备子女的教育金。

（4）养老风险。针对这种风险，我通常建议配置具有理财性质的终身寿险，以储备个人的养老金。

下面，我们就来看看具体应当如何搭配保单架构，才能帮助上班族应对各种风险。

（1）应对健康风险。如前所述，上班族应当根据自己的实际情况，配置商业医疗险和重疾险。

（2）应对人身风险。上班族一般除房贷、车贷外，不会有大额债务。为规避人身风险，我建议上班族自己为自己投保定额终身寿险，保额 = 家庭债务 + 孩子成年前的基本生活费 – 家庭存款。如果保费超过了预算，应至少以清偿家庭债务为基本目标。

投保人（本人）→ 被保险人（本人）→ 受益人（配偶/子女）

定额终身寿险保单架构示意图

（3）应对子女的教育金短缺风险。上班族大多为普通的工薪阶层，收入不太高，因此储备子女的教育金需要比较长的时间。为规避这种风险，我建议上班族自己为自己投保理财型终身寿险（如增额终身寿险），保额应覆盖子女接受高等教育的基本费用。

投保人（本人）→ 被保险人（本人）→ 受益人（子女）

理财型终身寿险保单架构示意图

210　　　　　　　　　　　　　　　　　　　　终身寿险100问

（4）应对养老风险。上班族通常有社会养老保险，而配置商业保险的目的是增加退休后的收入，即储备养老金。因此，我建议上班族自己为自己投保收益稳定的增额终身寿险。如果个人当下需要更高的人身保障，也可以考虑投保带有年金转换功能的定额终身寿险。由于是储备养老金，所以保额上没有特定要求，根据个人的收入情况自行确定保额即可。

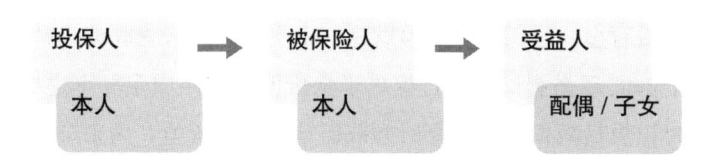

投保人	→	被保险人	→	受益人
本人		本人		配偶/子女

增额终身寿险或带有年金转换功能的定额终身寿险保单架构示意图

需要注意的是，上班族在配置终身寿险时，应该将个人的人身保障需求放在第一位，然后再考虑储蓄类的财富需求。同时，尽量自己做投保人和被保险人，将保障放在自己身上。如果投保人和被保险人不是同一人，那么最好给投保人添加投保人豁免功能，避免投保人发生人身风险后保费来源中断。

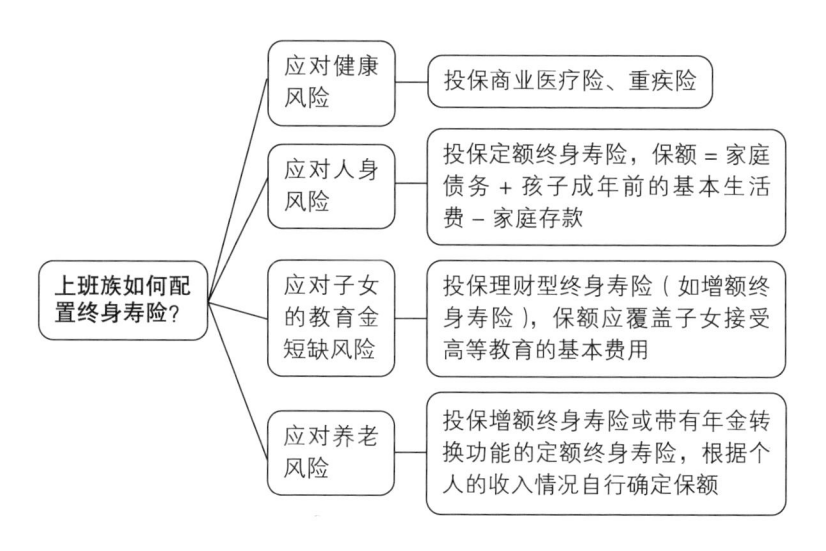

上班族如何配置终身寿险？	应对健康风险	投保商业医疗险、重疾险
	应对人身风险	投保定额终身寿险，保额 = 家庭债务 + 孩子成年前的基本生活费 − 家庭存款
	应对子女的教育金短缺风险	投保理财型终身寿险（如增额终身寿险），保额应覆盖子女接受高等教育的基本费用
	应对养老风险	投保增额终身寿险或带有年金转换功能的定额终身寿险，根据个人的收入情况自行确定保额

▶▶▶ **延伸阅读**

储备教育金的目的,是在家庭发生意外或变故时,也能够保证孩子继续接受教育。大部分家长都有储备教育金的意识,多数是在银行里定期存一笔钱。然而,这笔钱很可能因为各种家庭开支而被使用,导致存下的钱比预期的少很多。

随着大众保险意识的提高,越来越多的家长选择通过购买保险来储备教育金。增额终身寿险就是一个受到很多人青睐的选择,因为它能够实现强制储蓄,且保单现金价值是按照固定利率递增的,客户可以灵活减保,在需要时领取保单的现金价值,用来支付孩子的教育费用。

52 全职太太如何配置终身寿险?

夏女士在结婚前是一家银行的柜员,丈夫是一家互联网企业的中层管理人员,两人收入稳定。婚后,夏女士生育了两个儿子,为照顾孩子,她辞职成为全职太太。这些年,夏女士从丈夫给的生活费里积攒了一笔不小的财富。对于这笔钱,她有自己的想法……

▶▶▶ **专业解析**

在很多人看来,全职太太是一个"出力不讨好"的角色。她们虽然不用出去工作,但是在家照看孩子、操持家务一点也不比工作轻松,甚至可以说比工作还要辛苦,更别提有时候还不一定能得到丈夫和公婆的理解。总体来说,这个群体存在以下潜在的风险:

(1)很多全职太太没有自己的收入,生活费用、子女教育费用等往往需要由丈夫给予。这种经济上的不对等,可能会使夫妻在家庭地位上出现失衡。此外,全职太太长期在家,接触社会的机会较少,可能会影响夫妻间的沟通。如果由此引发感情危机,很可能会导致发生婚变。

(2)全职太太与职场严重脱节,生活的重心基本都在家庭中,长此以往可能会失去工作的能力。此时一旦发生婚变,自己将陷入尴尬的境地。

(3)全职太太如果对丈夫的生意或者工作了解太少,可能无法发现丈夫向外转移资产等行为。一旦发生婚变,若无法对此进行举证,自己的资产将遭受损失。

基于以上的潜在风险，全职太太在为家庭付出的同时，也要做好资产规划，以保证无论出现什么情况，都有一笔能由自己支配的资产。对此，投保终身寿险能够起到一定的作用，具体的配置建议如下：

（1）全职太太最好在婚前就为自己储备一笔资金，由父母做投保人，自己做被保险人，投保增额终身寿险。如果所投保的保险公司可以设置第二投保人，建议将本人设置为第二投保人。这样在父母去世后可以直接变更投保人，这笔保单资产仍然是其婚内个人财产。

如果是婚后，全职太太可以考虑用现金赠与的方式将资金赠与父母，再让父母为其投保增额终身寿险。这种方案的风险在于，婚变时配偶可以以擅自处理夫妻共同财产为由，要求用其他夫妻共同财产来补偿。如果资金数额较大，婚变时甚至会面临少分或者不分夫妻共同财产的后果。所以，这种方案一定要慎用。在婚变前突击转移资产来投保则是绝对禁止的。如果一定要使用这种方案，全职太太必须以正当的理由赠与父母资金，并尽早投保。

（2）如果父母年事已高，不适合做投保人，全职太太也可以考虑自己为自己投保，不过这时就不能选择高现金价值的增额终身寿险了，建议选择低现金价值的定额终身寿险或者年金保险。选择这种方案的好处在于，用低现金价值的保险产品降低了资产净值，婚变时最多只会分割保单的现金价值。此时补偿配偶一半的现金价值，全职太太仍可拥有保单，并在后期拥有更多的资产。这一点，我在前文中也介绍过。

（3）全职太太可以考虑自己做投保人，子女做被保险人，投保增额终身寿险。浙江省高级人民法院《关于审理婚姻家庭案件若干问题的解答》中有明确意见："婚姻关系存续期间，夫妻一方为子女购买的保险视为双方对子女的赠与，不作为夫妻共同财产分割。"不过，这一规定只在浙江省范围内适用。

当然，婚姻美满的全职太太也不在少数。但即便是婚姻美满的全职太太，也要考虑如何保护家庭资产，避免被丈夫的债务或税务问题牵连。针对这种需求，该如何配置终身寿险呢？全职太太可以考虑由父母做投保人，给自己或者未成年的子女投保增额终身寿险（隔代投保的话，需要所投保的保险公司有此项投保规定）。这种方案一定要注意投保的时间，尽量不要在出现债务纠纷后再投保，否则有转移资产的嫌疑。

以上介绍的配置方案，是婚变风险发生前和发生时大概率有效的措施，但无法规避风险的情况也是存在的。这就要求全职太太要未雨绸缪，尽早地做好资产规划，才能避免最坏的情况发生。

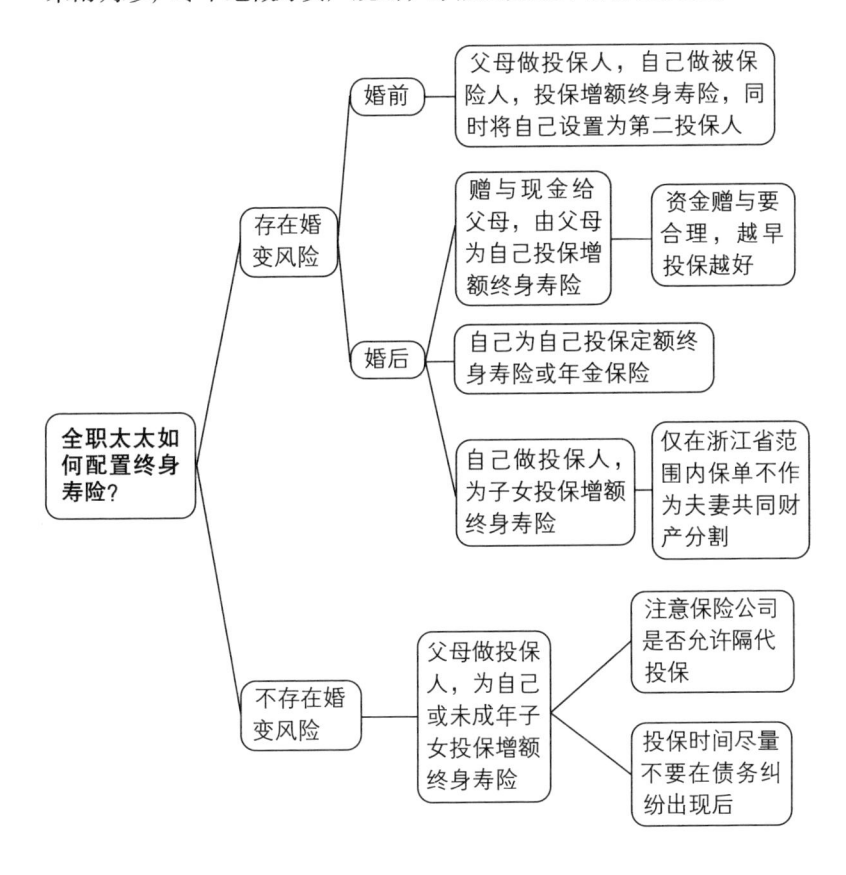

全职太太如何配置终身寿险？

- 存在婚变风险
  - 婚前：父母做投保人，自己做被保险人，投保增额终身寿险，同时将自己设置为第二投保人
  - 婚后：
    - 赠与现金给父母，由父母为自己投保增额终身寿险 —— 资金赠与要合理，越早投保越好
    - 自己为自己投保定额终身寿险或年金保险
    - 自己做投保人，为子女投保增额终身寿险 —— 仅在浙江省范围内保单不作为夫妻共同财产分割
- 不存在婚变风险
  - 父母做投保人，为自己或未成年子女投保增额终身寿险
    - 注意保险公司是否允许隔代投保
    - 投保时间尽量不要在债务纠纷出现后

第三章　购买策略：终身寿险怎么买

▶▶▶ **延伸阅读**

浙江省高级人民法院《关于审理婚姻家庭案件若干问题的解答》

十五、婚姻关系存续期间,夫妻一方为子女购买的保险,在离婚时可否作为夫妻共同财产予以分割?

答:婚姻关系存续期间,夫妻一方为子女购买的保险视为双方对子女的赠与,不作为夫妻共同财产分割。

53 空巢老人如何配置终身寿险？

去年，孙先生的儿子结了婚，并与儿媳一同到深圳工作、生活。由于离得远，儿子只有逢年过节才会回来，忙的时候甚至过节也回不来。孙先生与太太就这么一个儿子，自从儿子与儿媳离开老家去深圳后，两人就成了空巢老人。为了排解寂寞，孙先生和太太经常参加银行组织的活动。在某次活动中，孙先生和太太了解到，像他们这样的空巢老人，其实也需要用人寿保险来做资产规划。

▶▶▶ **专业解析**

一个家庭的生命周期通常可以分为四个阶段：①二人世界的家庭形成期，称为筑巢期；②三口或四口之家的家庭成长期，称为满巢期；③孩子长大的家庭成熟期，称为离巢期；④孩子成家后的家庭衰退期，称为空巢期。空巢老人中的"空巢"就是指最后一个阶段。

空巢老人的年龄一般在 60~80 岁，主要有以下几个特点：

（1）已经退休或者将企业交接给了孩子，主动性收入逐步下降；

（2）退休以后医疗费用占比提高，其他开支逐步减少；

（3）理财目的从以追求利益为主逐渐转变为以稳定收益为主；

（4）保证养老金安全的同时需要考虑资产的有效传承。

结合以上特点，空巢老人可以为自己或者配偶投保增额终身寿险，原因如下：

第一，增额终身寿险的收益稳定且持续终身，在储蓄利率长期低迷，银行理财打破刚兑的情况下，增额终身寿险是非常适合空巢老人的一种理财工具。

第二，空巢老人的年龄较大，身体状况可能一年不如一年，一旦不能掌控资产，养老金可能有被篡夺或者转移的风险。投保增额终身寿险，保单资产只属于投保人，可以有效防止保单资产被篡夺或者转移。

第三，空巢老人在做传承规划时一般都会有这种顾虑：既怕传承过早，自己的养老生活没有保障，又怕传承过晚，亲属因为遗产继承发生纠纷。用增额终身寿险做传承规划，既能保证养老金控制在自己的手中，又能保证未来可以将资产定向传承给属意的继承人，并且不会受到其他继承人的影响。

需要说明的是，空巢老人不适合配置定额终身寿险。原因主要有两个：一是空巢老人的年纪较大，定额终身寿险的杠杆率较低，甚至会出现保费倒挂的现象；二是定额终身寿险对身体的健康状况要求比较高，而老年人身体的小毛病比较多，不一定能通过核保。

空巢老人配置终身寿险还面临投保年龄的问题。多数保险公司规定65周岁之后的人士不允许成为终身寿险保单的被保险人。如果让子女做被保险人，投保计划可能会因为子女不在身边，或者子女不同意投保而夭折。目前，市场上有些保险公司已经将被保险人的年龄提高到75周岁，以满足高龄空巢老人的保险需求。

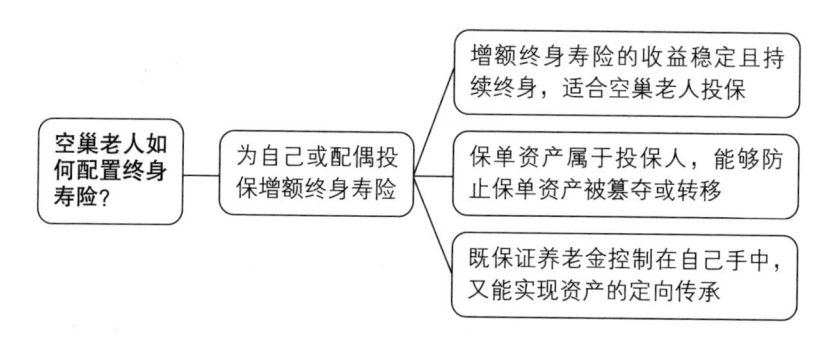

空巢老人如何配置终身寿险？	为自己或配偶投保增额终身寿险	增额终身寿险的收益稳定且持续终身，适合空巢老人投保
		保单资产属于投保人，能够防止保单资产被篡夺或转移
		既保证养老金控制在自己手中，又能实现资产的定向传承

▶▶▶ **延伸阅读**

2021年5月12日，国家统计局发布《第七次全国人口普查公报解读》，其中说道：

从人口结构看，近10年间，中国已跨过了第一个快速人口老龄化期，我们很快还需应对一个更快速的人口老龄化期。2020年，大陆地区60岁及以上的老年人口总量为2.64亿人，已占到总人口的18.7%。自2000年步入老龄化社会以来的20年间，老年人口比例增长了8.4个百分点。

未来，中国老年人口数量增长的步伐仍不会停止，也是今后较长一段时期我国的基本国情。

一直以来，为应对人口老龄化，国家积极推进养老产业发展，其中就包括含老年商业保险、商业养老保险、养老理财服务、养老金信托、养老债券等在内的养老金融服务业。相信今后会有越来越多的老年人，选择通过配置人寿保险、健康保险、意外伤害保险、年金保险等保险产品来保障自己的养老生活，实现老有所养、老有所医、老有所安。

54 多子女家庭的夫妻如何配置终身寿险?

杨先生今年 52 岁,有一家自己的食品工厂,目前交由大儿子管理,但自己掌控全局。他希望未来大儿子成长起来后接自己的班。杨先生还有一个 9 岁的儿子,现在在读小学。妻子目前怀孕 8 个多月,不久老三即将出生。

银行理财经理在给杨先生做财富规划的时候,推荐杨先生配置终身寿险,但是杨先生觉得没有这个必要。

▶▶▶ 专业解析

从 1982 年计划生育政策被定为基本国策,到 2016 年实施全面两孩政策,这三十多年的时间造就了中国现在许多的独生子女家庭。因此,目前子女在 30 岁以下的原生家庭,多子女的情况仍属于少数。

家庭中子女多,可能是因为生育的子女多,也可能是因为有多段婚姻或者有非婚生子女。无论是什么原因形成的多子女家庭,在将来的财产分割过程中,多多少少都会出现财产纠纷。比如,亲生的兄弟姐妹之间可能因财产分配不均引起争端;同父异母或同母异父的兄弟姐妹之间可能本身就有感情上的隔阂,分割财产时更容易出现争产纠纷;非婚生子女在身份上比较尴尬,分配财产时也很容易被忽略,导致其得不到自己应得的财产;等等。

还有一个不得不面对的现实问题,那就是多子女家庭的夫妻一方去世后,子女如果发生争产纠纷,活着的那个老人可能会出现无人赡养的局面。因此,多子女家庭的夫妻还要适当考虑配偶的生活保障问题。

对多子女家庭的夫妻来说,提前做好财富规划是非常有必要的。那么,如何借助终身寿险进行规划呢?

第一,建议多子女家庭的夫妻在配置金融产品之前,将固定资产或者股权等资产先通过公证遗嘱的方式确定子女未来的继承份额。

第二,如果多个子女之间的年龄差距较大,建议为每个子女投保增额终身寿险,并为年纪较小的子女配置更高的保额,以规划其成年之前的资金使用;如果多个子女之间年龄差距较小,甚至是同龄,建议为每个子女投保相同保额的增额终身寿险,用这种方式向子女进行部分金融资产的传承。

第三,如果有非婚生子女,考虑到其特殊的身份,最好让孩子的法定监护人做投保人,为孩子投保增额终身寿险。如果坚持本人做投保人,建议选择为婚生子女投保的同一家保险公司的产品,防止将来因为无法获得理赔所需的资料而被拒赔。

第四,所有由本人做投保人为子女投保的增额终身寿险,尽量添加投保人豁免功能,为子女提供更全面的保障。

第五,考虑到配偶将来的生活,投保人可以自己为自己投保定额终身寿险,配偶作为第一顺序受益人,多个子女作为第二顺序受益人。如果投保人本人有潜在的债务风险,可以考虑由信托公司作为投保人。

```
                                    ┌─ 多个子女    ┌─ 为每个子女    ┌─ 添加投保
                                    │  年龄差距 ──┤  投保增额终 ──┤  人豁免功
                          ┌─ 婚生 ──┤  较大        │  身寿险，年    │  能
                          │  子女    │              │  龄最小的保
                          │          │              └─ 额应最高
                          │          │
                          │          │  多个子女    ┌─ 为每个子女    ┌─ 添加投保
                          │          │  年龄差距 ──┤  投保相同保 ──┤  人豁免功
                          │          └─ 较小或者    │  额的增额终    │  能
                          │             同龄        └─ 身寿险
  多子女                  │
  家庭如 ──────────────── │          ┌─ 法定监护人做投保人为非婚
  何配置                  │          │  生子女投保增额终身寿险
  终身寿                  ├─ 非婚生 ─┤
  险？                    │  子女    │  本人做投保人为非婚生      ┌─ 添加投保人豁
                          │          └─ 子女投保增额终身寿险    ──┤  免功能
                          │
                          │          ┌─ 自己为自己    ┌─ 配偶为第一顺序受
                          └─ 配偶 ───┤  投保定额终 ──┤  益人，多个子女为
                                     └─ 身寿险        └─ 第二顺序受益人
```

▶▶▶ **延伸阅读**

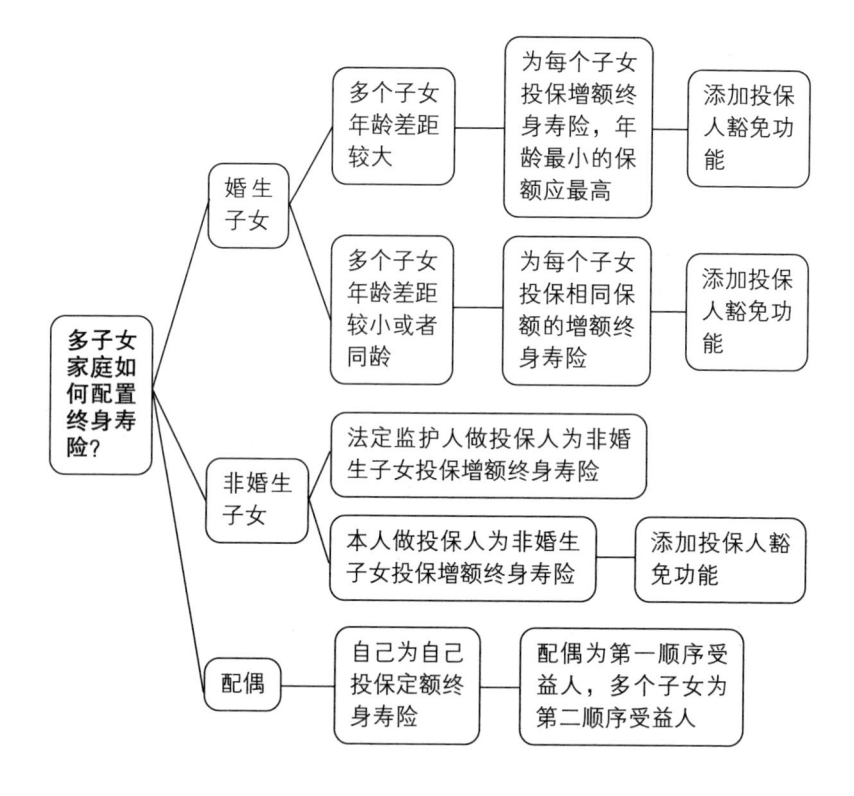

在传统的宗族社会中，人们讲究"多子多福"，子孙的多寡与家族的兴衰紧密相关。不过，多子女可能是"福"，也可能是"祸"。著名书画家许某某的遗产纠纷案就是一个典型。

2011年，许某某因病去世，享年95岁。他留下了市值20亿元左右的遗产，并在遗嘱中约定其遗产全部归95岁高龄的遗孀王某某所有。为此，许某某的部分子女将母亲告上法庭，要求分割部分财产，并认为母亲提供的遗嘱并非真实有效。

一审法院依据现有证据，认定王某某提供的遗嘱真实有效，遗

产应按照遗嘱全部由王某某继承。然而，这场纠纷远没有结束。本案经一审、二审、重审、再二审后，才于2017年尘埃落定——终审判决遗产归王某某所有，并驳回其部分子女要求继承遗产的诉求。

虽然法院判决遗产归母亲所有，但那些将母亲告上法庭的子女与母亲之间的感情恐怕已经所剩无几了。

55 投保终身寿险，是选大公司还是小公司？

蒋先生是个追求完美、力求节约的人。他买东西会仔细看产品说明，在不同商品之间做比较，找到性价比最高的那个。对他来说，越是重要的东西，越要深入了解，避免因为不懂而吃亏。最近，他打算购买保险，虽然确定自己要买一份终身寿险，但是是选大公司还是小公司让他十分纠结。

▶▶▶ **专业解析**

实务中，客户对比保险产品、比较保险公司的行为其实很常见。那么，买终身寿险，到底是选大公司还是小公司呢？

第一，我们要清楚，所有的保险公司都不是"小公司"。根据《保险法》的规定，保险公司的注册资本的最低限额为人民币2亿元，而且必须是实缴。即便是我们生活中看到的很多大型公司，注册资本实缴能达到2亿元的也是凤毛麟角。所以，保险公司没有"小公司"，只有"新公司"。我们可以比较其规模的大小、成立时间的长短，但单纯地将其定性为大公司、小公司未免失之偏颇。

第二，不少人认为老牌保险公司的经营时间长，稳定性好；新成立的保险公司经营时间短，稳定性会差一些。我认为这种观点也不完全正确。衡量保险公司的稳定性主要看一个指标——偿付能力。如果一家保险公司的偿付能力低于银保监会的规定，不管是老牌保险公司还是新成立的保险公司，都会受到监管机构的管理。

第三，老牌保险公司由于经营时间更长，那些持续到现在的，在过往预定利率较高时投保的保单，会给保险公司带来比较大的兑付压力,所以其在投放新产品时会考虑综合的利润。而新成立的保险公司由于没有过往高预定利率保单的兑付压力,可以在产品上给予客户更多的优惠。

第四,像终身寿险这种长期保险产品,我们除了看收益率,更应该看重保险公司的服务。老牌保险公司由于已经经营多年,其服务机构可能遍布全国,有些保险公司甚至能将服务机构覆盖到乡镇。而新成立的保险公司由于经营时间较短,银保监会又对保险公司成立新的分支机构有明确的规定,因此服务机构的数量有限。不过,只要客户在当地的保险公司投保,通常都能获得较好的服务。即使去了保险公司没有开设分支机构的城市或者地区,也可以通过客服电话、公司官网或者公司 App 来获得服务。

因此,我们在投保终身寿险的时候,关键要看产品能否解决自己的问题。我还是那句话:"适合自己的才是最好的。"

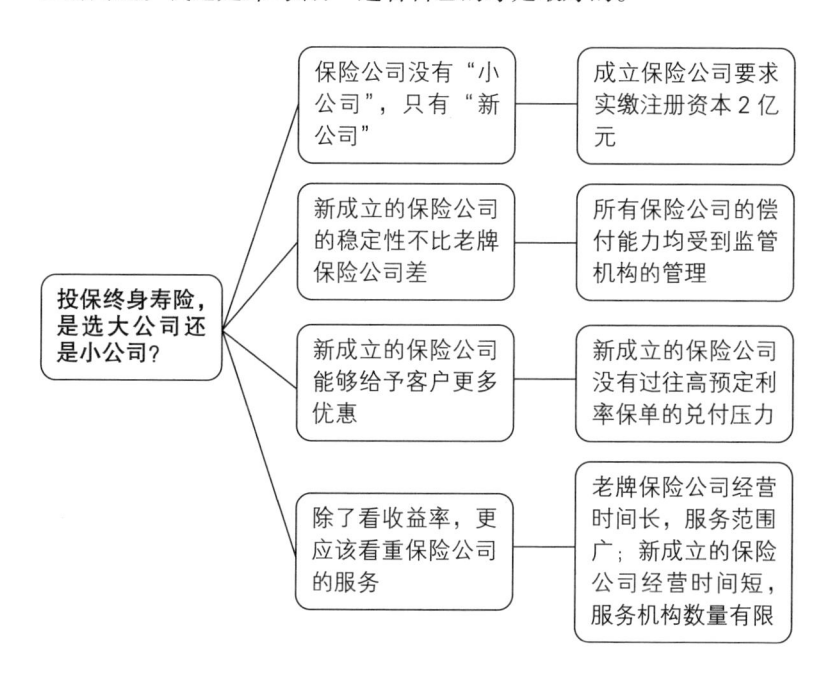

投保终身寿险,是选大公司还是小公司?	保险公司没有"小公司",只有"新公司"	成立保险公司要求实缴注册资本 2 亿元
	新成立的保险公司的稳定性不比老牌保险公司差	所有保险公司的偿付能力均受到监管机构的管理
	新成立的保险公司能够给予客户更多优惠	新成立的保险公司没有过往高预定利率保单的兑付压力
	除了看收益率,更应该看重保险公司的服务	老牌保险公司经营时间长,服务范围广;新成立的保险公司经营时间短,服务机构数量有限

▶▶▶ 延伸阅读

《保险法》

第六十九条　设立保险公司，其注册资本的最低限额为人民币二亿元。

国务院保险监督管理机构根据保险公司的业务范围、经营规模，可以调整其注册资本的最低限额，但不得低于本条第一款规定的限额。

保险公司的注册资本必须为实缴货币资本。

《保险公司偿付能力管理规定》

第三条　本规定所称偿付能力，是保险公司对保单持有人履行赔付义务的能力。

第八条　保险公司同时符合以下三项监管要求的，为偿付能力达标公司：

（一）核心偿付能力充足率不低于50%；

（二）综合偿付能力充足率不低于100%；

（三）风险综合评级在B类及以上。

不符合上述任意一项要求的，为偿付能力不达标公司。

第二十六条　对于核心偿付能力充足率低于50%或综合偿付能力充足率低于100%的保险公司，中国银保监会应当采取以下第（一）项至第（四）项的全部措施：

（一）监管谈话；

（二）要求保险公司提交预防偿付能力充足率恶化或完善风险管理的计划；

（三）限制董事、监事、高级管理人员的薪酬水平；

（四）限制向股东分红。

中国银保监会还可以根据其偿付能力充足率下降的具体原因，采取以下第（五）项至第（十二）项的措施：

（五）责令增加资本金；

（六）责令停止部分或全部新业务；

（七）责令调整业务结构，限制增设分支机构，限制商业性广告；

（八）限制业务范围、责令转让保险业务或责令办理分出业务；

（九）责令调整资产结构，限制投资形式或比例；

（十）对风险和损失负有责任的董事和高级管理人员，责令保险公司根据聘用协议、书面承诺等追回其薪酬；

（十一）依法责令调整公司负责人及有关管理人员；

（十二）中国银保监会依法根据保险公司的风险成因和风险程度认为必要的其他监管措施。

对于采取上述措施后偿付能力未明显改善或进一步恶化的，由中国银保监会依法采取接管、申请破产等监管措施。

中国银保监会可以视具体情况，依法授权其派出机构实施必要的监管措施。

56 终身寿险的交费方式有哪些？选择哪种交费方式好？

贾女士在集市上做小吃摊，一直以来生意还算不错。最近，她想为儿子投保一份终身寿险，但是由于自己的收入不稳定，在选择交费方式的时候有些犯愁。面对多种交费方式，她不知道哪种方式更适合自己。

▶▶▶ **专业解析**

在前面的章节中，其实已经多次提到终身寿险的交费方式，主要有两种：趸交和期交。趸交是一次性将所有保费全部交完，期交是分期交纳所有的保费。这一节，我就来重点讲讲如何选择交费方式。

需要先说明的是，保险交费方式的选择绝对不是根据个人的资产量来决定的。

对于终身寿险，一般不建议选择趸交的方式。所有的终身寿险都具有身故或全残的保障功能，只是不同产品之间的杠杆率不同。而趸交这种交费方式的杠杆率最低。举个例子来说，假设300万元总保费的定额终身寿险，可以获得900万元的身故保障。如果客户选择20年交费，年交保费15万元，第一年交费15万元，就可以撬动900万元的身故保障，杠杆率是60∶1；如果客户选择趸交，300万元保费撬动900万元的身故保障，杠杆率是3∶1。孰优孰劣，一看便知。

期交的方式有 3 年期、5 年期、10 年期、15 年期、20 年期，甚至更长的交费期。但是，交费期不一定越长越好，而要根据个人的需求、不同的产品来选择。

如果是为了隔离资产，无论是婚姻资产隔离，还是家企资产隔离，建议选择增额终身寿险。这种情况下交费期越短越好，以达到快速隔离大量资产的目的，特殊情况下甚至可以选择趸交的方式来隔离财富风险。

如果是为了储备资产，在个人没有其他财产纠纷的情况下，若收入较高，可以选择 5 年的交费期，尽快完成交费；若收入一般，可以选择 10 年的交费期，以减轻交费的压力。

如果是想利用终身寿险增加人身保障，通常建议选择定额终身寿险。由于定额终身寿险的杠杆率较高，选择 10~20 年的交费期比较合适，被保险人可以在交费期内获得比较高的保额。

没有最好的保险产品，只有最适合的保险产品。同理，没有最好的交费方式，只有最符合客户的需求，能解决客户问题的交费方式。

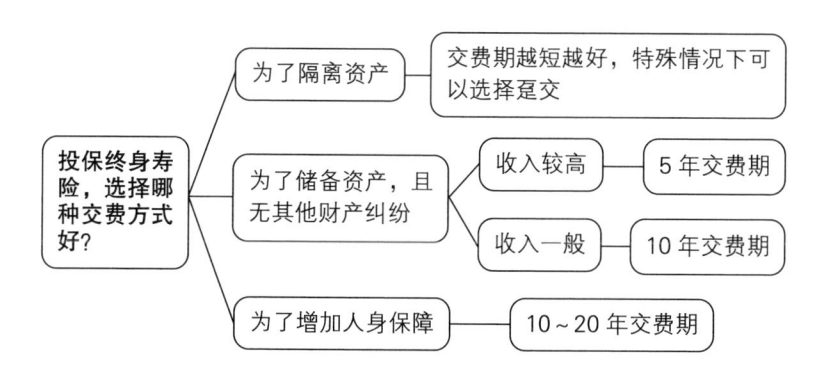

投保终身寿险，选择哪种交费方式好？
- 为了隔离资产 → 交费期越短越好，特殊情况下可以选择趸交
- 为了储备资产，且无其他财产纠纷
  - 收入较高 → 5 年交费期
  - 收入一般 → 10 年交费期
- 为了增加人身保障 → 10~20 年交费期

▶▶▶ **延伸阅读**

通过阅读前面的章节，我们知道投保人具有交纳保费的义务。实际上，有利害关系的第三人，比如受益人、被保险人及其近亲属等，也可以交纳保费。无利害关系的第三人可以代投保人交纳保费，但其并不因此享有保险合同上的利益，保险公司也不能在第三人交纳保费后，请求其继续交纳，而只能向投保人提出请求。

实务中，第三人代投保人交纳保费以维持保险合同效力的情形并不鲜见，但《保险法》中对此尚无明确规定，仅《保险法司法解释（三）》第七条针对人身保险规定：

第七条　当事人以被保险人、受益人或者他人已经代为支付保险费为由，主张投保人对应的交费义务已经履行的，人民法院应予支持。

上述法条只针对第三人代交保费后的保险合同效力做出了规定，其他更加具体的问题仍有待解决。

57 中途交不起保费该怎么办？会有哪些影响？

宋先生高中毕业后就在社会上闯荡，干过房产销售，开过广告公司，后来转行做起了狗粮的生意，没做多久生意就逐渐红火起来。去年，宋先生家里新添了二宝，身边的保险代理人也纷纷上门介绍保险产品。

多年的生活经历让他明白，大人才是孩子最好的保障，所以宋先生选择再给自己投保一份期交的定额终身寿险。但同时他也担忧：如果将来自己的生意出现了问题，中途交不起保费了，该怎么办？

▶▶▶ **专业解析**

在实务中，客户退保的原因有很多，有的是觉得买的保险没什么用，有的是因为理赔过程有纠纷，还有的是因为工作或者生活发生变动，续期保费交不起了。终身寿险，特别是定额终身寿险的交费期一般比较长，这样在交费期间保单的杠杆率就会比较高。

那么，如果不能按时交纳终身寿险保单的续期保费，保单会怎么样呢？

保险公司会在每年的保单周年对应日从投保人的银行账户划转当年度保费。如果当天保险公司没有收取到当年度保费，那么从这一天开始往后的60日，就是保单的宽限期。在宽限期内，保单是不会失效的，若被保险人发生保险事故，保险公司也会承担赔付责任。如果超过了宽限期投保人仍未交纳续期保费，保单的效力就会中止（前提是没有选择保费自动垫交功能），若被保险人发生身故或全残，保险公司不承担赔付责任。

保单效力中止后，投保人可以通过补交应交的保费为保单复效。不过，复效通常要收取一定金额的利息。此外，如果你投保的终身寿险有等待期，那么等待期从复效开始之日起重新计算。在等待期内被保险人若发生身故或全残，无论保单已经投保多少年，都要按照等待期条款进行赔付，通常的做法是退还所交保费。

如果保单效力中止后满两年，投保人仍然没有向保险公司申请复效，保单效力就会终止。保单效力终止后，投保人不能再申请复效，保险公司会退还保单的现金价值给投保人。保单效力从"中止"到"终止"，意味着被保险人最终失去了继续获得保障的机会。为了避免发生这种情况，保险公司提供了一些在客户交纳续期保费有困难时，将保单效力延续下去的方法：

（1）保单贷款。如果保单的现金价值高于当年度保费，投保人可以通过保单贷款的方式，贷出一部分的现金价值来交纳续期保费，避免保单失效。

（2）自动垫交。如果投保人在投保时选择了保费自动垫交功能，那么投保人在宽限期之后仍未交费的，保险公司将用保单的现金价值直接垫交保费。不过，当现金价值为0时，保单效力仍会中止。

（3）减少保额。如果投保人由于经济问题导致交费困难，可以考虑减少部分保额，将年度保费控制在自己能够承受的范围内。

（4）减额交清。如果投保人遇到的不是短期可以解决的经济问题，后续可能没有资金用于交纳续期保费，也可以选择减额交清的方式。这样至少可以保留一部分保障。

案例中的宋先生若担心生意出问题会影响续期保费的交纳，可以根据实际情况选择上述几种延续保单效力的方法。

最后我要提醒大家，买保险一定要根据自己的经济实力来选择合适的投保金额。一旦投保，不要轻易让保单失效。如果遇到特殊情况导致交费困难，应当积极联系保险销售人员寻求解决办法，保单失效后复效要比保持保单效力麻烦很多。

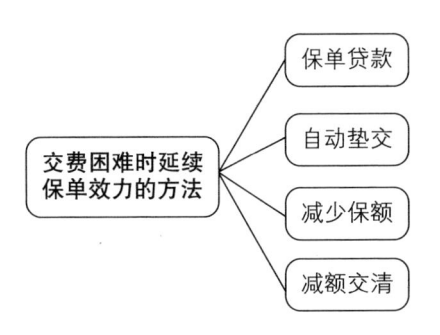

```
                        ┌─ 保单贷款
交费困难时延续  ────────┼─ 自动垫交
保单效力的方法          ├─ 减少保额
                        └─ 减额交清
```

▶▶▶ 延伸阅读

某终身寿险合同中关于减额交清的条款如下：

减额交清

3.5 在本合同有效期内您可以选择该项利益。如果您的保险合同累积有现金价值，您可以向我们提出书面申请办理减额交清保险，用您的主合同当时的现金价值扣除未归还款项后，一次性交清主合同相应降低保险金额后的全部保险费。

减额交清后，您不必再交付保险费，主合同继续有效。

若我们曾对您的主合同有增加保险费或有部分不予承保的，您不能享受该项减额交清保险利益。

在您办理减额交清保险时，必须同时办理终止所有附加合同，我们将按附加合同的条款规定退还未满期的保险费。

58 在对比不同保险公司的终身寿险产品时,主要看哪些内容?

乔女士在一家医疗器械公司做采购工作,平时的工作需要在不同的供应商之间选择性价比最高的产品。所以在生活中也不自觉地喜欢对比自己需要购买的产品。

最近,乔女士要给孩子储备一笔教育金及婚嫁金,打算投保终身寿险,然而货比三家后,她却不知道该怎么选了。

▶▶▶ **专业解析**

用"货比三家"的逻辑来购买保险产品,很多时候反而会让自己陷入矛盾当中,也很难挑选出能够真正满足自己需求的保险产品。如果非要将不同保险公司的终身寿险放在一起对比,我建议主要看以下内容。

1. 保险责任

有的终身寿险只提供身故保障,而有的终身寿险除了提供身故保障,还提供全残保障。对客户来说,保险责任当然越多越好,毕竟买保险就是为了获得保障。

2. 除外责任

有些保险公司的终身寿险的除外责任非常少,只有 3 种,而有些保险公司的除外责任有 7 种,甚至 9 种。每一种除外责任都可能是拒赔的原因,所以除外责任越少越好。

3.定额终身寿险与增额终身寿险的对比

（1）定额终身寿险要对比杠杆率，看一看在保费相同的情况下哪款产品的保额更高。

（2）增额终身寿险要对比保额固定增长比例。这里，要关注是在上一年度的基础上增加额度，还是在基本保额的基础上增加额度。前者就是常说的复利增值，后者则是单利增值。当下的增额终身寿险采用的基本都是复利增值的方式。

（3）增额终身寿险要对比同期现金价值。因为增额终身寿险是保额固定增长的产品，所以许多人会比较保额。而保单最终变现是现金价值的变现，因此同期现金价值才是其收益最真实的体现。

（4）增额终身寿险要对比退保的额度。过往增额终身寿险部分减保没有额度的限制，现在许多保险公司的新产品都有部分减保的额度限制，甚至有些产品的合同中没有部分减保的条款，只在其公司内部的保全服务中有所体现。

4.附加产品

除了终身寿险产品本身，各家保险公司的附加产品也是消费者要对比的内容。比如，是否可以添加投保人豁免功能，是否可以添加第二投保人，是否有其他增值服务，等等。

不同保险公司的产品销售策略不同，新设立的保险公司为了拓展市场，可能在产品价格上有优惠；老牌保险公司为了稳健，可能会在产品之外提供更多的增值服务。所以，消费者还是要根据自身的需求来选择终身寿险产品。

需要注意的是，增额终身寿险不是现金价值越高越好。毕竟各家保险公司在市场上能投资的渠道差不多，如果保额固定增长比例过高，导致现金价值过高，可能会影响保险公司的偿付能力，从而被监管机构管控,甚至直接接管。

在对比不同保险公司的终身寿险产品时,主要看哪些内容?
- 保险责任 — 保险责任越多越好
- 除外责任 — 除外责任越少越好
- 定额终身寿险与增额终身寿险的对比
  - 定额终身寿险 — 对比相同保费下的杠杆率
  - 增额终身寿险
    - 对比保额固定增长比例
    - 对比同期现金价值
    - 对比退保的额度
- 附加产品
  - 是否可以添加投保人豁免功能
  - 是否可以添加第二投保人
  - 是否有其他增值服务

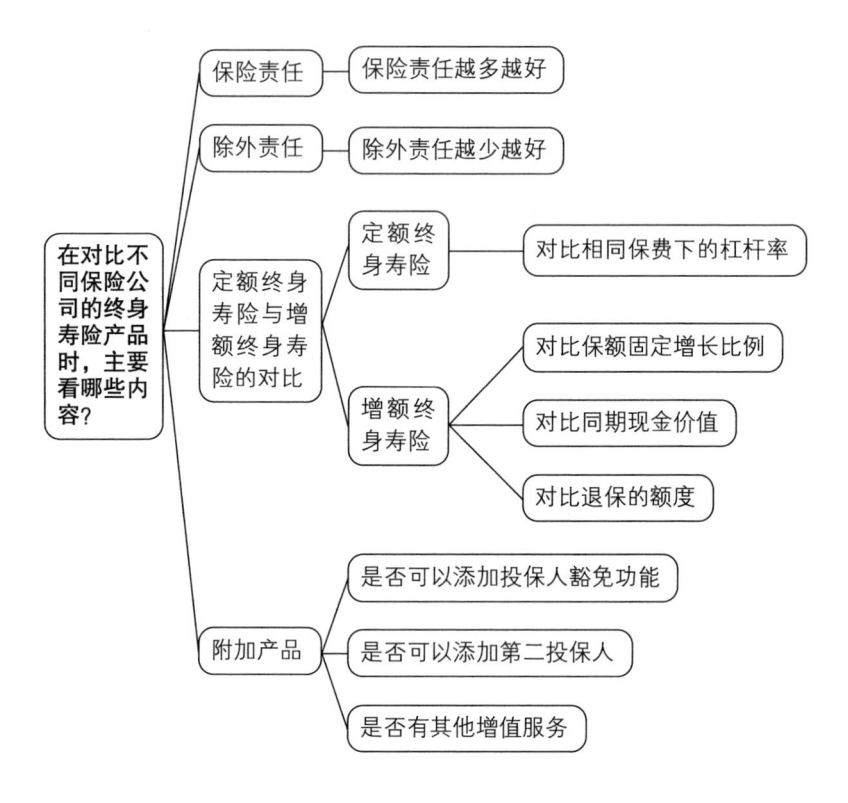

▶▶▶▶ **延伸阅读**

2022年11月18日,中国银保监会人身险部发布《关于近期人身保险产品问题的通报》(人身险部函〔2022〕501号),对近期人身保险产品监管中发现的典型问题进行了通报。该通报中要求各保险公司开展增额终身寿险产品专项风险排查工作。排查重点包括但不限于:增额比例超过产品定价利率、利润测试的投资收益假设超过公司近5年平均投资收益率水平、产品定价的附加费用率假设明显低于实际销售费用等。

由此我们也可以看出，增额终身寿险并不是"收益率"（保额固定增长比例）越高越好。保险是长期的金融产品，如果仅仅为了短期的业务增长而设计高收益的产品，未来很可能会影响保险公司的经营和客户的利益。

59 终身寿险的最低与最高投保年龄分别是多少岁？什么时候投保最合适？

高阿姨今年66岁，家里的资金一直由她打理。考虑到现在银行理财利率下降，她想把自己的资金投到一个收益稳定的理财产品里。于是，银行理财经理小芸向她介绍了终身寿险。高阿姨前几年就了解过终身寿险，但是当时保险公司说她超龄了，不能投保。现在，小芸却说他们有产品可以让高阿姨投保，这又是为什么？

▶▶▶ **专业解析**

保险与其他金融工具最大的区别就在于，保险是有保障功能的，不是什么人都能投保，因此投保年龄、身体健康状况不符合条件的人都不能成为被保险人。需要注意的是，这里说的投保年龄指的是被保险人的年龄，而不是投保人的年龄。那么，终身寿险最高与最低的投保年龄分别是多少岁呢？什么时候投保最合适？

通常，各家保险公司被保险人的最小年龄是出生满28天或者30天。为什么要等到出生满28天或者30天才能投保，而不是孩子一出生就可以投保呢？这主要是为了规避新生儿的两种患病风险：一是孩子虽然出生了，但是各个器官还没有发育成熟，身体仍然很脆弱，容易罹患新生儿疾病；二是出生时不一定能发现先天性疾病，一般要在新生儿满月体检的时候查看有没有先天性疾病。

被保险人的投保年龄上限一般是60~65周岁。不过，近年来市场上出现了投保年龄最高至70周岁的终身寿险产品。那么，终身寿险为什么要设置最高的投保年龄呢？原因主要有两个：一是老年人到达一定的年龄后，身体功能会逐步下降，罹患疾病或者身故的风险逐步增加，理赔率过高，超过了保险公司可以承受的范围。"十三五"期间，中国人均预期寿命为 77.3 岁，而终身寿险的交费期通常在 5~10 年左右，这意味着会有很多保单交费期没有结束就会发生理赔。二是可能会出现保费倒挂现象。长期期交保险的费率一般是年龄越大交费越多，超过一定年龄后可能会出现总保费大于保额的现象。当总保费超过保额过多时，就失去了投保的意义。

所以，保险公司设置投保年龄范围的目的是想控制风险。保险公司不是慈善机构，不能无限制地承担风险。控制风险，获取利润，长期稳健地经营，才能保证所有客户的利益。

至于在投保年龄范围内什么时候投保最合适？其实只要身体健康，资产状况良好，最合适的投保时间就是当下。

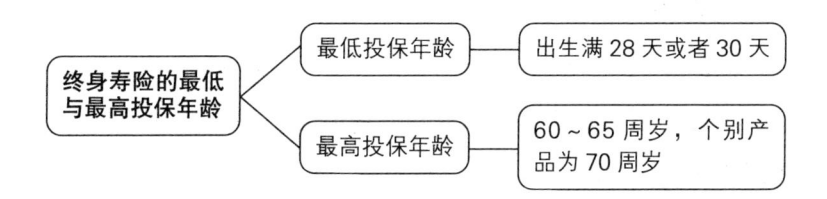

```
终身寿险的最低     ┬── 最低投保年龄 ── 出生满 28 天或者 30 天
与最高投保年龄     └── 最高投保年龄 ── 60~65 周岁，个别产
                                      品为 70 周岁
```

▶▶▶ **延伸阅读**

在终身寿险合同中，我们常常会见到"18 周岁""60 周岁"这样的表述。那么，"周岁"是如何界定的呢？某终身寿险合同中关于"周岁"的解释如下：

9.2 周岁

指按有效身份证件中记载的出生日期计算的年龄，自出生之日起为零周岁，每经过一年增加一岁，不足一年的不计。

60 叔叔可以给侄子投保终身寿险吗？

冯先生今年 52 岁，早年因为感情上受过伤害，后来一直没有结婚，到现在依然是孤身一人。好在他还有个哥哥可以走动，逢年过节他都去哥哥家过。冯先生和哥哥一家感情非常好，他对 14 岁的侄子也十分疼爱。

冯先生想给侄子一笔财产，但又不想过早地给出去，于是询问保险公司的工作人员，是否可以自己作为投保人，侄子作为被保险人，为侄子投保一份增额终身寿险，将一部分财产通过保险传承给侄子。

▶▶▶ **专业解析**

实务中，保险公司通常认可的投保人与被保险人的关系是：本人、配偶、子女或者父母，这种保单架构基本上会直接承保。在团体保险中，雇主还可以给雇员投保人寿保险。

但在现实生活中，有一些客户的投保需求较为特殊——投保人和被保险人是旁系血缘关系，例如叔叔给侄子投保。在这种情况下，保险公司是否会承保呢？

这要看叔叔与侄子有没有保险利益，如果没有，那保险公司肯定不会承保。所谓保险利益，是指叔叔与侄子的关系必须满足《保险法》规定的，投保人与被保险人有抚养、赡养或者扶养关系。

由于侄子在未成年之前一般都由其父母抚养，叔叔对侄子没有抚养的义务，所以不符合投保条件。

但是在特殊情况下，例如侄子的父母均已身故，叔叔获得了侄子的监护权，就意味着对其有抚养的义务。这种情况下，叔叔可以为侄子投保人寿保险，甚至可以投保以死亡为给付保险金条件的终身寿险。个别保险公司还可以在叔叔未取得侄子的监护权时，在征得侄子的监护人书面同意后承保。这有点类似于隔代投保。

还有另一种情况，叔叔没有其他法定继承人，晚辈中最喜欢侄子，是否可以由叔叔作为投保人为侄子投保终身寿险呢？《保险法》规定，被保险人同意投保人为其订立合同的，视为投保人对被保险人具有保险利益。所以，从理论上来说，只要侄子同意，叔叔是可以为其投保终身寿险的。但现实中，保险公司为了防范道德风险，通常要求提供相关资料才可以承保。

为侄子这种非直系亲属投保，其实与隔代投保相似，在理论上是可行的，但是有些保险公司风险管控严格，没有开放这种投保方式；有些公司比较人性化，开放了这种投保方式。即便如此，也需要投保人提供相应的资料才能承保。

所以，案例中冯先生想要为侄子投保增额终身寿险的需求，并非不能实现，前提是冯先生和侄子之间的关系必须符合保险公司的投保要求，冯先生也需要按照保险公司的要求提供相关资料。

叔叔可以给侄子投保终身寿险的情况
- 侄子的父母已身故，叔叔获得了侄子的监护权
- 保险公司能够接受这种投保方式；侄子同意叔叔为其投保，并且叔叔须向保险公司提供相关资料

▶▶▶ **延伸阅读**

《保险法》

第三十一条 投保人对下列人员具有保险利益：

（一）本人；

（二）配偶、子女、父母；

（三）前项以外与投保人有抚养、赡养或者扶养关系的家庭其他成员、近亲属；

（四）与投保人有劳动关系的劳动者。

除前款规定外，被保险人同意投保人为其订立合同的，视为投保人对被保险人具有保险利益。

订立合同时，投保人对被保险人不具有保险利益的，合同无效。

61 受益人一栏空着可以吗？填法定受益人和填指定受益人有什么区别？

郝女士是一位女强人，事业心非常重，经常为了工作在全国各地奔波，是一个名副其实的"空中飞人"，也是多家航空公司的金卡会员。郝女士在三年前离了婚，自己带着孩子和父母生活在一起。前段时间新闻报道中的空难让郝女士有点担忧，她害怕哪天意外会降临到自己身上。

她考虑再三，决定给自己投保一份高额的终身寿险，但在填写身故受益人时却犯了愁，受益人是填孩子、父母，还是填法定受益人呢？她觉得哪个都不太合适。

▶▶▶ **专业解析**

需要先说明的是，所有的终身寿险在投保的时候都必须确定受益人，不存在不填受益人的情况。如果受益人一栏空着，是无法通过保险公司核保的，因此保险公司根本不会承保。

而法定受益人与指定受益人的差别较大，在投保时需要谨慎确定。本节，我们就来区分一下这两种受益人。

1. 法定受益人

法定受益人是将被保险人所有的法定继承人指定为受益人。这也属于指定了保单的受益人，只不过指定的是一个群体而不是具体的某个人。《保险法司法解释（三）》第九条规定："（一）受益人约定为'法定'或者'法定继承人'的，以民法典规定的法定继承人为受益人。"这也证明法定受益人是被指定的受益人。法定受益人按照相等份额享有受益权。

根据《保险法》第四十二条的规定，没有指定受益人，或者受益人指定不明无法确定的，保险金作为被保险人的遗产，由法定继承人继承。法定受益人是被指定的受益人，其申领保险金的行为不是继承行为。

2. 指定受益人

指定受益人是在投保时明确指定某一个人或者多个人为受益人，并且受益人在后期还可以更改。与法定受益人相比，指定受益人的身份更加明确，受益比例也会标明，因此在理赔时很少发生纠纷。

指定受益人可以自行办理理赔手续领取保险金，无须获得其他法定继承人的同意。而法定受益人领取保险金的手续会比指定受益人的更复杂，走的流程和办理遗产继承手续的流程基本相同。

不过，指定受益人不是完美的，也会产生一些问题。比如，当指定受益人先于被保险人死亡，又没有重新指定受益人时，保险金仍会成为被保险人的遗产。再比如，指定受益人的身份在后期发生了变化，不再是合法的受益人，此时保单将会被认定为未指定受益人，保险金仍会成为被保险人的遗产。因为《保险法司法解释（三）》第九条规定："约定的受益人包括姓名和身份关系，保险事故发生时身份关系发生变化的，认定为未指定受益人。"最典型的就是，妻子的终身寿险保单，受益人是丈夫，若妻子身故时两人已离婚，受益人的身份由丈夫变为前夫，此时保险金就会被当作妻子的遗产进行分割。

身故受益人是填指定，还是填法定？从理赔手续的烦琐程度和将来可能产生的纠纷来说，我认为指定受益人优于法定受益人。而且受益人是可以随时变更的，所以不必担心指定受益人以后会出问题。为防止出现特殊情况，我建议在指定受益人时，可以指定多人为受益人，并明确受益顺序和份额。

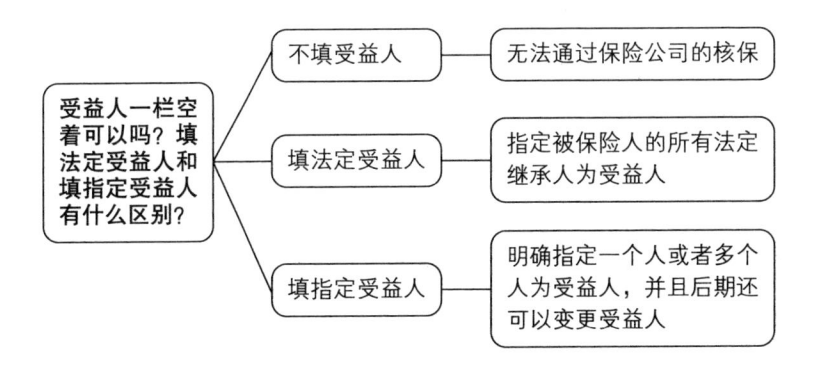

```
受益人一栏空       ┌─ 不填受益人 ──── 无法通过保险公司的核保
着可以吗？填       │
法定受益人和  ─────┼─ 填法定受益人 ── 指定被保险人的所有法定
填指定受益人       │                  继承人为受益人
有什么区别？       │
                   └─ 填指定受益人 ── 明确指定一个人或者多个
                                      人为受益人，并且后期还
                                      可以变更受益人
```

▶▶▶ 延伸阅读

《保险法》

第四十二条　被保险人死亡后，有下列情形之一的，保险金作为被保险人的遗产，由保险人依照《中华人民共和国继承法》[①]的规定履行给付保险金的义务：

（一）没有指定受益人，或者受益人指定不明无法确定的；

（二）受益人先于被保险人死亡，没有其他受益人的；

（三）受益人依法丧失受益权或者放弃受益权，没有其他受益人的。

受益人与被保险人在同一事件中死亡，且不能确定死亡先后顺序的，推定受益人死亡在先。

---

① 自2021年1月1日起，《民法典》正式生效。《民法典》继承编取代《中华人民共和国继承法》。

《保险法司法解释（三）》

第九条 投保人指定受益人未经被保险人同意的，人民法院应认定指定行为无效。

当事人对保险合同约定的受益人存在争议，除投保人、被保险人在保险合同之外另有约定外，按以下情形分别处理：

（一）受益人约定为"法定"或者"法定继承人"的，以民法典规定的法定继承人为受益人；

（二）受益人仅约定为身份关系，投保人与被保险人为同一主体的，根据保险事故发生时与被保险人的身份关系确定受益人；投保人与被保险人为不同主体的，根据保险合同成立时与被保险人的身份关系确定受益人；

（三）约定的受益人包括姓名和身份关系，保险事故发生时身份关系发生变化的，认定为未指定受益人。

62 是投保定额终身寿险好，还是投保增额终身寿险好？

程女士今年 42 岁，在某职业技术学院负责后勤工作，收入稳定。程女士的侄女在一家大型保险公司做保险代理人，最近她在给程女士做保险方案。拿到方案的程女士发现，自己既可以投保定额终身寿险，也可以投保增额终身寿险，她也不清楚到底哪个好。

▶▶▶ **专业解析**

客户在面对不同类型的保险产品时难以抉择，这其实很正常。对于这种情况，唯一的方法是明确自己的需求。定额终身寿险和增额终身寿险没有好与不好之分，因为两者解决的是不同的问题。

1. 定额终身寿险

定额终身寿险侧重于提供人身保障。那么，哪些人适合投保定额终身寿险呢？

（1）存在一定的人身风险，又是家庭支柱的人。

（2）希望利用保险的杠杆作用增加要传承的财富的人。

有些保险公司的终身寿险还有年金转换功能，可以实现"在需要人身保障的年龄提供保障，在需要资金的年龄提供年金"的作用。

2. 增额终身寿险

增额终身寿险侧重于提供灵活的资金安排。那么，哪些人适合投保增额终身寿险呢？

（1）希望为子女储备教育金的人。投保人可以在需要的时候通过部分减保或全部退保的方式提取资金。

（2）希望为子女储备婚嫁金的人。增额终身寿险能够在子女婚后为其提供长期稳定的现金支持，保单还兼具传承的作用——父母身故后，将子女变更为投保人，子女可以获得保单的现金价值。

（3）希望为自己储备养老金的人。

（4）希望利用人寿保险做资产隔离的人。

对客户来说，明确自己的投保需求是最重要的，这样才能知道哪种保险产品更适合自己，从而实现自己的投保目的。案例中的程女士应当根据自己的需求及经济情况，选择合适的保险方案。

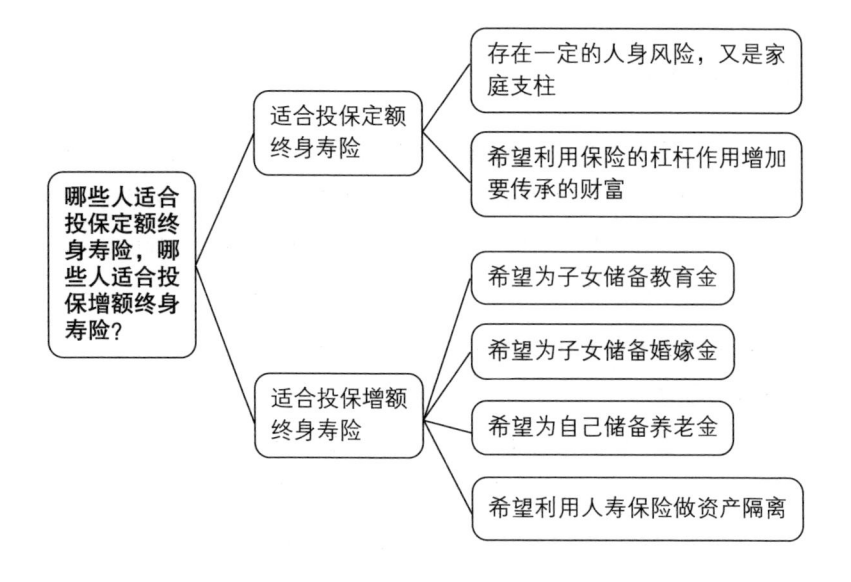

```
哪些人适合投保定额终身寿险，哪些人适合投保增额终身寿险？
├─ 适合投保定额终身寿险
│   ├─ 存在一定的人身风险，又是家庭支柱
│   └─ 希望利用保险的杠杆作用增加要传承的财富
└─ 适合投保增额终身寿险
    ├─ 希望为子女储备教育金
    ├─ 希望为子女储备婚嫁金
    ├─ 希望为自己储备养老金
    └─ 希望利用人寿保险做资产隔离
```

▶▶▶ **延伸阅读**

我们还是以案例中的程女士为例，假设她分别投保了某保险公司年交保费为 10 万元，交费期为 5 年，总保费为 50 万元的定额终身寿险和增额终身寿险。我们可以通过分析具体的数据，对这两种

产品做一个简单的对比。

1.定额终身寿险

定额终身寿险的基本保额及现金价值

单位：元

分类	第1个保单年度	第5个保单年度	第40个保单年度
基本保额	1 624 000	1 624 000	1 624 000
现金价值	47 096	422 386	1 177 205

2.增额终身寿险

增额终身寿险的基本保额及现金价值

单位：元

分类	第1个保单年度	第5个保单年度	第40个保单年度
基本保额	416 662	478 129	1 593 887
现金价值	67 611	512 039	1 756 072

63 年金险、意外险、重疾险里面都含有身故保障，还有必要再单独投保终身寿险吗？

柳阿姨是保险产品的忠实"粉丝"，特别喜欢给家人买保险。刚退休那会儿她没什么事情做，还去保险公司做过一段时间的保险代理人，给家里的每个人都配置了保险。后来，孙子出生，她就专心照顾孩子了。

最近，服务柳阿姨的保险代理人又给她推荐了终身寿险。但柳阿姨觉得，年金险、意外险、重疾险中都含有身故保障，没有必要再单独投保终身寿险了。

▶▶▶ 专业解析

年金险、意外险、重疾险的身故责任与终身寿险的身故责任并不相同。

我在第 4 节详细介绍过年金险，它的主要功能是提供长期稳定的现金流，可以用于储备教育金、婚嫁金和养老金，也可以作为父母对子女日常生活开支的补充。虽然年金险也有身故责任，但身故受益人领取的身故保险金，基本上是保单当时的现金价值或所交保费。

意外险是一种短期的人寿保险，主要功能是保障因意外伤害导致的身故或残疾。意外伤害指的是外来的、不受人为控制的伤害，而且这种伤害必须直接导致被保险人身故或者残疾，意外险才能赔付。因疾病或其他间接原因导致的身故或残疾不在意外险的保障范围内。比如，被保险人发生车祸导致腿部骨折住院，在住院期间因为心肌梗死去世，这就不属于意外险的赔付范围。因为导致被保险人身故的元凶是疾病，而非意外伤害。

带有身故责任的重疾险，一般是终身寿险附加提前给付重大疾病保险的组合。这个组合包含了两种保障：一种是身故或全残保障，即人身保障，另一种是重疾保障。这种产品的特点是一份保单两种功能，一旦被保险人申请了重大疾病理赔，保单就终止了，客户会失去人身保障。其实，大部分人投保重疾险的目的是想获得重疾保障，而不是人身保障。

终身寿险，尤其是定额终身寿险，是一种专门提供身故或全残保障的保险。与年金险、意外险、重疾险相比，终身寿险有其不可替代的优势：

第一，终身寿险的身故保额要比年金险的身故保额高。即使是增额终身寿险这种理财型终身寿险，也有一定的杠杆率。

第二，终身寿险的身故责任比意外险的身故责任保障范围更广。意外险只保障因意外伤害导致的身故或残疾，不保障疾病引发的身故或残疾，更不保障被保险人两年后自杀。而终身寿险只要是责任免除事项之外发生的身故或全残，就都能赔付。

第三，目前的重疾险很多都是在终身寿险的基础上附加一个重大疾病提前给付的附加险。所以，购买这种产品的被保险人将同时拥有重疾保障与身故保障。但是，一旦被保险人申请了重疾理赔，主险（终身寿险）的身故保险金会被提前用来给付附加险（重疾险）的重疾保险金，而身故保额就会相应减少。然而，随着医疗技术的进步，很多重疾在早期被发现是可以治愈或者使患者长期生存下去的，但被保险人只要罹患过重疾，那基本不可能再投保任何人身保险产品了。

人们穿衣分一年四季，甚至不同的场合也会有不同的穿着。保险也一样，不同的保险产品所能实现的功能不同，能够解决的问题也不同。虽然产品与产品之间可能会有一些保险责任上的重叠，但专业的问题还是要靠专业的工具来解决。只有不同的产品组合搭配，才能提供完善的保险保障。

与年金险、意外险、重疾险的身故责任相比，终身寿险的身故责任有什么优势？	终身寿险的身故保额高于年金险的身故保额
	终身寿险的身故责任比意外险的身故责任保障范围更广
	一旦被保险人申请重疾理赔，重疾险的身故保险金就会被提前到重疾的时候给付，这样身故保额就会相应减少，而且申请重疾理赔后，基本不可能再投保任何人身保险产品，这时被保险人的身故保障将严重不足；终身寿险则是专门提供身故保障的险种

▶▶▶ 延伸阅读

部分终身寿险产品除了身故或全残保障，还会提供生命关爱提前给付保险金。这种保险金一般在终身寿险作为主险，重大疾病作为附加的保险组合中出现。当被保险人在等待期之外被医院确诊为严重疾病末期时，便可以申请生命关爱提前给付保险金，可申请的金额一般为保险合同所载明的基本保险金额的50%。保险公司给付生命关爱提前给付保险金后，保险合同的保单现金价值及其他各项给付均相应减少，其中减少比例为生命关爱提前给付保险金所占基本保险金额的比例。

以下是某终身寿险合同中关于生命关爱提前给付保险金的约定：

5.3 生命关爱提前给付保险金的申请人为生命关爱提前给付保险金受益人，在申请生命关爱提前给付保险金时，申请人须填写保险金给付申请书，并提供下列证明和资料：

（1）保险合同；

（2）申请人的有效身份证件；

（3）医院出具的被保险人生存证明；

（4）与本合同项下保险事故相关的被保险人完整的病史或就诊记录；

（5）所能提供的与确认保险事故的性质、原因及伤害程度等有关的其他资料；

（6）申请人与被保险人的相关关系证明（如有需要）。

64 投保终身寿险时，为什么还要录音录像?

孙先生在银行理财经理的推荐下，准备给自己即将大学毕业的女儿投保一份增额终身寿险，作为女儿将来的婚嫁金。在投保过程中有一个录音录像的环节，需要孙先生回答几个特定的问题，答案若不符合要求，还要重新录制，一来二去弄了一个多小时还没有完成，孙先生有点着急了，买个保险而已，为什么非要录音录像呢?

▶▶▶ **专业解析**

中国的个人保险销售从20世纪90年代落地到现在，不过几十年的时间。在这短短几十年间，销售纠纷已经成了保险行业的一种痼疾。

造成销售纠纷的原因主要有两个：一是保险销售人员的素质参差不齐，部分销售人员会夸大保险责任、诱导客户投保；二是部分客户对保险产品的认识不足。对此，监管机构也采取了很多措施来防范销售纠纷，比如电话回访。但是，各家保险公司的电话回访效果有很大差别，因为每家公司的后端人员配置力度不同，再加上客户可能会出现接听环境不好，或者不在意回访电话，请他人代答等情况，以致电话回访很难确保客户真正了解其所投保的产品。

2017年6月，中国保监会印发《保险销售行为可回溯管理暂行办法》(保监发〔2017〕54号)，要求保险公司要通过录音、录像采集视听资料、电子数据，记录和保存保险销售过程的关键环节，以便实现销售行为可回放、重要信息可查询、问题责任可确认。这就是保险行业里常说的"双录",即录音和录像。

这个办法要求,除电话销售业务和互联网保险业务之外,在取得投保人同意后,通过保险兼业代理机构销售保险期间超过一年的人身保险产品(包括利用保险兼业代理机构营业场所内自助终端等设备进行销售的人身保险产品);通过保险兼业代理机构以外的其他销售渠道,销售投资连结保险产品,或向60周岁(含)以上年龄的投保人销售保险期间超过一年的人身保险产品,都要对销售过程关键环节以现场同步录音录像的方式予以记录。

录制内容至少包含以下销售过程的关键环节:

(1)销售以死亡为给付条件保险产品的,录制内容应包括被保险人同意投保人为其订立保险合同并认可合同内容。

(2)销售人身保险新型产品的,还应包括保险销售从业人员出示产品说明书、投保人抄录投保单风险提示语句等。

终身寿险以死亡为给付保险金条件,还有很多新型产品,是一定要做双录的。双录不仅是在保护客户的利益不受损失,也是在保护保险公司的利益——遇到销售纠纷时,保险销售人员在现场是否向客户清楚地说明了产品条款?客户是否如实告知了个人情况?此时,录音录像就能起到很大的作用。

```
投保终身寿险时，为什么还要录音录像？
├─ 防范销售纠纷
│   ├─ 部分保险销售人员夸大保险责任，诱导客户投保
│   └─ 部分客户自身对保险认识不足
├─ 仅靠电话回访无法确保客户真正了解其所投保的产品
├─ 终身寿险以死亡为给付保险金条件，还有很多新型产品，根据监管机构的要求，必须做双录
└─ 双录既是保护客户的利益不受损失，也是在保护保险公司的利益
```

▶▶▶ 延伸阅读

《保险销售行为可回溯管理暂行办法》

第六条 除电话销售业务和互联网保险业务之外，人身保险公司销售保险产品符合下列情形之一的，应在取得投保人同意后，对销售过程关键环节以现场同步录音录像的方式予以记录：

（一）通过保险兼业代理机构销售保险期间超过一年的人身保险产品，包括利用保险兼业代理机构营业场所内自助终端等设备进行销售。国务院金融监督管理机构另有规定的，从其规定。

（二）通过保险兼业代理机构以外的其他销售渠道，销售投资连结保险产品，或向60周岁（含）以上年龄的投保人销售保险期间超过一年的人身保险产品。

第七条 在实施现场同步录音录像过程中，录制内容至少包含以下销售过程关键环节：

（一）保险销售从业人员出示有效身份证明；

（二）保险销售从业人员出示投保提示书、产品条款和免除保险人责任条款的书面说明；

（三）保险销售从业人员向投保人履行明确说明义务，告知投保人所购买产品为保险产品，以及承保保险机构名称、保险责任、缴费方式、缴费金额、缴费期间、保险期间和犹豫期后退保损失风险等。

保险销售从业人员销售人身保险新型产品，应说明保单利益的不确定性；销售健康保险产品，应说明保险合同观察期的起算时间及对投保人权益的影响、合同指定医疗机构、续保条件和医疗费用补偿原则等。

（四）投保人对保险销售从业人员的说明告知内容作出明确肯定答复。

（五）投保人签署投保单、投保提示书、免除保险人责任条款的书面说明等相关文件。

保险销售从业人员销售以死亡为给付条件保险产品的，录制内容应包括被保险人同意投保人为其订立保险合同并认可合同内容；销售人身保险新型产品的，还应包括保险销售从业人员出示产品说明书、投保人抄录投保单风险提示语句等。

65 投保了多份终身寿险，可以重复理赔吗？

刘先生是一家上市公司的高管，收入丰厚。由于平时的工作比较繁忙，没有时间打理资产，所以除了一些流动资金，其他的都交给银行理财经理打理。在理财经理的建议下，刘先生为家人配置了不少保险产品。

最近，银行理财经理又给刘先生推荐了一家保险公司的终身寿险，刘先生担心一个问题：他记得之前已经在另一家保险公司给自己投保了终身寿险，如果再买一份，万一自己发生风险了，两份终身寿险都能理赔吗？

▶▶▶ 专业解析

在回答案例中刘先生的问题之前，我们先来了解一下哪些保险是可以多份投保的。

我们熟知的社保，是国家给予的带有福利性质的保险，每个人只有一份，不可以多份投保。如果觉得社保的保障力度不够大，可以通过购买商业保险来增加保障。

而商业保险从损失补偿的角度来分，可以分为给付性保险和补偿性保险。人身保险（如意外险、年金险、终身寿险、重疾险等）都是给付性保险，只要被保险人出险，保险公司就要按照合同约定给付保险金；财产保险（如财产损失保险、责任保险等）都是补偿性保险，保险公司只会按照财产的实际损失进行赔偿。但人身保险中有一类比较特殊的保险，主要是费用补偿型医疗险，其赔偿的金额不会超过被保险人的实际花费，而且会先扣除从医保等其他渠道获得的补偿，比如百万医疗险、各地的"惠民保"等，我们把这类保险称为补偿型人身险。

投保多份补偿型人身险是没有意义的，因为这种保险产品理赔时需要发票的原件。如果在医保或者其他保险公司已经100%报销了，就无法继续报销。这种保险产品即使买得再多，能得到的赔付也只是自己实际花费的医疗费用。

给付性保险则没有这种限制。由于给付性保险是以人的生命和健康为给付保险金条件，而人的身体和生命是无价的，所以不论投保了多少份，只要在保险公司顺利投保了，就可以根据合同条款进行理赔。当然，我们前面也说过，未成年人的身故保额有一定的限制。

终身寿险是典型的给付性保险，购买多份终身寿险是没有问题的，如果被保险人发生保险事故，可以重复理赔。所以，刘先生不必担心理赔的问题。但要注意的是，在同一家保险公司投保多份终身寿险，或者高保额的终身寿险累计达到一定的保额后，可能会被要求做体检或者财务核保，以防范道德风险。在不同的保险公司投保多份终身寿险，投保时可能需要客户告知自己在其他保险公司的投保情况，后投保的保险公司会根据累计额度和客户的个人情况做出是否承保的决定。这也是为了防范道德风险。

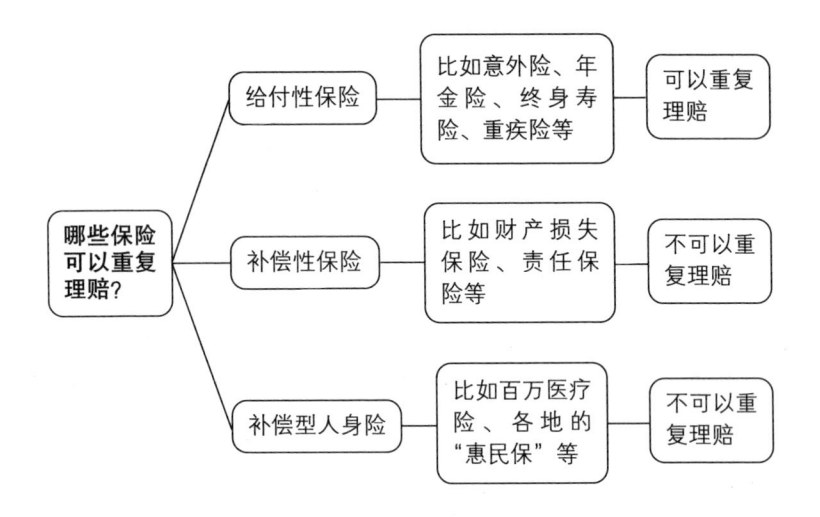

```
                            ┌─ 给付性保险 ── 比如意外险、年金险、终身寿险、重疾险等 ── 可以重复理赔
哪些保险可以重复理赔? ──┼─ 补偿性保险 ── 比如财产损失保险、责任保险等 ── 不可以重复理赔
                            └─ 补偿型人身险 ── 比如百万医疗险、各地的"惠民保"等 ── 不可以重复理赔
```

▶▶▶ 延伸阅读

给付性保险和补偿型人身险的主要差异，如下表所示。

给付性保险和补偿型人身险的主要差异[①]

项目	给付性保险	补偿型人身险
赔付原则	按照合同约定金额进行给付	适用损失补偿原则
主要类型	人寿保险，年金保险，意外伤害保险中的意外身故和伤残险，健康保险中的疾病险、护理保险、失能保险	健康保险中的医疗保险
赔付是否可叠加	可叠加赔付	不可叠加赔付

---

① 吕征，谭啸.保险常识100问[M].北京：电子工业出版社，2022：11.

66 要不要买快停售的终身寿险?

贾先生准备给自己投保一份增额终身寿险,于是向保险代理人小赵咨询。小赵很快给了贾先生一份产品计划书。贾先生准备在年后资金比较充足的时候再投保,但小赵告诉贾先生,他们公司的这款增额终身寿险快要停售了,还说很多保险公司的这款增额终身寿险都面临停售,最好现在赶紧买。

贾先生上网查询了一下,发现银保监会的确叫停了一部分增额终身寿险。这是怎么回事?他到底该不该现在就买?

▶▶▶ **专业解析**

我们知道,很多商品会根据市场和技术的发展不断更新换代,比如我们生活中常见的汽车、电脑、手机,总是过一段时间就出新款。新产品面世以后,很多老产品可能就会面临停售。保险产品也不例外。

保险产品停售,一般有以下两个原因:

第一,保险公司根据自身的发展需要而停售老产品。比如,产品进行了升级,为销售新产品而停售老产品;为调整产品营销方向而停售某类型产品,转而销售其他类型产品等。

第二,保险公司因监管机构的要求而停售或下架某些产品。比如,2007年颁布的《重大疾病保险的疾病定义使用规范》和2020年颁布的《重大疾病保险的疾病定义使用规范(2020年修订版)》,都导致市场上大量旧版重疾险停售,更换为符合要求的新产品。再比如,2019年银保监会要求停止销售4.025%预定利率的年金保险,导致市场上预定利率为 4.025% 的年金保险集体停售。

2022 年 11 月 18 日，中国银保监会人身险部发布《关于近期人身保险产品问题的通报》（以下简称《通报》），对 4 款增额终身寿险作出立即停止销售的决定，同时要求各家保险公司立即开展增额终身寿险的专项风险排查工作。

《通报》一出，一时间网络上疯传"银保监会要停售增额终身寿险"。这样的结论显然是片面的，是对《通报》的误读。《通报》中已经说明，这 4 款增额终身寿险被停售的原因是"产品定价假设的附加费用率较实际销售费用显著偏低""利润测试的投资收益假设与经营实际情况存在较大偏差"。这实际上是要求保险公司重点排查自家的增额终身寿险产品是否存在误导宣传、利差损、费差损问题，以达到规范人身保险市场秩序，保护消费者合法权益的目的。那些按照监管机构要求开发的合规产品仍然可以正常销售。

因此，对于本次增额终身寿险"停售潮"，我们不要过度解读，这是监管机构对个别公司的激进产品设计进行的规范与引导。并且，类似的停售在未来也可能再次出现。

已经购买了停售的增额终身寿险的客户也无须担心自己的权益受损，《通报》中要求保险公司做好已销售保单的服务保障工作。

那么，要不要买快停售的终身寿险呢？

首先我们要明确一点，所有的保险产品都是经过监管机构备案后才能上市销售的。因此，只要客户在销售期内购买了产品，保险公司就必须按照保险合同中的条款计算收益、进行理赔。产品停售，并不会影响保单的效力。如果你认为某款保险产品很适合自己，即便它快要停售了，也应"该买就买"。

当然，老产品停售以后，会有新产品陆续上架。新产品会不会比老产品更好，同样是一个值得关注的问题。在挑选保险产品时，客户大多看重收益或者保障范围。如果老产品的收益率高，新产品的收益率低，那肯定要选择老产品；如果新产品的保障范围比老产品的保障范围大，保费又相差不多，那当然要选择新产品了。

具体到终身寿险，定额终身寿险主要用于提供人身保障，选择老产品还是新产品，主要看保障范围的大小和保费的高低，通常情况下新老产品的变化不大；增额终身寿险在提供人身保障的基础上，还有保额递增的特点，所以新老产品在保额增长比例上的不同值得注意。

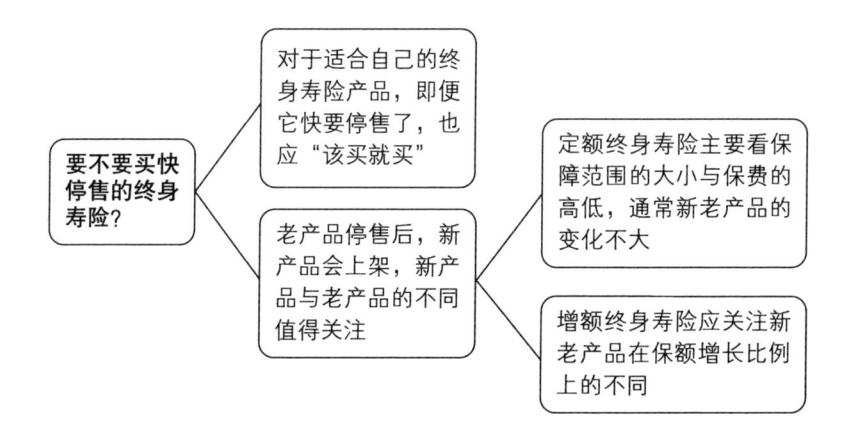

```
要不要买快        对于适合自己的终
停售的终身        身寿险产品，即便
寿险？            它快要停售了，也
                  应"该买就买"
                                        定额终身寿险主要看保
                                        障范围的大小与保费的
                                        高低，通常新老产品的
                                        变化不大
                  老产品停售后，新
                  产品会上架，新产
                  品与老产品的不同     增额终身寿险应关注新
                  值得关注             老产品在保额增长比例
                                        上的不同
```

▶▶▶ **延伸阅读**

《关于近期人身保险产品问题的通报》（人身险部函〔2022〕501号）

二、需重点关注的问题

近期，随着增额终身寿险产品受到市场关注，个别公司激进经营，行业恶性竞争现象有所抬头。如，弘康人寿、中华联合人寿共2款增额终身寿险，产品定价假设的附加费用率较实际销售费用显著

偏低。小康人寿2款增额终身寿险,利润测试的投资收益假设与经营实际情况存在较大偏差。我部已要求上述公司立即停止销售有关产品,并进行全面排查整改。

67 终身寿险投保后可以增加或者减少保额吗？

杨女士最近参加了一家保险公司组织的沙龙活动，在会上她了解到这家公司的一款终身寿险产品挺不错，就想给自己投保一份。除了做个人的资产风险隔离，她还想顺带考虑资产传承的事情。

在确定保单的保额时，杨女士提出了一个问题："如果未来我的资金比较充裕，能不能直接在原保单里增加保额呢？"

▶▶▶ **专业解析**

在第15节，我介绍了基本保险金额的含义，它是保险合同条款费率表中的单位保额。无论是传统型终身寿险，还是新型终身寿险，都会用到"基本保险金额"这个词。新型终身寿险（如增额终身寿险、分红型终身寿险、投资连结型终身寿险）过了犹豫期以后，保额的增加或减少就属于基本保险金额变更。

1. 增加保额

增加保额，也称加保，是指在保险期间内，经投保人申请并提供可保证明，保险公司同意增加保额的行为。这里说的加保，不是重新再购买一份保险，而是直接增加原保单的基本保额。

传统型终身寿险（定额终身寿险）是不能加保的，如果觉得保障不够，通常只能再购买一份保险。目前我还没有见过传统型终身寿险可以直接增加原保单的基本保额的情况。

新型终身寿险是可以加保的，但想要加保，保险公司通常会有以下要求：

（1）时间要求。从保单的第二个年度生效日开始到交费期结束前，这段时间内可以申请增加基本保额。

（2）保全要求。如果出现产品已经停售，保单办理了自动垫交或者减额交清，被保险人已经发生保险事故等情况，是不能增加基本保额的。

（3）取得被保险人的同意。增加基本保额与购买新的保单一样，需要经过被保险人的同意。在办理加保的过程中，保险公司通常会要求被保险人在申请表上签字表示同意。

（4）保费变化。增加基本保额后，保费会按照增加后的基本保额和投保时被保险人的年龄重新计算。

（5）补交保费。增加基本保额后，投保人还需要一次性补齐已经过期期数的保费差额。

（6）额度限制。保额增加的数额通常限定在投保时保单基本保额的50%，而且一年只能增加一次。

（7）除外责任。被保险人在增加保额后保单的生效日起2年内自杀，增加的保额部分不承担赔付责任。

需要说明的是，加保并不是所有保险公司的终身寿险产品条款中都有的，目前市场上只有少数保险公司开展此项业务。

案例中的杨女士可以先行投保，等到日后资金充足时，再通过加保的方式增加保额。这样做既能省去再次投保的麻烦和时间成本，也能更灵活地规划金融资产。但在投保前，杨女士最好先向保险公司的销售人员确认这款终身寿险产品有没有加保的条款。

2. 减少保额

减少保额，也称减保，或称部分退保，是指在保险期间内，经投保人申请，保险公司同意减少保额，并退还部分保险费的行为。传统型终身寿险和新型终身寿险都是可以减保的。定额终身寿险的现金价值较低，部分退保可能会损失保费。增额终身寿险的现金价值较高，基本到第 6 年或者第 7 年就能保本，甚至会有一些盈余。此时减保是没有损失的，所以很多投保增额终身寿险的客户会从这个时候开始通过部分退保的方式获得收益。

不过，根据银保监会不许"长险短做"的监管要求，各家保险公司在设计增额终身寿险的合同条款时，基本都不会出现部分退保的条款。即便某些保险公司的合同中有部分退保条款，也会对减保的额度有明确限制，通常不能超过总保费的 20% 或者基本保额的 20%。因此，多数客户减保的额度都是产品当年增值的额度。

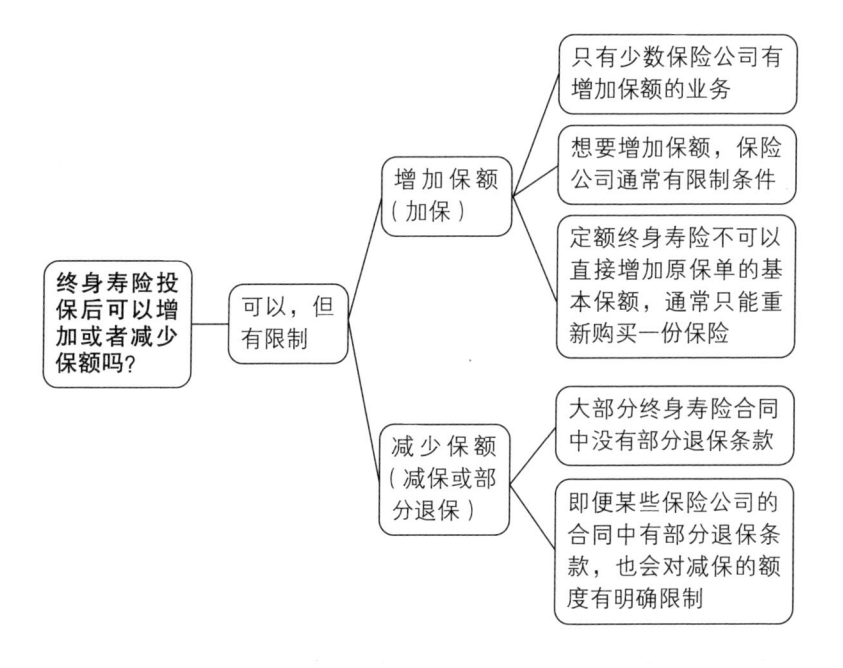

```
                                    ┌─ 只有少数保险公司有
                                    │  增加保额的业务
                         ┌─ 增加保额 ├─ 想要增加保额，保险
                         │  （加保）  │  公司通常有限制条件
                         │          └─ 定额终身寿险不可以
                         │             直接增加原保单的基
终身寿险投               │             本保额，通常只能重
保后可以增 ─ 可以，但 ───┤             新购买一份保险
加或者减少   有限制      │
保额吗？                 │          ┌─ 大部分终身寿险合同
                         │          │  中没有部分退保条款
                         └─ 减少保额 ┤
                            （减保或 │  即便某些保险公司的
                            部分退保）└─ 合同中有部分退保条
                                       款，也会对减保的额
                                       度有明确限制
```

▶▶▶ 延伸阅读

某增额终身寿险合同中关于基本保险金额变更的条款如下：

2.2 基本保险金额的变更

本合同有效期内，经我们同意，您可以申请变更本合同的基本保险金额。

2.2.1 基本保险金额的增加

本合同有效期内，您可向我们申请增加基本保险金额，但如本合同已变更为减额交清保险或保险费已被豁免的，则我们不接受增加基本保险金额的申请。您可在同时符合以下条件的保单周年日前一个月内向我们申请增加本合同的基本保险金额：

（1）本合同交费期内；

（2）本合同生效已满三年；

（3）距上次增加的基本保险金额生效日间隔满两年；

（4）不晚于第十个保单周年日。但交费期满日前一年内不得增加基本保险金额。

经我们审核同意后您可以增加基本保险金额。基本保险金额增加部分的保险费仍按被保险人投保时的年龄计算，但需按照申请时本公司的规定补交有关费用。

每次增加的基本保险金额以保险单载明的基本保险金额的20%为限。

2.2.2 基本保险金额的减少

本合同有效期内，您可向我们申请减少基本保险金额，基本保险金额减少的部分视为退保，我们将向您给付基本保险金额减少部分对应的现金价值。减少后的基本保险金额在保险合同中载明。本合同自基本保险金额减少后的各期保险费按减少后的基本保险金额计算，我们将按减少后的基本保险金额承担保险责任。减少后的基本保险金额不得低于我们规定的最低额度。

68 购买终身寿险，谁做投保人比较好？

范先生今年 49 岁，从事业单位辞职后下海经商至今，积攒了不菲的家业。眼看到了半百的年纪，范先生准备提前为自己的退休生活做一些规划。在银行理财经理的推荐下，他准备用终身寿险为自己储备一笔退休金。

在讨论谁来做投保人的时候，范先生要求自己做投保人，毕竟这么多年无论是做生意，还是家里的大小事务，都是他说了算。但是，银行理财经理提出了不同的意见，认为范先生不做投保人更好……

▶▶▶ 专业解析

在前面的章节，我详细介绍了终身寿险在婚姻、传承、债务、税务方面的功能，也提供了一些具体的保单架构。可以说，终身寿险所具备的种种法商功能，其应用都离不开对保单架构的设计。

因此，在一份终身寿险保单中，投保人的人选非常重要，其直接决定了保单资产的归属。具体来说，我们可以根据自己想要达成的目标，来确定终身寿险保单投保人的人选。

1. 父母适合做投保人的情况

（1）规划子女的婚前财产。父母做投保人，保单资产属于父母，能够与子女的婚前及婚后财产相隔离，避免混同。

（2）规划子女的婚后财产。父母做投保人，代持子女的部分资产，能够避免子女离婚时这部分资产被分割，但需要注意保费来源的合法性。

（3）隔离子女的债务。父母做投保人，代持子女的部分资产，保单因在父母名下，可以避免因子女的债务被清偿。但需要注意两点：一是投保的时间不能在债务纠纷发生以后，二是保费的来源要合法。

（4）规划个人的养老生活或传承财富。父母做投保人，保单由父母自己控制，可以利用终身寿险储备养老金，身故时还能给子女留一笔钱。

2. 自己适合做投保人的情况

（1）规划自己的婚前财产。如果父母有债务风险或者已经超龄，无法做投保人，这种情况下只能由自己做投保人，来规划婚前财产。

（2）规划自己的婚后财产。如果父母有债务风险或者已经超龄，无法做投保人，而子女年龄又很小，这种情况下可以自己做投保人投保定额终身寿险，以降低资产净值，来规划一部分婚后财产。

3. 成年子女适合做投保人的情况

（1）规划自己的婚后财产。当父母有债务风险时，可由自己的成年子女做投保人，帮助自己代持一部分夫妻共同财产。

（2）隔离自己的债务。为规避债务风险，可由自己的成年子女做投保人，避免保单被清偿。同样要注意投保的时间不能在债务纠纷发生之后，保费的来源也要合法。

4. 信托公司适合做投保人的情况

如果自己的父母、成年子女都有风险，不适合做投保人，还可以设立保险金信托，将保单的投保人、受益人变更为信托公司，从而规避所有投保人的婚姻及债务风险。不过，保险金信托虽然有较强的资产隔离功能，但资金使用的灵活性比较差。

案例中的范先生是经商的，很可能存在债务风险，此时选择家庭中没有债务风险的人做投保人更为合适，比如范先生的父母或者成年子女。如果实在没有符合条件的投保人，还可以设立保险金信托，将投保人、受益人变更为信托公司。但需要注意的是，进入信托的资产必须是合法的，并且进入信托时，委托人的资产状况必须良好，没有债务纠纷。

总体来说，具备以下条件的人最适合做终身寿险保单的投保人：①没有较高的财富风险；②与被保险人或受益人不是同一人；③资产状况较好。

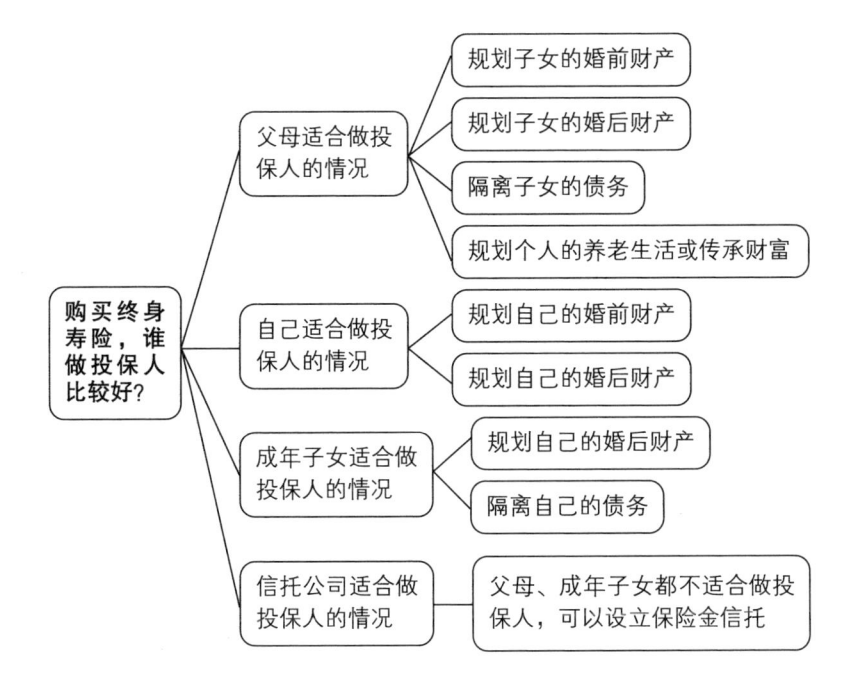

购买终身寿险，谁做投保人比较好？

- 父母适合做投保人的情况
  - 规划子女的婚前财产
  - 规划子女的婚后财产
  - 隔离子女的债务
  - 规划个人的养老生活或传承财富
- 自己适合做投保人的情况
  - 规划自己的婚前财产
  - 规划自己的婚后财产
- 成年子女适合做投保人的情况
  - 规划自己的婚后财产
  - 隔离自己的债务
- 信托公司适合做投保人的情况
  - 父母、成年子女都不适合做投保人，可以设立保险金信托

▶▶▶ **延伸阅读**

如果终身寿险的投保人成了债务人，当法院要强制执行属于投

人的保单现金价值、红利等保单权益还债时，那么这份保单就只能退保吗？不是的，被保险人或受益人（均不是投保人）还拥有赎买保单的权利，即只要被保险人或受益人能够拿出与保单现金价值等额的钱交给法院，法院便不再继续执行保单；如果被保险人或受益人逾期不赎买或明确表示不赎买，法院则会继续执行保单。

69 实际交费人与合同上的投保人不一致,保单到底算谁的?

赵女士是家中的长女,也是一个现实版的"樊胜美",父母和弟弟都依附她生活。虽然赵女士靠做生意挣了不少钱,但是这种"被吸血"的感觉依然让她身心俱疲。

4年前,赵女士为自己投保了一份终身寿险,考虑到做生意会有风险,为避免企业债务牵连她的其他资产,她便让母亲做了投保人,自己实际出资,定期将保费转到母亲的银行卡上。然而就在不久前,保险代理人联系了赵女士,提醒她今年的扣款没有成功。此时赵女士才知道,母亲瞒着自己把保费取出来给弟弟租房用了。

赵女士非常生气,索性到保险公司要求变更投保人为自己,因为保费本来就是她出钱交的,这份保单应该由她说了算。那么,赵女士的想法对吗?她的要求可以实现吗?

▶▶▶ **专业解析**

现实当中,终身寿险保单的投保人与实际交费人不一致的情况并不鲜见。比如,(外)祖父母为未成年的(外)孙子女隔代投保,但是因为年龄的问题,或者所投保的保险公司不允许隔代投保,便出现了(外)祖父母实际出资,孩子的父母做投保人的情况;又比如,为保全子女的婚姻财产,父母为子女代持保单;再比如,像案例中的赵女士这样,为实现债务隔离,由实际交费人的亲属(如父母、成年子女)代持保单;等等。

如果出现了上述情况，将来又发生了资产纠纷或其他的法律纠纷，保单到底算作谁的资产呢？答案是，保单算作投保人的资产。具体原因如下：

（1）《保险法》第十条规定："保险合同是投保人与保险人约定保险权利义务关系的协议。"因此，保险合同的当事人只有两个——投保人和保险公司，其他人均不是合同的当事人。

（2）实际交费人由于各种原因无法成为投保人，而将保费转给投保人，由其代为交费的行为，属于对投保人的赠与。既然保费由投保人交纳，保单自然就是投保人的资产。

所以，只要投保人在世，就只有投保人自己有权变更投保人。如果投保人去世，由于保单是投保人的资产，在未设置第二投保人的情况下，保单就变成了投保人的遗产，由投保人的法定继承人继承。

案例中赵女士以自己是实际交费人为由要求变更投保人，保险公司是不会同意的，除非获得投保人，也就是赵女士母亲的许可。如果赵女士的母亲在交费期间不幸去世，又没有设置第二投保人，保单就由其法定继承人继承，即便作为继承人之一的赵女士要求变更投保人为自己，其他继承人（赵女士的父亲、弟弟等）也可能不会同意。到时候这份保单就只能退保，分割现金价值了。

一般情况下，保单的投保人就是实际交费人。如果投保人与实际交费人不一致，将来就可能产生各种纠纷。对有保单代持需求的客户来说，必须防患于未然，可以通过设置第二投保人、与代持人签订书面的保单代持协议、委托信托公司投保等方式规避风险。这样既能实现投保，也解决了对保单的控制权问题。

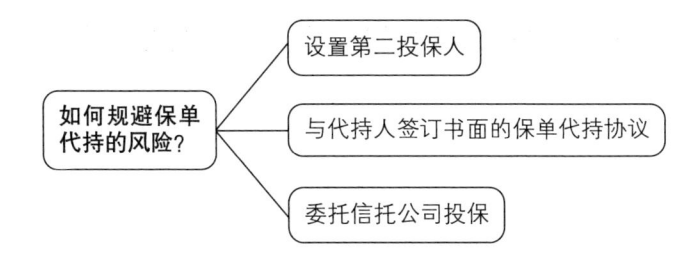

```
如何规避保单    ┬── 设置第二投保人
代持的风险?     ├── 与代持人签订书面的保单代持协议
                └── 委托信托公司投保
```

▶▶▶ 延伸阅读

《保险法》

第十条　保险合同是投保人与保险人约定保险权利义务关系的协议。

投保人是指与保险人订立保险合同,并按照合同约定负有支付保险费义务的人。

保险人是指与投保人订立保险合同,并按照合同约定承担赔偿或者给付保险金责任的保险公司。

70 公务员投保终身寿险，要不要申报财产？

吴先生是一名公务员，不久前晋升为奶爸。喜悦之余，他也倍感自身责任重大，考虑着该如何为自己的小家庭储备足够的资金。

其实，在吴先生刚结婚时，就有保险代理人曾向他推荐过保险产品，但碍于他那个级别的公务员有个人财产申报要求，听说保险也在申报范围内，为免去不必要的麻烦，他就没有投保。最近，一名保险代理人告诉吴先生，投保终身寿险不用做财产申报。吴先生对此将信将疑。

▶▶▶ **专业解析**

"公务员财产申报"通常是指中共中央办公厅、国务院办公厅于2017年4月印发的《领导干部报告个人有关事项规定》(以下简称《规定》)及新修订的《领导干部个人有关事项报告查核结果处理办法》所规定的，部分公务员向组织申报财产的行为。

财产申报的标准

序号	级别	是否需要申报
1	县处级副职以上党政机关、公检法干部	是
2	参照公务员法管理的人民团体（如工会、妇联）、事业单位（如红十字会）中县处级副职以上的干部	是
3	国企领导班子成员（省、市级）	是
4	央企领导班子成员和中层管理人员	是

续表

序号	级别	是否需要申报
5	上述已退出现职、尚未办理退休手续的干部	是
6	科级干部	按照当地的规定执行

《规定》指出,一般县处级副职以上干部必须进行财产申报,科级干部是否申报按照当地的规定执行。当然,有的单位出于谨慎,会要求不在申报范围内的成员也进行申报。

《规定》的第三条和第四条中还明确指出,除了领导干部本人需要进行财产申报,领导干部的配偶及共同生活的子女也需要进行财产申报。这里的"共同生活的子女",有两层含义:其一,"子女"包括该领导干部的婚生子女、非婚生子女、养子女以及有抚养关系的继子女;其二,"共同生活"是对该领导干部不满18周岁的未成年子女和由其抚养的、不能独立生活的成年子女而言的。换言之,超过18周岁、能够独立生活的成年子女,就不属于规定中的共同生活的子女了。

那么,符合《规定》要求的人进行财产申报时,和他们相关的保险是不是也在申报范围内呢?对此,《规定》第四条中有明确要求,本人、配偶、共同生活的子女的投资或者以其他方式持有的股票、基金、投资型保险等应当申报。

需要注意的是,《规定》中要求持有保单的人要进行相关财产申报。持有保单的人,也就是我们说的"保单所有人"。绝大多数情况下,保单所有人都是投保人。也就是说,这种情况下只有投保人才需要申报财产。如果您是被保险人、受益人,那么,无论是哪种保险,按《规定》都不用申报。

对需要进行财产申报的"投资型保险",《规定》中的解释是:

"所称'投资型保险',是指具有保障和投资双重功能的保险产品,包括人身保险投资型保险和财产保险投资型保险。"

那么,终身寿险是否属于投资型保险呢?我们先来看下面的表格样例和附属说明。

保险申报表格样例

本人、配偶、共同生活的子女投资或者以其他方式持有投资型保险的情况					
有此类情况□ 无此类情况□					
投保人姓名	保险产品全称	保单号	保险公司名称	累计交纳保费、投资金（万元）	
累计交纳保费、投资金总额				万元	

说明:①投资型保险,包括人身保险投资型保险和财产保险投资型保险两类。②"人身保险投资型保险",是指截至填报日仍然生效的,产品名称中含有"两全保险""年金保险""投资连结型"或"万能型"等字样的保险产品。③"财产保险投资型保险",是指截至填报日仍然生效的,向财产保险公司交纳投资金（包括保险储金、投资金、保障金、投资认购金等）,获取保险保障,并按合同约定取得本金及其收益（亏损）的财产保险产品。"财产保险投资型保险"可通过中国保险协会网站（www.iachina.cn,"保险产品"专栏）公开的《财产保险投资型保险产品名录》进行查询。④填报时,应先在表格右上方"有此类情况"或"无此类情况"后的□内画"√"。有此类情况的,应逐人、逐单填写持有的所有投资型保险的保险产品全称、保单号、保险公司名称,以及累计交纳保费、投资金等,并合计填写所有保单累计交纳保费、投资金总额。⑤应填报本人、配偶、共同生活的子女是投保人的保单信息。⑥截至填报日已经失效的投资型保险,无须填报。⑦在国（境）外（包括香港、澳门、台湾）的持有投资型保险情况,填写在"国（境）外的投资情况"事项中。

我们通过附属说明可以清晰地看到，投资型保险包括两类：人身保险投资型保险和财产保险投资型保险。其中，人身保险投资型保险包含四种：两全保险、年金保险、投资连结型保险及万能型保险。需要注意的是，以上投资型保险，无论是境内的还是境外的，都需要申报。

本书的"主角"——终身寿险，并不在要申报的险种范围之内。因此，如果您购买的是传统型终身寿险，按照《规定》的要求，就不必申报。但是，随着客户需求的多元化，终身寿险也演变出了新的形式。像投资连结型终身寿险、万能型终身寿险等，带有投资理财的功能，就需要进行财产申报。

需要说明的是，在实际操作中，由于很多单位对保险产品类型不太了解，可能会要求相关人员申报所有的保险产品。

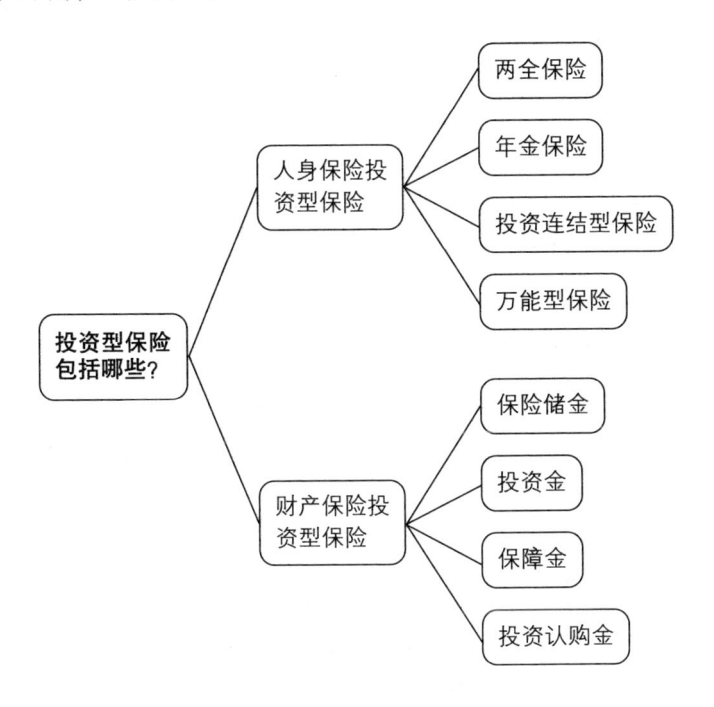

```
                        ┌── 两全保险
                        │
         人身保险投资 ───┼── 年金保险
         型保险         │
                        ├── 投资连结型保险
                        │
投资型保险              └── 万能型保险
包括哪些？
                        ┌── 保险储金
                        │
         财产保险投资 ───┼── 投资金
         型保险         │
                        ├── 保障金
                        │
                        └── 投资认购金
```

第三章 购买策略：终身寿险怎么买

▶▶▶ **延伸阅读**

《领导干部报告个人有关事项规定》

第二条 本规定所称领导干部包括：

（一）各级党的机关、人大机关、行政机关、政协机关、审判机关、检察机关、民主党派机关中县处级副职以上的干部（含非领导职务干部，下同）；

（二）参照公务员法管理的人民团体、事业单位中县处级副职以上的干部，未列入参照公务员法管理的人民团体、事业单位的领导班子成员及内设管理机构领导人员（相当于县处级副职以上）；

（三）中央企业领导班子成员及中层管理人员，省（自治区、直辖市）、市（地、州、盟）管理的国有企业领导班子成员。

上述范围中已退出现职、尚未办理退休手续的人员适用本规定。

第三条 领导干部应当报告下列本人婚姻和配偶、子女移居国（境）外、从业等事项：

（一）本人的婚姻情况；

（二）本人持有普通护照以及因私出国的情况；

（三）本人持有往来港澳通行证、因私持有大陆居民往来台湾通行证以及因私往来港澳、台湾的情况；

（四）子女与外国人、无国籍人通婚的情况；

（五）子女与港澳以及台湾居民通婚的情况；

（六）配偶、子女移居国（境）外的情况，或者虽未移居国（境）外，但连续在国（境）外工作、生活一年以上的情况；

（七）配偶、子女及其配偶的从业情况，含受聘担任私营企业的高级职务，在外商独资企业、中外合资企业、境外非政府组织在境内设立的代表机构中担任由外方委派、聘任的高级职务，以及在国（境）外的从业情况和职务情况；

（八）配偶、子女及其配偶被司法机关追究刑事责任的情况。

本规定所称"子女"，包括领导干部的婚生子女、非婚生子女、养子女和有抚养关系的继子女。

本规定所称"移居国（境）外"，是指取得外国国籍或者获取国（境）外永久居留资格、长期居留许可。

第四条　领导干部应当报告下列收入、房产、投资等事项：

（一）本人的工资及各类奖金、津贴、补贴等；

（二）本人从事讲学、写作、咨询、审稿、书画等劳务所得；

（三）本人、配偶、共同生活的子女为所有权人或者共有人的房产情况，含有单独产权证书的车库、车位、储藏间等（已登记的房产，面积以不动产权证、房屋所有权证记载的为准，未登记的房产，面积以经备案的房屋买卖合同记载的为准）；

（四）本人、配偶、共同生活的子女投资或者以其他方式持有股票、基金、投资型保险等的情况；

（五）配偶、子女及其配偶经商办企业的情况，包括投资非上市股份有限公司、有限责任公司，注册个体工商户、个人独资企业、合伙企业等，以及在国（境）外注册公司或者投资入股等的情况；

（六）本人、配偶、共同生活的子女在国（境）外的存款和投资情况。

本规定所称"共同生活的子女"，是指领导干部不满18周岁的未成年子女和由其抚养的不能独立生活的成年子女。

本规定所称"股票"，是指在上海证券交易所、深圳证券交易所、全国中小企业股份转让系统等发行、交易或者转让的股票。所称"基金"，是指在我国境内发行的公募基金和私募基金。所称"投资型保险"，是指具有保障和投资双重功能的保险产品，包括人身保险投资型保险和财产保险投资型保险。

Chapter

4

第四章

—

基础进阶:
核保、退保与理赔

71 为什么买终身寿险要进行财务核保？

俞先生新婚不久，和妻子度蜜月回来后，便萌生了为自己买一份终身寿险的想法。俞先生自己经营企业，是家庭的经济支柱，妻子则全职在家，因此他希望终身寿险的保额高一些。让俞先生不解的是，保险公司要对他进行财务核保。

那么，什么是财务核保？保险公司为什么要对客户进行财务核保呢？

▶▶▶ **专业解析**

有过投保经历的人可能都知道，投保终身寿险，并不是我们申请投保后，保险公司就一定会承保的。现实当中，由于逆选择[①]和保险公司的承保能力这两个因素的存在，保险公司不可能接受所有的申请者。

因此，保险公司会对申请者进行核保，评估和划分客户的风险等级，最终决定是拒保还是承保、怎样承保以及核定风险费率。终身寿险的核保内容主要包括客户的年龄、性别、健康状况、家族病史、健康习惯、财务状况、职业等。

财务核保，简单来说就是对投保人、被保险人的财务状况的审核。保险公司一般会向投保人和被保险人询问其每年固定收入、负

[①] 从投保人的角度来说，有很大可能遭受风险损失的人要比一般人更希望购买保险。比如，一个身患癌症的人会比一个健康的人更希望购买保险。这对投保人来说是有利的选择，对保险公司来说，则是一种很不利的选择。这种情况就是保险中的逆选择。由于逆选择的存在，保险公司必须严格筛选申请者，避免因逆选择而产生不利影响。

债、主要收入来源等，还会询问被保险人是否投保了其他的人寿保险或医疗保险。不同保险公司的财务核保，在内容上大同小异。

通常，当客户购买的终身寿险的保额达到一定标准时，保险公司就会对客户进行财务核保。原因主要有以下两点：

第一，保险公司需要审核投保人是否具备交纳续期保费的能力。如果投保人的收入不足以支撑所交纳的保费，那么未来就存在保单失效或者终止的可能，而保单继续率①低下，非常不利于保险公司的长期发展。

第二，保险公司需要审核被保险人是否有对应保额的需求。举个例子来说，如果一个在校学生或者家庭主妇是终身寿险保单的被保险人，而这份保单的保额高达数百万元，此时就要考虑投保人是否存在道德风险了。2018 年曾发生一起"杀妻骗保"案件。丈夫张某伪造妻子的签名，为妻子投保了多份寿险保单，总保额近 3000 万元，受益人均为张某本人。如此高的保额，正是张某刻意隐瞒，逃避财务核保的结果。

因此，保险公司对购买了高保额保单的客户进行财务核保，评估其保障程度的适当性，对保险公司自己和客户来说，都是非常必要的。

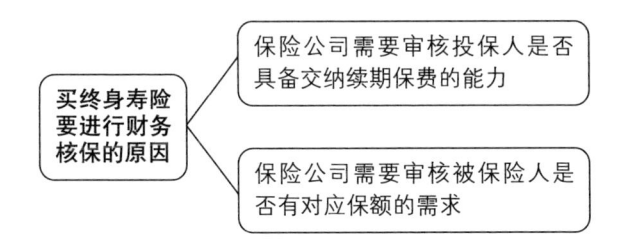

```
买终身寿险          保险公司需要审核投保人是否
要进行财务   ──┬──  具备交纳续期保费的能力
核保的原因      │
                └──  保险公司需要审核被保险人是
                     否有对应保额的需求
```

---

① 保单继续率，也称"保单续保率"，用于统计分析保险公司保单继续有效的比率。

▶▶▶ 延伸阅读

实务中，当客户购买的保额达到一定标准时，保险公司会向客户下发财务函，评估客户的财务状况。下图为某保险公司的财务函。

财产资料通知函

尊敬的客户：
　　您好！
　　感谢您对我司的信赖！为了提供更优质的咨询服务，我们需要对您的财务状况做进一步的了解，请您配合为盼，谢谢合作！请务必在　　　　之前回复，如果您逾期未提供，我们将很遗憾地终止本次咨询服务。

客户姓名：　　　　　　　性别：　　　　　　证件号码：
具体资料项目如下。
　　问卷
　　财务证明文件：
　　　个人收入或资产证明：个人薪资证明、个人所得税税单、房产、车产、存款、个人其他财务资料（如理财产品证明等）；
　　　企业资产证明（如拥有企业，请提供）：企业法人营业执照、资产负债表、损益表（利润表）、现金流量表、贷款抵押证明、缴税单、企业年审报告、企业验资报告、企业其他财务资料（如销售合同、销售清单等）。
　　（以上手写无效）
客户说明：

资料提供人/监护人签字：
签字日期：　　年　月　日

某保险公司的财务函

72 投保终身寿险时未如实告知，会有什么后果？

保险代理人小黄最近遇到了一件开心的事，自己服务了三年多的客户赵女士主动找到她，要购买一份终身寿险。很快，小黄为赵女士做好了投保方案。在填写投保单时，小黄提醒赵女士，对于投保单上的问题，一定要如实告知。赵女士问："如果没有如实告知，会有什么后果呢？"

▶▶▶ 专业解析

如实告知，是投保人的一项义务。投保人与保险公司作为保险合同的当事人，均应当遵循最大诚信原则，履行自己的义务，互不欺骗和隐瞒，恪守合同的规定与承诺。

投保人必须将与被保险人有关的重要事实如实向保险公司做书面告知。我国保险业采用的都是询问告知形式，即告知的内容以保险公司的询问为限，投保人对保险公司询问的问题必须如实告知，而对询问以外的问题，投保人无须告知。[1]告知的内容决定了保险公司是否承保或者以什么条件承保。

终身寿险投保单需要告知的内容一般包括被保险人的身体状况、既往病史等。如果被保险人有遗传病、先天病和既往疾病，投保人一定要如实告知，因为这关系到保险公司是否承保、以何种条件承保。当然，不同保险公司的终身寿险产品，其询问的内容可能会有所不同。

---

[1] 魏华林，林宝清.保险学[M].4版.北京：高等教育出版社，2017:72.

那么，如果投保人在投保时没有如实告知，可能会面临什么后果呢？

投保后，如果被保险人没有发生身故或全残，就不会有人主动提出查验投保时所提交资料的真实性，毕竟保险公司的运营工作人员数量是有限的。但是，如果被保险人出险了，就会有专门的理赔调查员来查验资料。当然，理赔调查员的数量也是有限的，不可能每一单都做详细调查。通常，只有在运营部门的核赔人员发现保单存在问题时，比如投保后在非常短的时间内就出险了，才会让理赔调查员进行调查。

如果经过理赔调查员的调查，发现投保人的确存在未如实告知的情况，此时投保人可能会面临以下后果：

第一，投保人故意或者因过失未履行如实告知义务，足以影响保险公司决定是否同意承保或提高保险费率的，保险公司有权解除合同。

第二，投保人故意不履行如实告知义务的，保险公司对于保险合同解除前发生的保险事故，不承担赔偿或者给付保险金的责任，并且不退还保费。

第三，投保人因过失未履行如实告知义务，对保险事故的发生有严重影响的，保险公司对于合同解除前发生的保险事故，不承担赔偿或给付保险金的责任，但可以退还保费。

由此可见，不论是故意隐瞒还是因过失造成的未如实告知，都可能导致保险公司拒绝承担赔付责任，甚至不退还保费。这样的结果谁也不愿意看到。

```
投保终身寿险时未如实告知，会有什么后果？
├─ 投保人故意或者因过失未履行如实告知义务，足以影响保险公司决定是否同意承保或提高保险费率的，保险公司有权解除合同
├─ 投保人故意不履行如实告知义务的，保险公司对于合同解除前发生的保险事故，不承担赔偿或者给付保险金的责任，并且不退还保费
└─ 投保人因过失未履行如实告知义务，对保险事故的发生有严重影响的，保险公司对于合同解除前发生的保险事故，不承担赔偿或给付保险金的责任，但可以退还保费
```

▶▶▶ 延伸阅读

《保险法》

第五条　保险活动当事人行使权利、履行义务应当遵循诚实信用原则。

第十六条　订立保险合同，保险人就保险标的或者被保险人的有关情况提出询问的，投保人应当如实告知。

投保人故意或者因重大过失未履行前款规定的如实告知义务，足以影响保险人决定是否同意承保或者提高保险费率的，保险人有权解除合同。

前款规定的合同解除权，自保险人知道有解除事由之日起，超过三十日不行使而消灭。自合同成立之日起超过二年的，保险人不得解除合同；发生保险事故的，保险人应当承担赔偿或者给付保险金的责任。

投保人故意不履行如实告知义务的,保险人对于合同解除前发生的保险事故,不承担赔偿或者给付保险金的责任,并不退还保险费。

投保人因重大过失未履行如实告知义务,对保险事故的发生有严重影响的,保险人对于合同解除前发生的保险事故,不承担赔偿或者给付保险金的责任,但应当退还保险费。

保险人在合同订立时已经知道投保人未如实告知的情况的,保险人不得解除合同;发生保险事故的,保险人应当承担赔偿或者给付保险金的责任。

保险事故是指保险合同约定的保险责任范围内的事故。

73 可以带病投保终身寿险吗？

保险代理人小张最近遇到了一件烦心事。几天前，小张的老客户梁女士投保了一份终身寿险，就在小张上门给梁女士送保单的时候，梁女士无意间说到她今年体检查出了甲状腺结节，而且体检中心建议她到三甲医院再做个检查。

听到这个事情，小张一下子就蒙了，这是典型的投保时没有如实告知啊，万一将来因为这个原因被认定为"带病投保"，就可能被保险公司拒赔……

▶▶▶ 专业解析

带病投保，是指被保险人在有既往病史的情况下投保人身保险。所谓"既往病史"，简单地说就是被保险人在投保之前就存在的疾病。具体可以分为以下几种：

（1）投保前医院已经确诊了某种疾病，被保险人一直在接受长期治疗；

（2）投保前医院已经确诊了某种疾病，被保险人间接地接受治疗和用药；

（3）投保前被保险人已经有某种疾病的症状，但是没有去医院确诊。

带病投保终身寿险，一般有两种情况：一种是投保人故意隐瞒被保险人的既往病史，对于这种情况，保险公司通常不予理赔，并且不退还保费；另一种是投保人如实告知了被保险人的既往病史，保险公司会综合考量是否承保或以何种条件承保。

所以，有既往病史的人并非都不能投保终身寿险。保险公司会根据被保险人既往疾病的轻重程度进行综合考量，给出是否承保或以何种条件承保的结论。

如果既往疾病对被保险人的身体和寿命没有很大影响，保险公司会正常承保；如果既往疾病对被保险人的身体和寿命有部分影响，保险公司可能会除外承保，比如被保险人患有高血压，保险公司就对由高血压引起的保险事故不承担赔付责任，也可能会加费承保，因为被保险人的身体条件不太好，风险程度较高，需要提高保费才能承保；如果既往疾病对被保险人的身体和寿命有严重影响，比如罹患过癌症，保险公司就会拒保。

为了不影响将来理赔，投保人应在保险公司进行询问时如实告知被保险人的既往病史。

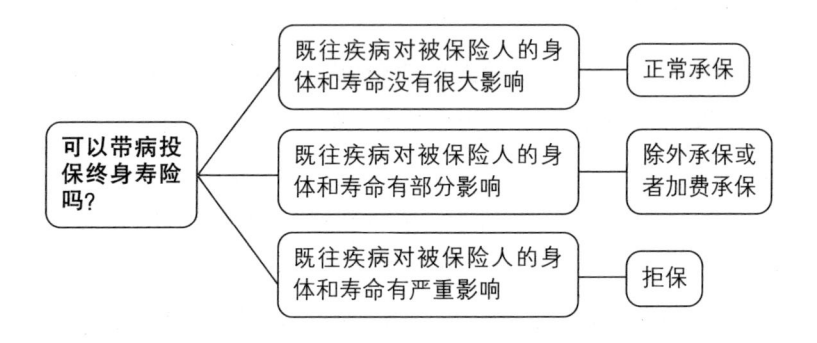

可以带病投保终身寿险吗？	既往疾病对被保险人的身体和寿命没有很大影响	正常承保
	既往疾病对被保险人的身体和寿命有部分影响	除外承保或者加费承保
	既往疾病对被保险人的身体和寿命有严重影响	拒保

▶▶▶ 延伸阅读

我们来看一个案例。

2005年8月，持有寿险保单的周某因病住院经抢救无效而身亡。其女赵某向保险公司索赔，保险公司以周某没有履行如实告知义务为由拒绝赔付，因为保险公司调查发现周某多年前就患有自身免疫性溶血性贫血。

赵某称其母周某在投保时已经履行了如实告知义务，对投保单上列明的告知事项均如实进行了填写。法院最终认定，虽然周某投保前已患病，但该病不属于投保单上告知事项列明的病因，保险公司应负赔偿责任。

74 终身寿险交费期满，可以退保吗？

张先生今年25岁，考虑到自己是独生子，家里经济状况也一般，他为自己投保了一份交费期为15年的终身寿险，父母是受益人。在投保时，张先生问保险代理人："如果交费期满，我可以选择退保吗？还是说，这笔钱只能在我身故后由受益人领取呢？"

▶▶▶ 专业解析

《保险法》第十五条规定："除本法另有规定或者保险合同另有约定外，保险合同成立后，投保人可以解除合同，保险人不得解除合同。"也就是说，保险合同成立以后，无论何时，投保人都有权解除保险合同，即退保。

所以，终身寿险保单的交费期满后，投保人是可以选择退保的。但是，此时选择退保，在我看来并非明智之举。

第一，终身寿险的交费期满并不代表保障期满。它只意味着分期交费结束了，但终身寿险的保障期限是持续被保险人终身的。交费期满就退保，就好比你贷款买房，刚还完房贷，转手就把房子按原价甚至亏本给卖了。这样的买卖当然是不划算的。

第二，退保时拿回的钱不是你所交的总保费，而是保单的现金价值。定额终身寿险在早期的现金价值比较低，通常需要持有20年左右才能实现现金价值保本，所以在此期间退保多少都会损失保费。增额终身寿险的现金价值较高，在交费期满后，现金价值可能会保本，有些产品还会有一定的增值，但此时退保也只能勉强拿回本金，还会失去相应的人身保障，同样得不偿失。

因此，不到万不得已或者有特殊的财富需求，我建议大家不要随意退保。若是急需用钱，可以利用保单贷款进行资金周转。增额终身寿险还可以通过部分退保的方式来获取部分资金。

总之，我们投保终身寿险的目的是想获得人身保障，并在一定程度上实现资产的保值增值。当你犹豫要不要退保时，不妨先想一想自己当初为何投保。

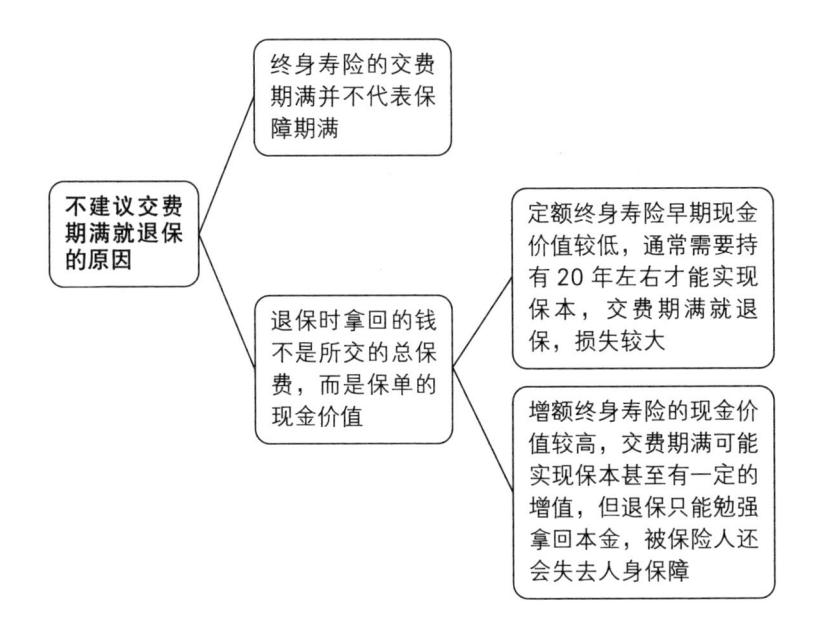

```
                        ┌─ 终身寿险的交费期满并不代表保障期满
不建议交费期满就退保的原因 ─┤
                        │                      ┌─ 定额终身寿险早期现金价值较低，通常需要持有 20 年左右才能实现保本，交费期满就退保，损失较大
                        └─ 退保时拿回的钱不是所交的总保费，而是保单的现金价值 ─┤
                                                               └─ 增额终身寿险的现金价值较高，交费期满可能实现保本甚至有一定的增值，但退保只能勉强拿回本金，被保险人还会失去人身保障
```

▶▶▶ 延伸阅读

《保险法》第十五条规定："除本法另有规定或者保险合同另有约定外，保险合同成立后，保险人不得解除保险合同。"一般来说，当出现以下情况时，保险公司有权解除人身保险合同：

（1）投保人故意隐瞒事实，不履行如实告知义务的，或者因重大过失未履行如实告知义务，足以影响保险公司决定是否承保或者提高保险费率的,保险公司有权解除保险合同。

(2)被保险人或者受益人在未发生保险事故的情况下,谎称发生了保险事故,并向保险公司提出赔偿或者给付保险金的请求的,保险公司有权解除保险合同,并且不退还保费。

(3)投保人、被保险人故意制造保险事故的,保险公司有权解除保险合同,不承担赔偿或者给付保险金的责任。

(4)在合同有效期内,保险标的的危险程度显著增加的,被保险人应当按照合同约定及时通知保险公司,保险公司有权要求增加保险费或者解除保险合同。

(5)投保人申报的被保险人的年龄不真实,并且其真实年龄不符合合同约定的年龄限制的,保险公司有权解除合同。

(6)人身保险合同分期支付保险费的,合同效力中止超过2年的,保险公司有权解除合同。

75 退保为什么会有损失？损失体现在哪里？

武先生三年前经朋友介绍在某家保险公司投保了一份终身寿险，但当时他是碍于朋友的面子才投保的。前段时间，武先生得知朋友已从保险公司离职，于是来到保险公司要求退保。

工作人员告诉武先生，现在退保会有一定的损失。武先生不能理解，在他看来，自己的钱给保险公司白用了三年，且不说给利息了，起码得把交的保费全部退还吧！为什么会有损失呢？损失的钱又去了哪里？

▶▶▶ **专业解析**

退保时拿不回所交的保费，一直以来是一件被大众诟病的事情。很多人由此认为保险公司就是"骗子"。

在第 16 节我们了解了犹豫期的概念。在犹豫期内退保终身寿险，是可以拿回所交的全部保费的。但是过了犹豫期之后，退保就只能退回保单的现金价值。有些终身寿险在犹豫期后退保，几乎会损失一半的保费。

那么，为什么犹豫期后退保会有损失呢？这些损失的钱又去了哪里呢？

第一，投保终身寿险需要签订保险合同，合同的一方若提前解约，肯定要承担一定的违约责任。

第二，终身寿险是一种无形的商品，保单生效后，保险公司就开始为客户提供保障了。只要被保险人在保障期限内身故或全残，保险公司就要赔付保险金，无论是交了 1 年保费，还是交了 10 年保费。因此，每一份保单中都要预留一部分保费用于理赔。我们把这笔预留的保费称为"保障成本"。举个例子，假设某年龄段10万人中的死亡人数是10人，这10万人平均投保了10万元的身故保额，那么保险公司需要赔付的保险金就是100万元。把这100万元分摊到10万人中，每个人就是10元。这个10元就是保障成本。[1]在保险合同期限届满之前退保，这部分保障成本是不能退还的。

第三，犹豫期后退保，不仅保障成本不能退还，还有一些已经投入的成本也是无法退还给投保人的，包括：

（1）代理人的佣金。保险公司在办理保险业务时，需要支付代理人的佣金，所以在确定保费时，保险公司会将这些佣金成本也算进去。

（2）保险公司的管理成本。买保险不仅仅是交个保费就结束了，保险代理人只是促成了客户与保险公司签约。为了让保险公司更好地运作，提供优质的服务，保险公司还有众多的职能部门，比如培训部、财务部、保费部……这些部门的运营都是需要成本的，而这些成本也是保险公司为了能够长久稳定地持续下去必须付出的。

第四，保险公司不是慈善机构，其收取的保费也是要通过投资来获取利润的，而银保监会又对保险公司的投资有很多的限制和规定。因此，保险公司的投资周期通常都是比较长的，如果投保人由于个人原因要求提前退保，保险公司也会面临投资违约的风险。所以，提前退保对双方来说都会有一定的损失。

实际上，不同的终身寿险产品，退保产生的损失大小也是不同的。定额终身寿险的杠杆率较高，一般需要扣除的保障成本就比较

---

[1] 此处只是对保障成本做了简单的介绍，便于大家理解保障成本的大致含义。真正的保障成本是精算师根据生命表经过复杂的计算得出的。

高，能够用于投资的资金比较少，因此退保造成的损失会比较大；增额终身寿险则正好相反，它的杠杆率较低，所以保费的一大部分可以用于投资，很快就能保本，因此退保造成的损失比较小。

```
犹豫期后退    ┌─ 投保人与保险公司签订保险合同，违约一方要承担一定的违约责任
保为什么会   ─┼─ 每份保单都需要预留一定的保障成本，退保时这部分保障成本不能退还
有损失？      ├─ 保险公司在确定保费时，会将相应的运营成本算进去，退保时这部分运营成本不能退还
              └─ 保险公司的投资周期比较长，投保人提前退保会使保险公司面临投资违约的风险
```

▶▶▶ **延伸阅读**

2022年5月，为进一步优化保险资产配置结构，提升保险资金服务实体经济质效，防范投资风险，中国银保监会修订发布了《关于保险资金投资有关金融产品的通知》（银保监规〔2022〕7号），部分规定如下：

二、保险集团（控股）公司、保险公司和保险资产管理公司（以下统称保险机构）投资金融产品的，应当具备相应的投资管理能力；产品管理人应当公司治理完善，市场信誉良好，经营审慎稳健，具有良好的投资业绩和守法合规记录；产品投资方向应当符合国家宏观政策、产业政策和金融管理部门规定。

三、保险集团（控股）公司和保险公司应当根据负债特性、风

险偏好等约束条件，科学制定金融产品配置计划，履行相应内部审核程序，合理确定投资品种、投资规模、期限结构、信用分布和流动性安排。

保险集团（控股）公司和保险公司可以根据投资管理能力和风险管理能力，自行投资或者委托保险资产管理公司投资金融产品，但不得委托保险资产管理公司投资单一资产管理计划和面向单一投资者发行的私募理财产品。

保险资产管理公司受托投资金融产品，应当承担尽职调查、风险评估、投资决策和实施、投后管理等主动管理责任。

76 终身寿险的交费期尚未结束，被保险人就身故了，保险公司能赔付多少保险金？

周先生今年59岁，与第二任妻子有个8岁的女儿。周先生对这个女儿十分疼爱。考虑到自己年龄不小了，不一定能看到女儿成家立业，于是周先生想通过配置一份终身寿险，给女儿留一笔钱。多家保险公司的代理人都给他提供了投保方案，而且几乎都是10年交费的计划。周先生担心：如果交费期还没结束自己就身故了，保险公司能赔付多少钱？够不够孩子未来使用？

▶▶▶ **专业解析**

大多数人认为的身故理赔，是交费期结束后过了很长时间，被保险人才身故，此时保险公司会按照当时的年度保额进行理赔。如果交费期尚未结束，被保险人就身故了，此时该如何理赔呢？这要根据不同的终身寿险产品来看。下面，我们以定额终身寿险和增额终身寿险为例，看一看交费期内被保险人身故的理赔标准。

1. 定额终身寿险

（1）如果保单有等待期，被保险人在等待期内身故的，身故保险金=已交保费。

（2）被保险人身故时未满18周岁，身故保险金=年度保费×所交的年数，实质上就是退还已交保费。

（3）被保险人身故时已满18周岁，身故保险金=基本保额+累计红利保额（分红型终身寿险有累计红利保额）。如果不是分红型终身寿险，就按照基本保额进行理赔。

2.增额终身寿险

（1）被保险人身故时未满18周岁，身故保险金=年度保费×所交的年数，或者是当时保单的现金价值，二者取较大者。

（2）被保险人身故时已满18周岁，身故保险金=累计保费×给付比例，或者是当时保单的现金价值，二者取较大者。

（3）各家保险公司的给付比例标准不同，但通常按照年龄划分。比如，某家保险公司的给付标准为18~41周岁，给付比例为160%；42~62周岁，给付比例为140%；62周岁以上，给付比例为120%。

总体来说，终身寿险保单的被保险人在交费期内身故，保险公司的赔付标准是：18周岁之前身故的，基本都是返还所交保费；18周岁之后身故的，会按照保额或者保费乘以给付比例来理赔，通常会高于所交保费。需要注意的是，本节分析的都是非因意外伤害导致的身故理赔。如果被保险人是因意外伤害身故的，不论是18周岁之前还是18周岁之后，只要保单生效就可以申请理赔，没有等待期的限制。

以上是对常见的终身寿险产品交费期内被保险人身故的理赔标准的介绍。目前，市场上各家保险公司终身寿险产品的理赔标准都差不多，在给付比例上可能会有细微的差别。具体的理赔标准，大家可以参看保险合同条款中的"保险责任"。

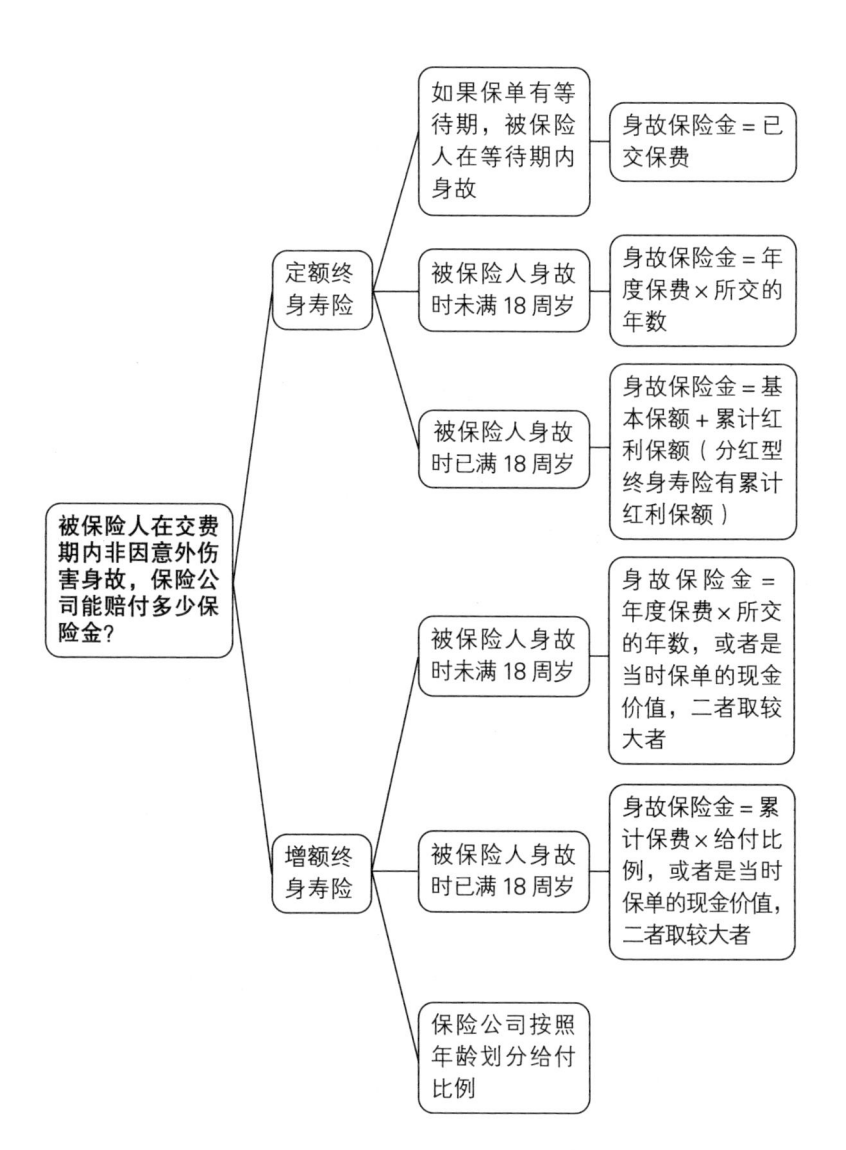

```
                                              ┌─ 如果保单有等待期，被保险人在等待期内身故 ── 身故保险金 = 已交保费
                                              │
                            ┌─ 定额终身寿险 ──┼─ 被保险人身故时未满18周岁 ── 身故保险金 = 年度保费 × 所交的年数
                            │                 │
                            │                 └─ 被保险人身故时已满18周岁 ── 身故保险金 = 基本保额 + 累计红利保额（分红型终身寿险有累计红利保额）
被保险人在交费期内非因意外
伤害身故，保险公司能赔付 ──┤
多少保险金？                │                 ┌─ 被保险人身故时未满18周岁 ── 身故保险金 = 年度保费 × 所交的年数，或者是当时保单的现金价值，二者取较大者
                            │                 │
                            └─ 增额终身寿险 ──┼─ 被保险人身故时已满18周岁 ── 身故保险金 = 累计保费 × 给付比例，或者是当时保单的现金价值，二者取较大者
                                              │
                                              └─ 保险公司按照年龄划分给付比例
```

第四章 基础进阶：核保、退保与理赔

▶▶▶ **延伸阅读**

以下是某增额终身寿险合同中关于保险责任的部分条款：

第六条　保险责任

若被保险人于本主险合同生效日起 180 日内（含第 180 日）或效力恢复之日起 180 日内（含第 180 日），非因意外伤害事故导致身故或全残，本公司不承担保险责任，无息退还本主险合同实际交纳的保险费，本主险合同终止。这 180 日的时间称为等待期。被保险人因意外伤害事故导致身故或全残的，无等待期。

在本主险合同保险责任开始后的有效期内，本公司依照下列约定承担保险责任：

一、非意外伤害身故或全残保险金给付

1. 若被保险人于等待期内，非因意外伤害事故导致身故或全残，本公司不承担保险责任，无息退还本主险合同实际交纳的保险费，本主险合同终止；

2. 若被保险人于等待期后，并且在年满 18 周岁之前，非因意外伤害事故导致身故或全残，本公司将按以下二者的较大者给付非意外伤害身故或全残保险金，本主险合同终止：

（1）被保险人身故或全残时本主险合同实际交纳的保险费；

（2）被保险人身故或全残时本主险合同具有的现金价值。

3. 若被保险人于等待期后，并且在年满 18 周岁之后，且在本主险合同交费期满日（含）之前，非因意外伤害事故导致身故或全残，本公司将按以下二者的较大者给付非意外伤害身故或全残保险金，本主险合同终止：

（1）被保险人身故或全残时本主险合同实际交纳的保险费 × 年

龄系数；

（2）被保险人身故或全残时本主险合同具有的现金价值。

4. 若被保险人于等待期后，并且在年满 18 周岁之后，且在本主险合同交费期满日之后，非因意外伤害事故导致身故或全残，本公司将按以下三者的较大者给付非意外伤害身故或全残保险金，本主险合同终止：

（1）被保险人身故或全残时本主险合同实际交纳的保险费 × 年龄系数；

（2）被保险人身故或全残时本主险合同具有的现金价值；

（3）被保险人身故或全残时本主险合同的保险金额。

77 终身寿险保单的被保险人失踪,保险公司能赔付身故保险金吗?

田女士与丈夫结婚 6 年,儿子出生以后,田女士就专心在家照顾儿子和双方的父母,丈夫则外出务工挣钱。可是一年前,丈夫突然音讯全无,报警后也一直没有找到人。最近,儿子患病需要手术,不菲的手术费用让田女士一筹莫展。她想起刚结婚时在亲戚的介绍下给丈夫投保的终身寿险,若丈夫身故,保险公司会赔付 10 万元。要是有这笔钱,儿子的手术费就有了。但她不知道丈夫失踪至今算不算身故,保险公司能不能理赔。

▶▶▶ 专业解析

终身寿险保单的被保险人失踪,在这种生死不明的状态下,能否向保险公司申请理赔呢?通常情况下,被保险人失踪是不能申请理赔的,投保人或受益人必须向人民法院申请失踪人宣告死亡,拿到宣告死亡的判决或者证明后,才可以申请理赔。

那么,什么情况下被保险人算失踪?宣告死亡又有哪些标准呢?

1. 宣告失踪

《民法典》

第四十条 自然人下落不明满二年的,利害关系人可以向人民法院申请宣告该自然人为失踪人。

第四十一条　自然人下落不明的时间自其失去音讯之日起计算。战争期间下落不明的，下落不明的时间自战争结束之日或者有关机关确定的下落不明之日起计算。

根据上述规定，宣告失踪的条件主要有：

（1）失踪人须离开其住所下落不明满2年，利害关系人①才能向人民法院提出申请，宣告其失踪。

（2）须由人民法院依照法定程序进行宣告。具体程序为：利害关系人到人民法院提出宣告失踪申请→人民法院受理宣告失踪案件，并发出为期3个月的寻找失踪人公告→公告期届满，人民法院根据失踪事实是否得到确认，作出宣告失踪或者驳回申请的判决。

2. 宣告死亡

《民法典》

第四十六条　自然人有下列情形之一的，利害关系人可以向人民法院申请宣告该自然人死亡：

（一）下落不明满四年；

（二）因意外事件，下落不明满二年。

因意外事件下落不明，经有关机关证明该自然人不可能生存的，申请宣告死亡不受二年时间的限制。

根据上述规定，宣告死亡的条件主要有：

（1）自然人下落不明达到法定时间。一般来说，失踪人下落不

---

① 是指失踪人的配偶、父母、子女、兄弟姐妹、祖父母、外祖父母、孙子女、外孙子女以及其他与失踪人有民事权利义务关系的人，比如失踪人的债权人或债务人。

明满4年或因意外事件下落不明满2年，利害关系人就可以向人民法院申请宣告其死亡。如果失踪人是因意外事件下落不明，经有关机关证明其不可能生存的，申请宣告死亡便不受2年时间的限制。比如，东航MU5735坠机事件就属于自然人基本不可能生存的情况。

（2）须由人民法院依照法定程序进行宣告。具体程序为：利害关系人到人民法院提出宣告死亡申请→人民法院受理宣告死亡案件，并发出为期1年的寻找失踪人公告（因意外事件下落不明，经有关机关证明其不可能生存的，宣告死亡的公告期为3个月）→公告期届满，人民法院根据死亡事实是否得到确认，作出宣告死亡或者驳回申请的判决。

总体来说，除意外事件导致的下落不明，正常情况下失踪人被宣告死亡，需要至少5年的时间。案例中田女士的丈夫失踪一年多，尚不符合宣告死亡的条件。只有符合上述条件，拿到人民法院宣告丈夫死亡的判决，她才能向保险公司申请理赔。因此，田女士短时间内是无法获得身故保险金的。

如果田女士为丈夫投保的是定期寿险，被保险人（丈夫）被宣告死亡时，已经超过保单的保障期限了，保险公司会不会拒赔呢？对此，《保险法司法解释（三）》第二十四条规定："被保险人被宣告死亡之日在保险责任期间之外，但有证据证明下落不明之日在保险责任期间之内，当事人要求保险人按照保险合同约定给付保险金的，人民法院应予支持。"

可能有人会问，若宣告被保险人死亡后，又找到了被保险人呢？这种情况属于没有发生保险事故，受益人需要向保险公司返还已经给付的身故保险金。

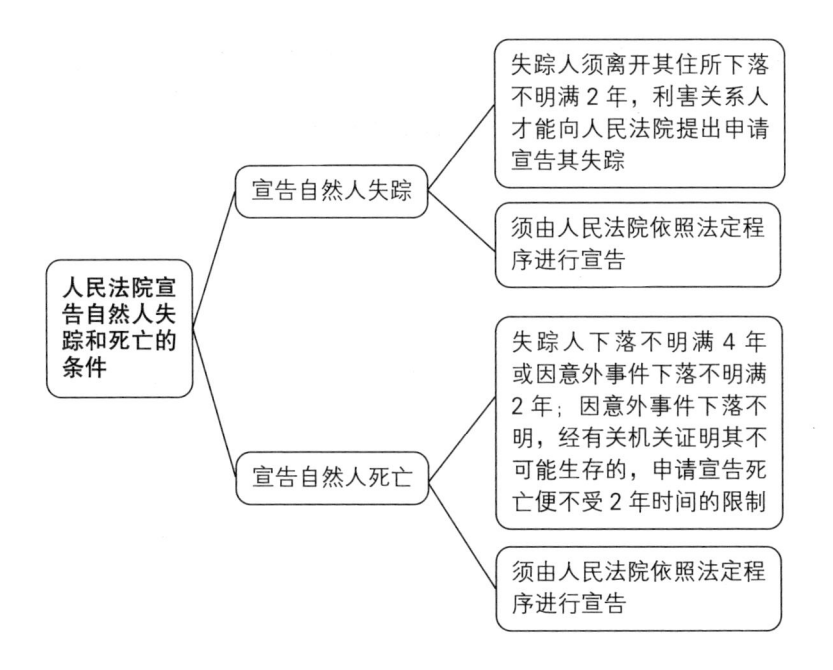

```
人民法院宣告自然人失踪和死亡的条件
├── 宣告自然人失踪
│   ├── 失踪人须离开其住所下落不明满 2 年，利害关系人才能向人民法院提出申请宣告其失踪
│   └── 须由人民法院依照法定程序进行宣告
└── 宣告自然人死亡
    ├── 失踪人下落不明满 4 年或因意外事件下落不明满 2 年；因意外事件下落不明，经有关机关证明其不可能生存的，申请宣告死亡便不受 2 年时间的限制
    └── 须由人民法院依照法定程序进行宣告
```

▶▶▶ 延伸阅读

以下是某终身寿险合同中关于被保险人失踪处理的约定：

失踪处理

4.7 如果被保险人在本合同有效期内失踪，而且被法院宣告死亡，我们以判决书宣告之日为准，按本合同与身故有关的约定给付身故保险金，本合同效力终止。

如果被保险人在宣告死亡后重新出现或者确知其没有死亡，受益人或者其他领取保险金的人应于知道后 30 日内向我们退还已给付的保险金，本合同的效力由您与我们双方依法协商处理。

78 刚离婚，被保险人就意外去世，终身寿险保单的受益人还能是前妻或前夫吗？

章女士最近遇到了一起财产纠纷案件。三个月前，章女士与丈夫离了婚，但离婚不久，前夫就因为意外车祸去世了。章女士想起自己曾经给前夫投保过一份终身寿险，而且受益人就是自己，于是她向保险公司提出了理赔申请。

没想到，保险公司拒绝了章女士的理赔申请，转而把身故保险金给了前夫的父母。章女士很疑惑：明明自己才是保单上的受益人，为什么保险金不给自己呢？

▶▶▶ **专业解析**

现实生活中，很多投保终身寿险的家庭都是夫妻双方互为受益人。如果离婚的时候没有想起还有保险这回事，就可能出现双方虽然没有夫妻关系了，但仍是对方终身寿险保单的受益人的情况。

那么，如果离婚后保单没有做变更，被保险人去世了，作为受益人的前妻或者前夫能领取身故保险金吗？

根据《保险法》第十八条的规定，保险合同应当包括受益人的姓名或者名称、住所，而没有规定必须写明身份关系。《保险法司法解释（三）》第九条规定了当事人对保险合同约定的受益人存在争议时（除非投保人、被保险人在保险合同之外另有约定）的处理方法，我来逐一为大家分析一下。

（1）受益人一栏写为"法定"或"法定继承人"的，以《民法典》规定的法定继承人为受益人。此时，前妻或者前夫不属于法定继承人的范围，所以没有权利领取保险金。

（2）受益人一栏只约定了身份关系，比如写为"妻子"或"丈夫"的，这又分两种情况：

第一，若投保人与被保险人是同一人，被保险人身故时，其当时的合法妻子就是受益人，前妻则不是。

第二，若投保人和被保险人不是同一人，此时，要根据保险合同成立时与被保险人的身份关系确定受益人。保险合同成立时，受益人是被保险人的妻子，那么即便两人后来离婚了，被保险人身故时，前妻也是受益人。

（3）受益人一栏写明了姓名和身份关系，被保险人身故时，身份关系发生变化的，认定为未指定受益人。这一点我们在前文中简单讲过。

举个例子来说，如果受益人一栏写为"妻子×××"，被保险人身故时，两人早已离婚，受益人从妻子变成前妻，身份关系发生了变化，保单会被认定为没有指定受益人。根据《保险法》第四十二条的规定，没有指定受益人的保单，保险金会作为被保险人的遗产，分给其法定继承人。前妻不是法定继承人，自然无法分得保险金。

实务中，大多数的保险公司会在客户投保时，要求客户约定好受益人的姓名和身份关系，避免将来理赔时出现上述关于受益人的纠纷。在这里我要提醒保险消费者，如果离婚了，应及时变更受益人，以防意外情况发生，导致资产外流。

刚离婚，被保险人就意外去世，终身寿险保单的受益人还能是前妻或前夫吗？

- 受益人一栏写为"法定"或"法定继承人" → 以《民法典》规定的法定继承人为受益人，而前妻/前夫不属于法定继承人的范围

- 受益人一栏只约定了身份关系，比如写为"妻子"或"丈夫"
  - 投保人与被保险人是同一人 → 被保险人身故时合法的妻子/丈夫为受益人，前妻/前夫不是受益人
  - 投保人与被保险人不是同一人 → 根据保险合同成立时与被保险人的身份关系确定受益人；保险合同成立时受益人是被保险人的妻子/丈夫，即便离婚，受益人仍是前妻/前夫

- 受益人一栏写明了姓名和身份关系 → 被保险人身故时，身份关系发生变化的，认定为未指定受益人

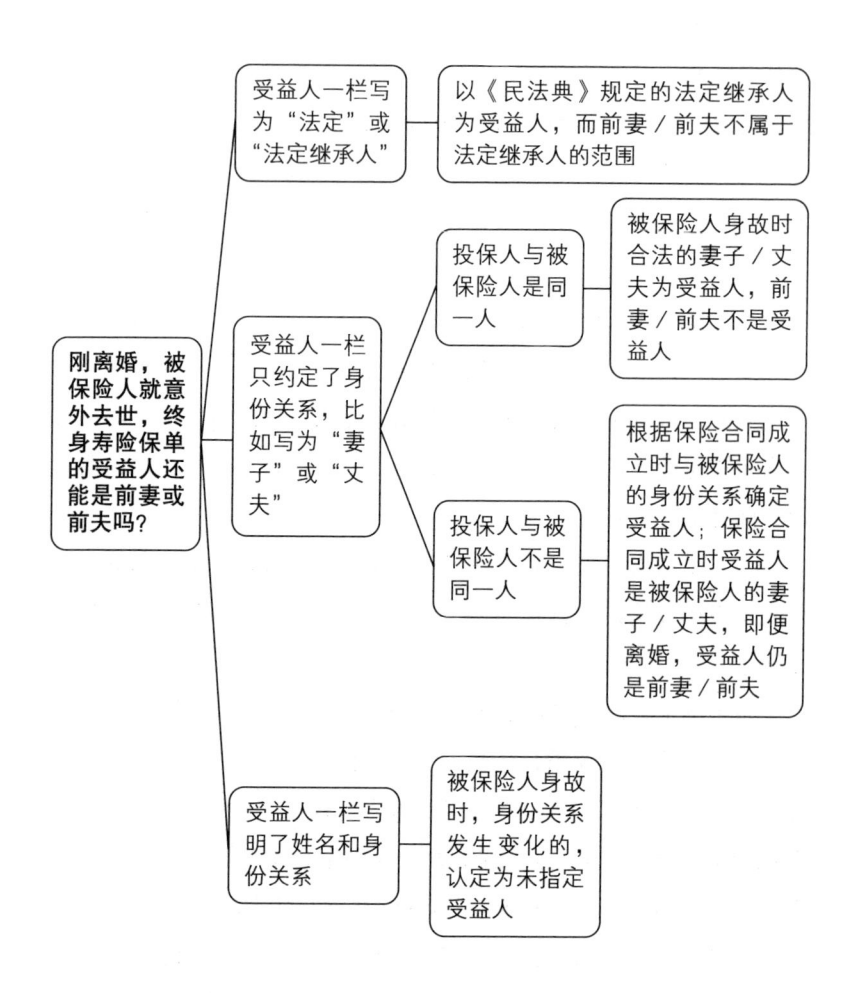

▶▶▶ 延伸阅读

《保险法》

第十八条第一款　保险合同应当包括下列事项：

（一）保险人的名称和住所；

（二）投保人、被保险人的姓名或者名称、住所，以及人身保险的受益人的姓名或者名称、住所；

（三）保险标的；

（四）保险责任和责任免除；

（五）保险期间和保险责任开始时间；

（六）保险金额；

（七）保险费以及支付办法；

（八）保险金赔偿或者给付办法；

（九）违约责任和争议处理；

（十）订立合同的年、月、日。

《保险法司法解释（三）》

第九条 投保人指定受益人未经被保险人同意的，人民法院应认定指定行为无效。

当事人对保险合同约定的受益人存在争议，除投保人、被保险人在保险合同之外另有约定外，按以下情形分别处理：

（一）受益人约定为"法定"或者"法定继承人"的，以民法典规定的法定继承人为受益人；

（二）受益人仅约定为身份关系，投保人与被保险人为同一主体的，根据保险事故发生时与被保险人的身份关系确定受益人；投保人与被保险人为不同主体的，根据保险合同成立时与被保险人的身份关系确定受益人；

（三）约定的受益人包括姓名和身份关系，保险事故发生时身份关系发生变化的，认定为未指定受益人。

79 在国外身故,国内投保的终身寿险会赔付吗?

刘先生即将被单位公派去非洲援建,出国之前,单位为刘先生等人投保了各类保险。刘先生由此想起,前几年妻子给他投保了一份终身寿险。由于非洲风险因素较多,刘先生有点担心自己在非洲的安全问题。如果他不幸身故,这份终身寿险保单能不能得到理赔呢?

▶▶▶ 专业解析

随着经济全球化不断深入,有越来越多的中国企业到海外经营,也有越来越多的中国人到国外成家立业。无论身在何方,人身风险都无处不在。那么,针对在国内购买终身寿险,但被保险人在国外身故的情况,保险公司会不会理赔呢?

终身寿险是否可以理赔,并不取决于被保险人是在什么地方发生的保险事故,而取决于发生的保险事故是否属于保险责任。换句话说,要看被保险人的身故是否属于保险合同中的免责条款。比如,有些保险公司终身寿险的免责条款中有"战争、军事冲突、暴乱或武装叛乱"这一项,如果被保险人是由于这些原因身故的,保险公司大概率是不会赔付的。

如果被保险人是因意外或者疾病等导致的身故,即使是在国外发生的,只要能提供保险公司需要的相关资料,就可以进行理赔。通常情况下,申请理赔时需要提交以下资料:

(1)保险合同;
(2)申请人的有效身份证件;

（3）国家卫生行政部门认定的医疗机构、公安部门出具的被保险人死亡证明；

（4）被保险人的户籍注销证明、火化证明；

（5）所能提供的与确认保险事故的性质、原因等有关的其他证明和资料。

其中，死亡证明一般由当地的医院出具。如果被保险人因交通意外事故去世，需要提供当地交通部门出具的交通事故证明；如果被保险人因疾病去世，不仅需要提供当地医院出具的死亡证明，还需要提供使领馆对该医院的资质证明。

需要注意的是，国外相关机构开具的各种证明都需要翻译成中文，而且对提供翻译服务的机构也有资质上的要求。将各种证明翻译成中文后，还需要获得中国驻当地的使领馆的认证，才能作为办理理赔的资料使用。

总体来说，被保险人在国外身故，只要符合理赔条件，国内买的终身寿险是可以正常理赔的。

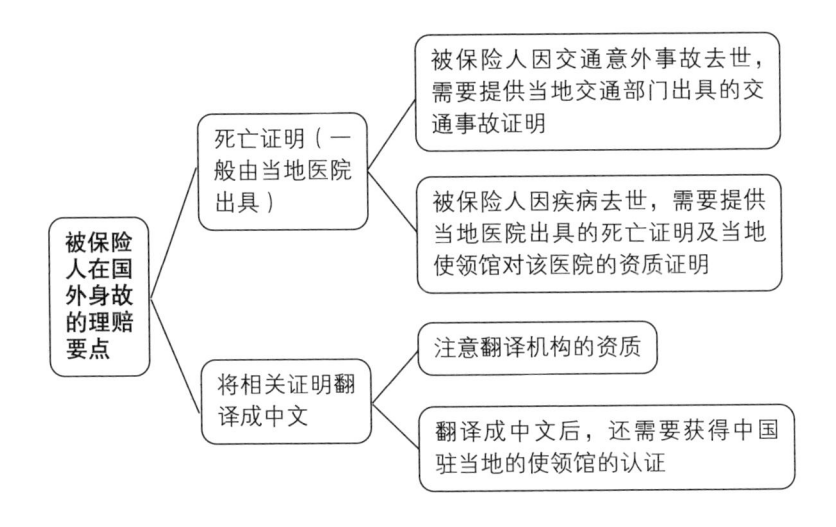

被保险人在国外身故的理赔要点
- 死亡证明（一般由当地医院出具）
  - 被保险人因交通意外事故去世，需要提供当地交通部门出具的交通事故证明
  - 被保险人因疾病去世，需要提供当地医院出具的死亡证明及当地使领馆对该医院的资质证明
- 将相关证明翻译成中文
  - 注意翻译机构的资质
  - 翻译成中文后，还需要获得中国驻当地的使领馆的认证

▶▶▶ **延伸阅读**

如果被保险人的国籍发生了变化,将来被保险人在国外身故,国内买的终身寿险是否可以理赔呢?被保险人的国籍发生变化,一般不会影响保单的效力,但如果是在战乱国家身故的,就可能会因为免责条款而无法获得赔付。

多数保险公司会要求被保险人在国籍发生变化后进行相应的客户资料变更。部分保险公司还会要求有长住国外计划的被保险人在出国前填写出国人员问卷,告知保险公司具体的国家或地区、出国原因、在国外从事的工作等。

80 终身寿险的受益人未成年，身故保险金会赔付给谁？

廖先生今年40岁，是一位单亲爸爸。他为自己购买了一份终身寿险，受益人是6岁的儿子。投保时，廖先生问保险代理人："如果我身故时孩子还没成年，这笔身故保险金会给谁呢？给我的前妻吗？"

▶▶▶ 专业解析

终身寿险保单的被保险人去世后，身故保险金会赔付给受益人。若受益人已成年，保险金将直接赔付给受益人；若受益人未成年，保险金依然属于受益人，但通常交由其监护人代为保管。

像案例中廖先生这种情况，如果他身故时，儿子还未成年，身故保险金是要交给儿子的监护人保管的。从理论上来说，儿子的生母，即廖先生的前妻是儿子的法定监护人，所以身故保险金应当交给前妻保管。

如果担心前妻在儿子未成年时随意挪用或侵占这笔身故保险金，廖先生也可以考虑设立保险金信托，将受益人变更为信托公司，由信托公司领取身故保险金，再分配给信托受益人（将儿子设为信托受益人）。这样就可以避免身故保险金被他人篡夺或挪用。

要提醒大家的是，投保时，谁做终身寿险的受益人一定要仔细考量。如果家庭情况比较复杂，比如是离异家庭，建议不要直接让未成年人做受益人，可以先将受益人设为其他近亲属，等孩子成年

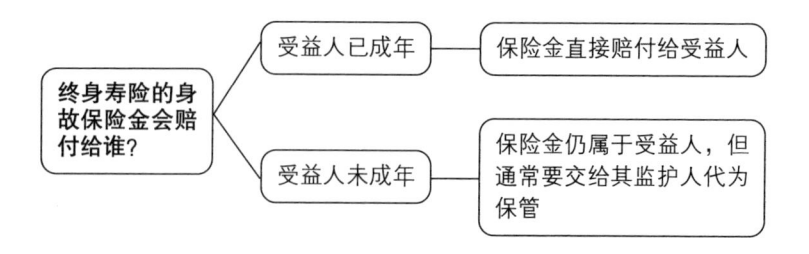

后再做受益人的变更。

```
                          ┌─ 受益人已成年 ──→ 保险金直接赔付给受益人
终身寿险的身
故保险金会赔 ─┤
付给谁？        └─ 受益人未成年 ──→ 保险金仍属于受益人，但
                                    通常要交给其监护人代为
                                    保管
```

▶▶▶ 延伸阅读

《民法典》

第二十七条　父母是未成年子女的监护人。

未成年人的父母已经死亡或者没有监护能力的，由下列有监护能力的人按顺序担任监护人：

（一）祖父母、外祖父母；

（二）兄、姐；

（三）其他愿意担任监护人的个人或者组织，但是须经未成年人住所地的居民委员会、村民委员会或者民政部门同意。

81 终身寿险的身故保险金可以分期领取吗?

陈女士50岁了,儿子在一家小型公司负责后勤工作,每月收入不多。陈女士希望将来给儿子留一笔钱,所以为自己投保了大额的终身寿险,儿子是受益人。这样将来即使自己不在了,儿子也能用身故保险金继续过好以后的日子。但是转念一想,一大笔钱到了儿子的手上,会不会在短时间内被挥霍一空?她问保险代理人:"身故保险金可不可以分期领取?"

▶▶▶ 专业解析

终身寿险的身故保险金通常会一次性赔付给受益人。然而,这种给付方式的确存在一定的风险,比如,受益人年幼,保险金被他人篡夺或者挪用;受益人不具备理财能力,获得保险金后挥霍一空;受益人领取保险金时已婚,保险金与婚后夫妻共同财产混同;受益人有债务,其领取的保险金被用于偿债;等等。

因此,投保人或者被保险人可以通过以下方式规避上述风险。

1. 设立保险金信托

将身故保险金装入信托,原身故保险金的受益人变更为信托受益人,身故保险金由信托受益人根据提前设置好的信托条件来领取。

2. 选择保险金延期领取

若身故保险金的数额不满足设立保险金信托的条件,一些保险公司会有延期领取[①]的保全业务。实际上,这是保险公司提供的一种

---

① 指从设定的时间开始按照约定的比例领取身故保险金,直至领完。

类似信托的身故保险金领取方式。对于这种领取方式，通常有以下要求：

（1）保单的第一顺序受益人不能是法定受益人；

（2）延期领取通常只能指定第一顺序受益人；

（3）如果有多个第一顺序受益人，需要分别约定领取方式和比例；

（4）第一顺序受益人变更后，已经申请的延期领取保全自动失效，需要重新申请；

（5）以投保人最后一次申请的身故保险金延期领取标准来分配。

需要注意的是，不是所有保险公司都有身故保险金延期领取的保全业务。所以，与案例中的宋女士一样有此类需求的客户，一定要在投保前向所投保的保险公司询问清楚。

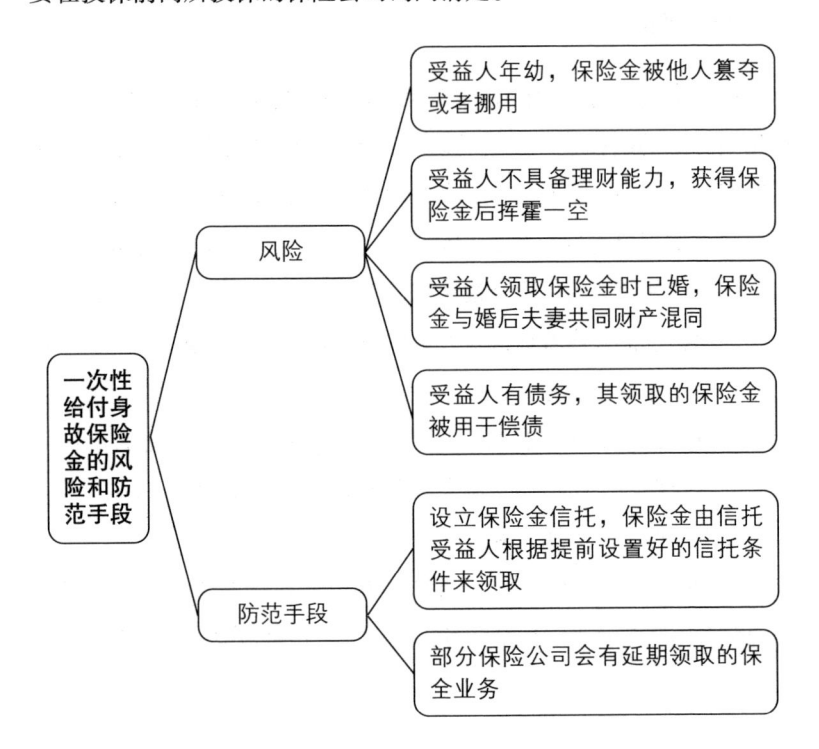

一次性给付身故保险金的风险和防范手段

风险：
- 受益人年幼，保险金被他人篡夺或者挪用
- 受益人不具备理财能力，获得保险金后挥霍一空
- 受益人领取保险金时已婚，保险金与婚后夫妻共同财产混同
- 受益人有债务，其领取的保险金被用于偿债

防范手段：
- 设立保险金信托，保险金由信托受益人根据提前设置好的信托条件来领取
- 部分保险公司会有延期领取的保全业务

▶▶▶ 延伸阅读

某增额终身寿险合同中关于保险金延期领取条件的约定如下：

保险金延期领取条件

在保险金延期领取期间，我们将根据与投保人或被保险人约定的领取条件、领取比例（或金额）向身故受益人给付相应的保险金：

一、成长关爱金

投保人或被保险人可与我们约定在受益人年满18周岁之前（不含18周岁），于每一个周岁生日向该受益人给付成长关爱金，具体金额＝该受益人应当领取的身故保险金 × 成长关爱金比例。

....

82 终身寿险的身故保险金可以出境使用吗?

王女士给自己投保了终身寿险,受益人是已经取得了美国绿卡、在美国定居的儿子。王女士想知道,自己身故后,儿子领取的身故保险金能不能出境使用。

▶▶▶ **专业解析**

通常,保险公司会将终身寿险的身故保险金直接转入受益人在国内的银行账户中。受益人具体如何使用这笔保险金,保险公司是无权过问的。所以,身故保险金肯定是可以出境使用的。

案例中王女士的儿子未来可以通过购汇[①]将这笔保险金带到美国使用。《个人购汇申请书》中对个人购汇有以下要求:

(1)不得虚假申报个人购汇信息;

(2)不得提供不实的证明材料;

(3)不得出借本人便利化额度协助他人购汇;

(4)不得借用他人便利化额度实施分拆购汇;

(5)不得用于境外买房、证券投资、购买人寿保险和投资性返还分红类保险等尚未开放的资本项目;

(6)不得参与洗钱、赌博、逃税、地下钱庄交易等违法违规活动。

第(5)项特别提到了境外买房、证券投资、购买人寿保险和投资性返还分红类保险。也就是说,如果受益人将保险金购汇后在国外用于

[①] 购汇是一种转账交易,是用账户上的本币兑换外币,相当于外汇买卖,兑换后的外币还在账户上或银行卡上,不提取现金。

这些项目，以后资产是很难入境的。若将来因共同申报准则（Common Reporting Standard，CRS）信息交换回中国[1]，受益人可能还要承担相应的法律责任。《个人购汇申请书》填报说明中明确要求："确保购汇资金用途符合外汇管理规定，知晓违法违规行为应承担的法律后果。"

那么，购汇可以用于哪些项目呢？《个人购汇申请书》上列明的购汇用途包括：因私旅游、境外留学、公务及商务出国、探亲、境外就医、海外购物、非投资类保险、咨询服务、职工报酬和赡家款、专有权利使用费和特许费、投资收益、运输、境内外汇储蓄存款、购买境内外汇理财产品及其他。

需要注意的是，《个人购汇申请书》上的购汇用途只能勾选一项，不能勾选多项；如果有多个用途，建议勾选资金最大的选项。

我在前面的章节中提到，通过合理设置保单架构，终身寿险的身故保险金可以起到一定的财富规划作用（主要体现在保险金的归属上），所以它是一种比较特殊的资产。一旦将保险金通过购汇出境使用，保险金将与受益人的其他个人资产一样，不再具备任何特殊性。

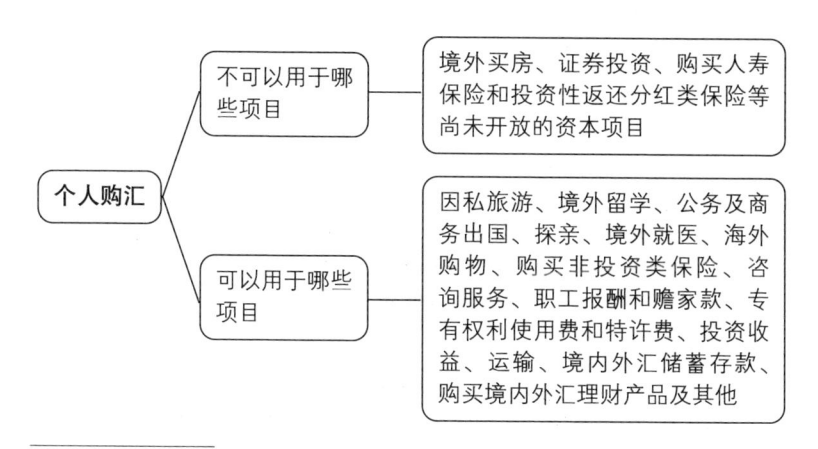

```
                    ┌─ 不可以用于哪些项目 ── 境外买房、证券投资、购买人寿保险和投资性返还分红类保险等尚未开放的资本项目
        个人购汇 ──┤
                    └─ 可以用于哪些项目 ── 因私旅游、境外留学、公务及商务出国、探亲、境外就医、海外购物、购买非投资类保险、咨询服务、职工报酬和赡家款、专有权利使用费和特许费、投资收益、运输、境内外汇储蓄存款、购买境内外汇理财产品及其他
```

---

[1] 因美国并未加入 CRS，中美两国账户信息交换的依据是美国的《海外账户税收合规法案》(Foreign Account Tax Compliance Act, FATCA)。

▶▶▶ **延伸阅读**

2021年4月2日发布的《国家外汇管理局关于进一步推进个人经常项目外汇业务便利化的通知》（汇发〔2021〕13号）中，优化了《个人购汇申请书》的填报要求。优化后的《个人购汇申请书》如下图所示。

根据《中华人民共和国外汇管理条例》（国务院令第532号）、《个人外汇管理办法》（中国人民银行令〔2006〕第3号）等规定，个人购汇实行年度便利化额度管理，应当具有真实、合法的交易基础，如实申报购汇信息。

一、依据法律法规，境内个人办理购汇业务时：
1. 不得虚假申报个人购汇信息；
2. 不得提供不实的证明材料；
3. 不得出借本人便利化额度协助他人购汇；
4. 不得借用他人便利化额度实施分拆购汇；
5. 不得用于境外买房、证券投资、购买人寿保险和投资性返分红类保险等尚未开放的资本项目；
6. 不得参与洗钱、赌博、逃税、地下钱庄交易等违法违规活动。

二、外汇管理机关依法对个人外汇业务进行监督检查。对于存在违规行为的个人，外汇管理机关依法列入"关注名单"管理。"关注名单"内个人列入"关注名单"的当年及之后连续2年不享有个人便利化额度。对于违反规定办理个人购汇业务的，外汇管理机关将依据《中华人民共和国外汇管理条例》等予以行政处罚，同时依法移送反洗钱调查，相关信息依法纳入个人征信记录。

三、个人购汇基本信息：
购汇人姓名_____ 购汇人身份证件号码_____
购汇币种/金额_____
代理人姓名_____ 代理人身份证件号码_____

四、购汇用途（勾选）
□因私旅游　　　□境外留学　　　□公务及商务出国　□探亲
□境外就医　　　□海外购物　　　□非投资类保险　　□咨询服务
□职工报酬和赡家款　□专有权利使用费和特许费　□投资收益　□运输
□境内外汇储蓄存款　□购买境内外汇理财产品
□其他（简要说明购汇用途）_____

本人已知晓上述内容，保证申报信息真实有效，愿意配合金融机构进行真实性、合规性审核，愿意配合外汇管理机关调查和监督检查，并承担相应法律责任。

本人或代理人签字：
日期：

个人购汇申请书

一、境内个人办理购汇业务时须填写《个人购汇申请书》(以下简称《申请书》)。

二、购汇人（代理人）须本人亲自填写《申请书》。个人拒绝填写的，银行或个人本外币兑换特许业务经营机构有权拒绝为其办理购汇手续，严禁代为填写、签名或省略该流程。对无民事行为能力或限制民事行为能力的个人，可由其法定监护人填写。

三、境内个人通过柜台、电子银行及个人本外币兑换特许业务经营机构互联网渠道办理购汇业务，均须真实、准确、完整填写《申请书》，并承担相应法律责任。纸质版和电子版《申请书》具有同等法律效力。

四、"个人购汇基本信息"填写注意事项：

（一）个人购汇基本信息应填写购汇人本人信息。

（二）购汇人姓名、购汇人身份证件号码、购汇币种/金额为必填项，应与本笔购汇业务实际信息一致。代理人受购汇人委托办理购汇业务时，代理人姓名、代理人身份证件号码亦为必填项，应根据代理人真实信息填写。

五、个人应认真阅读《申请书》，确保购汇资金用途符合外汇管理规定，不涉及《申请书》列明的各类违规事项，知晓违法违规行为应承担的法律后果。

六、"购汇用途"填写注意事项：

（一）购汇用途只能单选，个人应根据实际用途勾选购汇用途项目。个人一次购汇存在多种用途的，应按金额从大原则填报。

（二）个人实际用途不在《申请书》明确列明的十四项购汇用途项目之内的，应勾选"其他"项，并简要说明购汇用途。

（三）个人购汇后暂不用汇的，应根据预计用途勾选购汇用途项目。

七、《申请书》由本人签字并签署日期。若为代办的，"本人或代理人签字"栏应填写代理人姓名。

八、个人购汇后，如立即办理用汇，实际用途与填写的《申请书》不一致的，个人须重新填写《申请书》。

个人购汇申请书填报说明

83 客户资料填错了，会影响终身寿险的理赔吗？

朱女士为丈夫投保了一份终身寿险。在填写职业类别的时候，朱女士告诉保险代理人，丈夫是开车的。代理人误以为朱女士的丈夫是开出租车的。但实际上他是开大货车跑运输的。

那么，像朱女士这样将职业告知错误的，会不会影响终身寿险的理赔呢？

▶▶▶ **专业解析**

无论客户从哪个渠道投保终身寿险，都需要填写投保单。投保单，是投保人向保险公司申请订立保险合同的书面要约。投保单由保险公司准备，通常有统一的格式。投保人需要逐一填写其上所列的项目，一般包括客户资料、投保内容、转账授权、健康告知、财务及其他告知等。

这里的客户资料，指的是投保人、被保险人和受益人的信息。其中，投保人和被保险人的资料一般包括姓名、年龄、性别、婚姻状况、国籍、户籍、身份证号码、居住地、联系方式和职业；受益人的资料一般包括姓名、受益顺序、受益比例、出生日期、性别、与被保险人的关系、身份证号码及有效期。

如果填错了客户资料，该怎么办呢？会不会影响将来终身寿险的理赔呢？

实务中，客户资料填写错误的概率是比较低的，因为像姓名、年龄、性别、身份证号码都是需要与身份证比对的，有错误一般都能及时发现。当然，没能发现错误的情况也是存在的。如果被保险人的年龄、性别填写错误，是会影响理赔的。因为这两个要素会影响保险公司的核保，所以也会影响保单的理赔。某终身寿险合同中对"年龄与性别误告"有以下约定：

年龄与性别误告

4.2 您在申请投保时，应将与法定身份证明相符的被保险人的出生日期和性别在投保书上填明，如果发生错误，按照下列方式办理：

（1）您申报的被保险人年龄不真实，并且其真实年龄不符合本合同约定投保年龄限制的，我们有权依照法律规定解除合同，并向您退还本合同当时的现金价值。

（2）您申报的被保险人年龄或性别不真实，致使您实交保险费少于应交保险费的，我们有权更正并要求您补交保险费。若已经发生保险事故，在给付保险金时按实交保险费和应交保险费的比例给付。

（3）您申报的被保险人年龄或性别不真实，致使您实交保险费多于应交保险费的，我们会将多收的保险费无息退还给您。本合同的保险金额不因此改变。

像婚姻状况、国籍、户籍、居住地、联系方式和职业这些可能会改变的信息，在投保后若发生变化，会不会影响理赔呢？实务中，只有职业的改变对终身寿险理赔的影响较大。通常保险公司把职业分类成6类，第1~4类职业对终身寿险的承保没有太大影响，但第5~6类职业可能会涉及加费或者拒保。所以，如果被保险人在投保终身寿险后更换职业，且新的职业与原来的职业相比，风险程度明显增加，就有可能影响终身寿险的理赔。

除了投保人、被保险人的信息填写错误，现实中还会出现受益人信息填写错误的情况。比较常见的是有多个受益人时，写错受益顺序和受益比例。这就导致最终的理赔结果违背投保人和被保险人的意愿。

其实，填错客户资料无须太过担心，只要及时发现并到保险公司做信息变更即可。但如果是像案例中朱女士的丈夫那样的话（他真正的职业属于需要加费或者拒保的职业类别），保险公司可能会要求朱女士补交保费，甚至直接解除保险合同（通常会退还所交保费）。

前文中我介绍了投保人的如实告知义务，客户资料填写错误与未如实告知不完全相同。只有在客户填错的资料足以影响保险公司是否承保、以何种条件承保时，才能算作客户不如实告知。

那么，如果保险公司没有发现客户资料填写错误，被保险人发生保险事故时，保险公司会如何理赔呢？

如果被保险人的年龄、性别、职业填写错误，被保险人又在合同成立后的2年内身故了，保险公司可能会以投保人未如实告知为由，拒绝赔付保险金。当然，有些保险公司在这种情况下可能会赔付保险金。具体要看保险公司的理赔标准。如果被保险人身故时，保险合同已经成立2年，此时投保人或受益人可以依据不可抗辩条款，要求保险公司赔付保险金，大概率可以得到赔付。

如果受益顺序和受益比例填写错误，只会影响受益人的受益情况，不会影响保险公司理赔。对此，保险公司不承担责任。

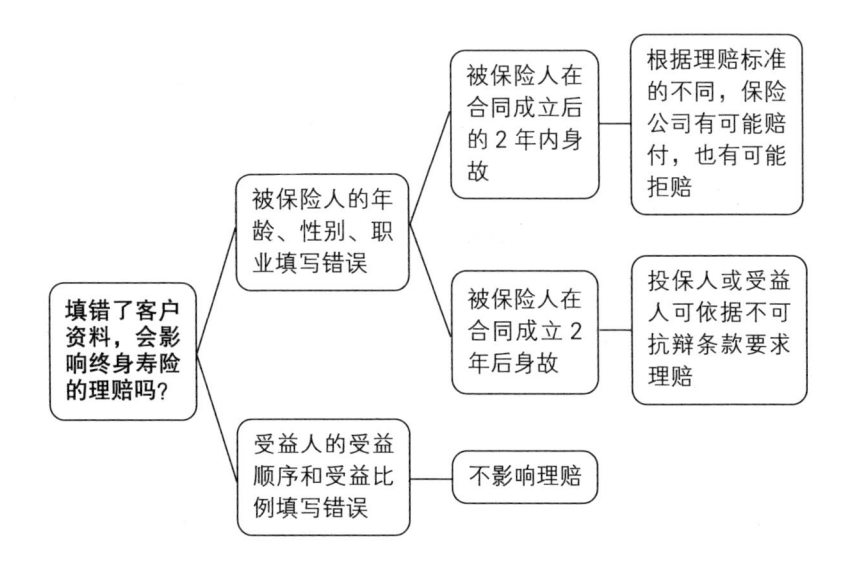

```
填错了客户          被保险人的年         被保险人在          根据理赔标准
资料，会影          龄、性别、职         合同成立后          的不同，保险
响终身寿险   ───   业填写错误    ───   的 2 年内身   ───   公司有可能赔
的理赔吗？                             故                 付，也有可能
                                                         拒赔

                                       被保险人在          投保人或受益
                                       合同成立 2   ───   人可依据不可
                                       年后身故            抗辩条款要求
                                                         理赔

                    受益人的受益
                    顺序和受益比   ───   不影响理赔
                    例填写错误
```

▶▶▶ **延伸阅读**

下图为某人寿保险公司的人寿保险投保单"客户资料"示例。

第四章 基础进阶：核保、退保与理赔

投保须知

业务编号：_____

- ✓ 本投保单为投保人与_____（以下简称"本公司"）所订立的保险合同的组成部分。在填写投保单之前，请认真阅读保险条款、人身保险投保提示、相关产品说明书，并确认已了解各项内容的含义。
- ✓ 投保人应用蓝黑色或黑色墨水笔、签字笔如实填写本投保单，不准确的投保信息将对保险合同的效力或后续服务可能存在影响。请投保人、被保险人仔细核对本投保单各项内容的准确性后，在签名栏内亲笔签名确认，未成年被保险人应由其法定监护人亲笔签名。
- ✓ 本次投保提供的信息仅用于保费计算、核保审核、寄送保单和客户回访等，本公司对上述信息承担保密义务，并承诺未经您同意，不会将相关信息用于本公司和第三方机构的销售活动。
- ✓ 投保人应根据自身保障需求及财务状况，选择适合的保险金额及交费金额；若选择分期交纳保险费，请按时足额交纳续期保险费，否则将导致保险合同效力中止。
- ✓ 投保费用补偿型医疗保险时，为保障您的权益，请您告知被保险人拥有社会医疗保险、公费医疗的情况，我公司将根据被保险人的上述情况提供适合的保险产品或费率。
- ✓ 根据保监会规定，未成年被保险人投保人身保险，在被保险人成年前，各保险合同约定的被保险人身故给付的保险金额总和、被保险人身故时各保险公司实际给付的保险金总和不得超过以下限额：被保险人不满10周岁的，不得超过人民币20万元；被保险人已满10周岁但未满18周岁的，不得超过人民币50万元。如未成年被保险人已在本公司或其他保险公司投保含身故给付责任的人身保险，投保人应告知保险金额的总和。对于累计身故保险金额已超过上述限额的，本公司将不予承保，尚未达到上述限额的，本公司仅就差额部分承保。

投保人资料栏 （*代表必填项）

姓　名*		性　别*	□男 □女	出生日期*	年　月　日	国　籍*	
证件类型*	□身份证 □其他_____		证件号码*			证件有效期*	至
工作单位*			职业描述*		职业代码*		
移动电话*		住宅电话	（区号）-		单位电话	（区号）-	
通讯地址*	省　　市　　区			身　高*	厘米	体　重*	公斤
	邮：			年收入*	万元	家庭年收入*	万元
EMAIL			居民类型*	□城镇 □农村		保费预算*	万元

被保险人资料栏　与投保人关系 □本人 □其他_____ （*代表必填项，如与投保人关系为"本人"，本栏其他项目无需填写）

姓　名*		性　别*	□男 □女	出生日期*	年　月　日	国　籍*	
证件类型*	□身份证 □其他_____		证件号码*			证件有效期*	至
工作单位*			职业描述*		职业代码*		
移动电话*		住宅电话	（区号）-		单位电话	（区号）-	
通讯地址*	省　市　区			身　高*	厘米	体　重*	公斤
	邮：			年收入*	万元	EMAIL	

身故保险金受益人 （若无指定，身故保险金视为被保险人遗产）

姓　名	性别	出生日期	证件类型	证件号码	与被保险人关系	受益顺序	受益比例(%)	证件有效期
								至
								至

投保事项及缴费信息

币值单位：人民币元

投保险种	基本保险金额/份数	保险期间	交费期间	保险费

保险费合计：（大写）	仟　佰　拾　万　仟　佰　拾　元　角　分	（小写）¥

缴费方式：	□趸缴 □年缴 □半年缴 □季缴 □月缴	红利领取方式（分红险适用）： □累积生息 □抵交保险费
首期保险费支付方式：	□银行转账 □银行代收	续期保险费支付方式： □银行转账 □到本公司指定地点交费
续保选择（主险为1年期险种时请填写）：	□保险期间满后，保单终止	□保险期满后，继续续保
保险费逾期未付选择：	□中止合同	□自动垫交保险费
万能险追加保险：		年金开始领取日：第___个保险合同周年日　年金领取年龄：

若申请投保投资连结保险、万能保险、分红保险的，请投保人于下面空白处亲笔抄录下列语句并亲笔签名："本人已阅读保险条款、产品说明书和投保提示书，了解本产品的特点和保单利益的不确定性。"

投保人：_____　　　　　　年　月　日

某人寿保险公司人寿保险投保单"客户资料"示例

330　　　　　　　　　　　　　　　　　　　　　　　　　　终身寿险100问

84 保险事故发生后未在规定期限内通知保险公司，保险公司可以拒赔吗？

在赵先生很小的时候，其父亲因见义勇为不幸去世，此后一直由母亲赚钱养家，照顾孩子和家中的老人。前不久，母亲因病去世，赵先生悲痛不已。在亲友的帮助下，他办完了母亲的后事。此后很长一段时间，赵先生都提不起精神。最近他回老家整理母亲的遗物，发现了母亲买的终身寿险保单，受益人是赵先生。他想向保险公司提出理赔申请，可从母亲去世到现在已经过去了三个月，保险公司会不会不理赔呢？

▶▶▶ 专业解析

像案例中赵先生的这种情况，涉及了理赔时效的问题。所谓"理赔时效"，是指受益人的理赔请求权应当在法定期间内行使，否则受益人将失去此项请求权。保险公司设定理赔时效，目的是督促受益人及时行使权利，使得保险公司尽早赔付保险金。若没有理赔时效，可能会给理赔调查带来很多麻烦，比如无法确定被保险人的死亡是否属于保险事故等。

《保险法》第二十六条第二款规定："人寿保险的被保险人或者受益人向保险人请求给付保险金的诉讼时效期间为五年，自其知道或者应当知道保险事故发生之日起计算。"也就是说，受益人在知道保险事故发生后的5年内，都可以向保险公司提出理赔申请。第二十六条中的"诉讼时效"就等同于理赔时效，而且诉讼时效还适用《民法典》中关于诉讼时效延长、中止、中断的规定。这给受益人提供了更充分的保障。

所以，赵先生只要在知道母亲身故的 5 年内向保险公司提出理赔申请，保险公司就不能因理赔时效问题而拒赔。我建议大家最好在保险事故发生后的第一时间提出理赔，避免因为时间过久无法提供理赔资料，导致理赔时间过长，甚至被保险公司拒赔。

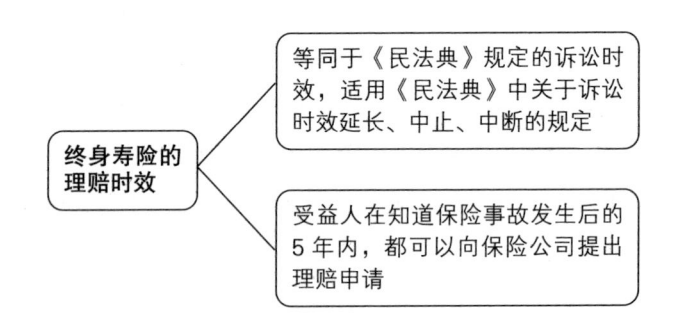

终身寿险的理赔时效
- 等同于《民法典》规定的诉讼时效，适用《民法典》中关于诉讼时效延长、中止、中断的规定
- 受益人在知道保险事故发生后的 5 年内，都可以向保险公司提出理赔申请

▶▶▶ 延伸阅读

《民法典》

第一百八十八条　向人民法院请求保护民事权利的诉讼时效期间为三年。法律另有规定的，依照其规定。

诉讼时效期间自权利人知道或者应当知道权利受到损害以及义务人之日起计算。法律另有规定的，依照其规定。但是，自权利受到损害之日起超过二十年的，人民法院不予保护，有特殊情况的，人民法院可以根据权利人的申请决定延长。

第一百九十四条　在诉讼时效期间的最后六个月内，因下列障碍，不能行使请求权的，诉讼时效中止：

（一）不可抗力；

（二）无民事行为能力人或者限制民事行为能力人没有法定代理

人，或者法定代理人死亡、丧失民事行为能力、丧失代理权；

（三）继承开始后未确定继承人或者遗产管理人；

（四）权利人被义务人或者其他人控制；

（五）其他导致权利人不能行使请求权的障碍。

自中止时效的原因消除之日起满六个月，诉讼时效期间届满。

第一百九十五条　有下列情形之一的，诉讼时效中断，从中断、有关程序终结时起，诉讼时效期间重新计算：

（一）权利人向义务人提出履行请求；

（二）义务人同意履行义务；

（三）权利人提起诉讼或者申请仲裁；

（四）与提起诉讼或者申请仲裁具有同等效力的其他情形。

第一百九十七条　诉讼时效的期间、计算方法以及中止、中断的事由由法律规定，当事人约定无效。

当事人对诉讼时效利益的预先放弃无效。

85 因理赔发生纠纷，解决途径有哪些？

郑女士的丈夫前段时间因意外去世，办完丈夫的后事，郑女士开始着手处理丈夫终身寿险保单的理赔事宜。可在她申请理赔时，保险公司却以"因欠交保费，保单已失效"为由拒绝赔付。

郑女士觉得这是保险公司的托词，保单从投保到后期交费都由丈夫管理，保险公司就是欺负她不知道情况，故意不理赔。

思索再三，她准备起诉保险公司。

▶▶▶ **专业解析**

如果客户与保险公司发生理赔纠纷，可以选择以下途径来维护自己的权益。

1. 与保险公司协商

这是处理所有理赔纠纷最基础也是最重要的一步。保险公司不会无缘无故地拒绝赔付，这不仅有损保险公司自己的口碑，而且还会受到监管机构的处罚。客户可以先与保险公司进行沟通，了解清楚保险公司不赔或者少赔的原因，为后期的其他维权方式做好准备。

2. 向监管机构申诉

如果与保险公司交涉无果，认为保险公司的理赔标准有问题，客户可以向监管机构申诉：（1）拨打银保监会的维权电话（12378）；（2）在银保监会官方网站上进行申诉；（3）邮寄信件资料给当地的银保监局；（4）直接去当地的银保监局当面申诉。

银保监会和各地的银保监局属于政府监管机构，主要职能之一是监督与管理保险公司的合法合规运营。它们通常会在了解客户的申诉内容后,将案件转交给保险公司,并限时要求其进行反馈。若客户申诉的内容涉及保险公司违法违规经营行为,当地的银保监局调查后,会决定是否给予保险公司行政处罚。若保险公司没有违法违规经营行为,当地的银保监局也会告知客户最终的调查结果。

2021年银保监会发布的《保险公司分支机构市场准入管理办法》中规定,申请人(保险公司)最近一年内受到罚没30万元以上款项、限制业务范围、责令停止接受新业务、吊销业务许可证或其工作人员受到撤销任职资格、行业禁入等保险行政处罚的,不允许申请筹建新的分支机构。

无论监管机构是否对保险公司进行行政处罚,理赔纠纷都属于民事纠纷,不在银保监会的管辖范围内,所以银保监会无法直接处理。

3. 仲裁或者诉讼

大部分的保险合同最后一页都有关于争议处理方式的条款,一般上面写的都是仲裁或者诉讼。在双方协商不成的情况下,可以通过选定的仲裁机构进行仲裁。仲裁机构通常由熟悉保险和法律的专业人士组成。值得注意的是,仲裁结果是一裁终局[①],对双方都有约束力。许多地方的仲裁机构都设在保险行业协会里。如果没有达成仲裁协议,客户还可以选择去法院起诉保险公司。法院有一审、二审,终审才是最终的结果。

有些客户并不知道有以上正规的争议解决途径,所以选择了比较极端的解决方法,比如在保险公司的经营场所堵门、静坐、拉横幅,向媒体曝光或者花钱找所谓的专业代理机构解决此事,希望借

---

① 一裁终局,是指仲裁裁决一经作出即具有法律效力,任何一方当事人不得就同一纠纷再申请仲裁或向人民法院起诉。

此给保险公司施加压力，迫使保险公司做出让步。针对以上这些情况，保险公司一般会及时与客户进行沟通协商。若没能协商一致，保险公司也会采取相应的法律手段进行维权。

那么，遭遇理赔纠纷，客户应该怎么做呢？总体来说，可以分为以下三步。

第一步：认真思考保险公司的理赔结果是否合理，必要时可以找专业人士寻求帮助，也可以向当地的保险行业协会、银保监局咨询。如果客户有充分的证据能够证明保险公司的理赔不当，那么与保险公司协商，有理有据地指出其理赔问题，就是解决理赔纠纷最快捷的方法。

第二步：如果协商这条路走不通，需要确认这起理赔纠纷是否为保险公司的经营问题。如果是，可以直接向当地的银保监局申诉；如果不是，可以向当地的仲裁机构提出仲裁。

第三步：如果协商、仲裁都不能解决问题，客户可以向法院起诉保险公司。需要注意的是，如果仲裁机构和监管机构都证明保险公司没有问题，那就说明保险公司的理赔结果是合理的。此时，若客户仍一意孤行要打官司，结果很可能是败诉。败诉后再去找保险公司协商，基本上就没有回旋的余地了。

```
                              ┌─ 与保险公司协商
                      ┌─ 途径 ─┼─ 向监管机构申诉
                      │       └─ 仲裁或者诉讼
                      │
解决理赔纠纷的途径和方法 ─┤       ┌─ 第一步：认真思考保险公司的理赔结果是否合理，必要时可以找专业人士或者机构寻求帮助。优先与保险公司协商
                      │       │
                      └─ 方法 ─┼─ 第二步：若协商不成，需要确认理赔纠纷是否为保险公司的经营问题。如果是，可向当地的银保监局申诉；如果不是，可向仲裁机构提出仲裁
                              │
                              └─ 第三步：若协商、仲裁都不能解决问题，可向法院起诉保险公司
```

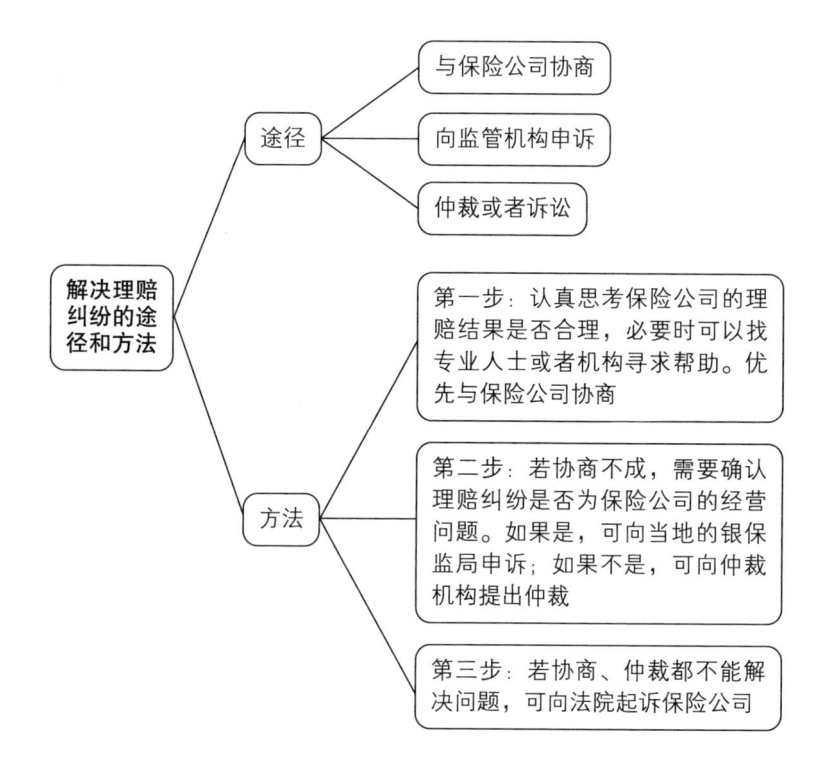

▶▶▶ 延伸阅读

以下为某终身寿险合同中关于争议处理的约定：

争议的处理

4.9　因履行本合同发生的争议，当事人应首先通过协商解决，若双方协商不成，依法向有管辖权的人民法院起诉。

Chapter 5

第五章

——

高频问题：
境外配置与信托

86 有必要配置香港的终身寿险吗？

嵇女士38岁，前几年从父亲的手上接管了家族企业。她有个8岁的儿子，在上小学。为了让孩子有更好的教育环境，嵇女士将儿子送到了当地最好的国际学校读书，将来也想送儿子出国留学。

在一次家长会后，嵇女士从其他家长口中得知，他们中的不少人都配置了香港的终身寿险。嵇女士想知道自己有没有必要也配置一份香港的终身寿险呢。

▶▶▶ **专业解析**

内地消费者是可以到香港购买终身寿险的，但需要注意以下两点：

（1）必须本人亲自到香港投保。在内地销售的香港保单，属于不合法的"地下保单"，不受法律保护。目前，很多香港保险公司的投保系统都有定位功能，投保人一旦进入内地，就无法打开投保系统了。这样做就是为了防止出现"地下保单"。

（2）用于投保的资金必须合法。在本书第82节我谈到了资金出境的问题，个人购汇是不得用于购买境外人寿保险的，除非你在境外已经有合法资金了。

鉴于香港拥有特殊的经济制度和产品优势，近年来吸引了越来越多的内地消费者前往香港购买保险，所购险种以重疾险（香港称为危疾险）、高端医疗险和储蓄分红型寿险（包括终身寿险及定期寿险）居多。

什么是储蓄分红型寿险？一看这个险种的名称就知道，"储蓄"

意味着它有储蓄的功能;"分红"意味着它有分红的性质;"寿险"意味着它有身故保障的功能。香港的储蓄分红型寿险与内地的分红型寿险在产品投资渠道、投资比例、分红方式、风险保障等方面有较大差别。这种保险产品之所以受到内地消费者的青睐,原因主要有两点:一是长期分红收益较高;二是保值性较强。

我在前文中说过,分红是与保险公司的实际经营成果密切相关的。保险公司的经营成果越好,客户所能得到的投资回报越高(分红越多)。那么,客户的保费都被保险公司用于做了哪些投资呢?

我对某香港保险公司主打的三款储蓄分红型寿险的投资进行了研究,发现这些产品按投资组合可以分为两大类:固定收益证券和股票类别证券。以下是三款储蓄分红型寿险的投资比例:

三款储蓄分红型寿险产品的投资比例

产品名称	投资比例
A	60%的固定收益证券和40%的股票类别证券
B	50%的固定收益证券和50%的股票类别证券
C	30%的固定收益证券和70%的股票类别证券

投保人持有产品 A 达到一定期限后,会有固定和非固定收益,有点类似于内地的分红型年金保险;产品 B 是传统型分红险,收益需要通过提取现金价值来获得;产品 C 是在内地看不到的产品,其最大特点是保单的拆分和多币种转换——一份保单可以拆分成多份小的保单,每份小的保单可以转换成不同的币种,比如人民币、美元、港币、加元、澳元、英镑、欧元等。

除此之外,上述这些产品都可以无限次地更换被保险人(香港称为受保人)。当然,更换被保险人是有条件的,而且每种产品的要求不完全相同。

我们以产品 B 为例,其更换被保险人的条件如下:

(1)新的被保险人必须符合投保的年龄要求;

(2)新的投保人必须是投保人本人、配偶、子女、孙子女、曾孙子女或者雇员;

(3)原被保险人和新的被保险人必须同时在世;

(4)一旦变更被保险人,那么原保单的身故受益安排等就要重新设定。

而产品 C 加入了"后备被保险人"(可以理解为第二被保险人),即原被保险人与新的被保险人在世时可以变更被保险人。原被保险人去世了,若保单的后备被保险人在世,保单也可以变更新的被保险人。

产品 A 的保险期间是第一被保险人达到 151 周岁。也就是说,无论被保险人变更多少次,只要第一被保险人达到 151 周岁,保单就终止了。所以,产品 A 不能算是终身寿险,只能算是长期寿险。

这样一看,配置一份香港的终身寿险好像很不错。但是,任何产品都不是完美的,内地消费者购买香港的终身寿险会面临以下几个问题:

第一,法律体系不同。香港法律属于普通法系,内地法律属于大陆法系。而保险是一份法律合同,由于法系不同,如果保单产生纠纷,两地法院的判决标准也会不同。例如,香港的法律要求投保人进行"无限告知",即凡是投保人已知和应知的事实,都应该如实告知保险公司;内地的法律则要求投保人进行"询问告知",即投保人只需要如实告知保险公司询问的内容,没有询问的可以不告知。不同的法律体系对后期的理赔会产生很大影响。

第二,语言习惯不同。香港的官方语言是中英双语,所以保单也是中英双语两个版本。即使是中文表述，也与内地的语言习惯有差别，比如受保人、厘定、积存等。如果不了解这些术语的意思，很可能对产品内容理解错误。此外，香港的保单是用中文繁体字书写的，内地消费者阅读起来也会不太习惯。

第三，产品中的隐藏风险。我在研究上述三款产品时，发现其合同条款中都有这样几条内容：

"计划的保证现金价值（如适用）和保险权益会受我们的信贷风险影响，假如我们宣布无力偿债，您可能损失保单的价值以及其保障。"也就是说，保单的价值可能因为投资风险的存在而出现损失，甚至客户还会失去一部分保障。

"外币的汇率可能波动。因此，当您选择把所发放的权益金额兑换至其他货币时，可能会遭受明显的损失。"这句话是在提醒客户，未来可能有汇率风险，尤其是将来要把资金带回内地使用的客户。

"此外，当您把权益金额兑换至其他货币时，将必须受限于当时适用的货币兑换规定。您需要为把您的权益金额兑换至其他货币的决定自行承担责任。"这句话则是在提醒客户，当把保单资产由港币或者美元兑换成其他币种（如人民币）时，需要按照当时的货币兑换规定来执行。如果兑换有限制，由此产生的风险需要客户自己承担。

第四，CRS问题。香港是CRS签署地区，而且从2018年开始，香港与内地已经实现信息交换。这就意味着，香港保单持有人的资产状况都会被交换回内地的税务部门。由此产生的一系列问题也会接踵而至——购买香港终身寿险的资产是内地资产吗？内地资产是怎么出境的？是否通过正规渠道？……

第五，资金出入境问题。根据国家外汇管理局的规定，每人每年购汇限额为等值5万美元，而且还不能用于购买境外人寿保险，所以资金出境是个问题。资产结汇入境则更复杂，关于这个问题我会在下一节详细解释，此不赘述。

总体来说，香港的终身寿险虽然有其独特的优势，但内地消费者购买香港的终身寿险也会面临不少问题。那么，该如何判断自己适不适合配置香港的终身寿险呢？

（1）如果自己或者家人未来有出境工作、学习和生活的打算，并希望提前配置一些境外资产，则可以配置。

（2）如果自己或者家人未来没有出境工作、学习和生活的打算，只是看重香港保单的收益，能接受汇率风险、资金出入境的烦琐手续，则可以配置；如果不能接受，建议不要配置。

（3）如果想通过投保香港终身寿险来转移个人的境内财产，建议尽量不要配置。因为大额的境外保单不仅资金出境难，后期还会被 CRS 交换回来。2016 年 10 月，银联国际发布《境外保险类商户受理境内银联卡合规指引》，规定境内居民在境外购买与意外、疾病等旅游消费相关的经常项目保险可以使用银联卡支付，其他保险项目严禁使用银联卡支付。实际上就是在"堵住"这些想法。

财富规划不能跟风，因为每个人、每个家庭的情况是不同的。有没有必要配置香港的终身寿险，关键要看自己有没有相关的需求。如果自己分析不出来，可以向专业人士寻求帮助。

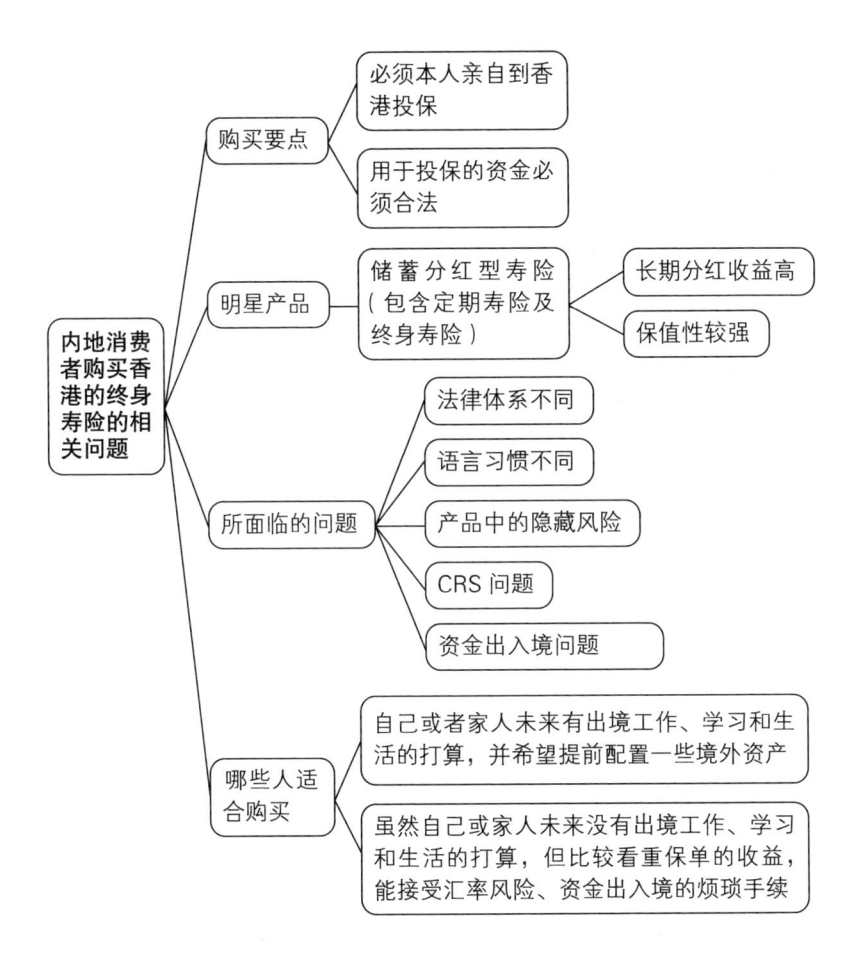

```
                              ┌─ 必须本人亲自到香港投保
                   ┌─ 购买要点 ┤
                   │          └─ 用于投保的资金必须合法
                   │
                   │                                      ┌─ 长期分红收益高
                   ├─ 明星产品 ── 储蓄分红型寿险（包含定期寿险及终身寿险）┤
                   │                                      └─ 保值性较强
内地消费者购买香     │          ┌─ 法律体系不同
港的终身寿险的相 ────┤          ├─ 语言习惯不同
关问题              ├─ 所面临的问题 ┤─ 产品中的隐藏风险
                   │          ├─ CRS 问题
                   │          └─ 资金出入境问题
                   │
                   │            ┌─ 自己或者家人未来有出境工作、学习和生活的打算，并希望提前配置一些境外资产
                   └─ 哪些人适合购买 ┤
                                └─ 虽然自己或家人未来没有出境工作、学习和生活的打算，但比较看重保单的收益，能接受汇率风险、资金出入境的烦琐手续
```

▶▶▶ **延伸阅读**

上述三款储蓄分红型寿险的产品说明书中，写明了该保险公司的投资策略：

我们的投资旨在通过广泛的投资组合，为保单持有人在可接受的风险水平下争取最高回报，以保障所有股东全资分红保单持有人的权利,并实现其合理期望。

股东全资分红保单业务基金会投资在不同类别的资产上,例如股票类别和固定收益证券,以分散投资风险。股票类别证券旨在为保单持有人争取更高的长线回报。

我们会采取积极主动的投资策略,也会因市场情况转变而调整。在正常情况下,我们的专家会把较高风险的资产(如股票)以较低的比例分配在保证回报较高的保险计划内,而在保证回报较低的保险计划内,较高风险资产的比例则较高,借此让风险水平切合不同产品的风险程度。我们可能借助衍生工具来管理风险或提高回报,也可能利用证券借贷来提高回报。

87 投保香港的终身寿险，保险金受外汇管制吗？ 能否直接汇入内地受益人的个人银行账户？

裴先生10年前经人介绍在香港某保险公司投保了一份大额的终身寿险，他当时看中的是香港保险产品的收益率较高，而且是美元保单，保值性较强。随着后期国家对香港保单做出的一系列限制，裴先生不知道将来领取的保险金能不能顺利转回内地，给到自己孩子手上。

▶▶▶ **专业解析**

香港保险与大家所熟悉的内地保险之间还是有不少差别的。不少内地消费者最关注的是香港保险的理赔问题，比如保险金是否可以直接汇入内地受益人的个人银行账户，是否受到外汇管制等。

由于内地消费者在香港要使用美元或者港币投保，所以理赔时，保险公司也是用美元或者港币结算的。因此，受益人想要在内地使用保险金，就必须通过结汇①才能使保险金入境。国家外汇管理局海南省分局关于"境内个人在境外购买的人寿保险，获赔后的赔偿金可否汇入境内？是否有金额限制？"的答复是：

> 境内个人因到境外旅行、留学和商务活动等购买的个人人身意外险、疾病保险，属于服务贸易类的交易，在外汇管理的政策框架

---

① 结汇，是指外汇收入所有者将其外汇收入出售给外汇指定银行，外汇指定银行按一定的汇率付给等值的本币的行为。

下是允许和支持的。

境内个人到境外购买的人寿保险和投资返还分红类保险，均属于金融和资本项目下的交易，现行的外汇管理政策尚未开放。因此，人寿保险赔偿金不能汇入境内，无论金额大小。

案例中裴先生去香港某保险公司投保的终身寿险，属于金融和资本项下的交易，现行的外汇政策尚未开放，因此保险金不能直接汇入孩子内地的个人银行账户。

在投保香港保险时，有些保险销售人员会拿出国家外汇管理局发布的《个人外汇管理办法实施细则》来说明保险金是可以直接汇入内地受益人的个人银行账户的。因为其中第十九条第二款规定："境内个人作为保险受益人所获外汇保险项下赔偿或给付的保险金，可以存入本人外汇储蓄账户，也可以结汇。"

问题在于，上述规定所说的"外汇保险"与"境外保险"是截然不同的概念。2020年8月国家外汇管理局发布的《经常项目外汇业务指引（2020年版）》第九十七条第一款规定："外汇保险业务是指符合本指引规定，保险公司及其分支机构在境内开展的以外币计价的保险业务或以人民币计价但以外币结算的保险业务。"所以，外汇保险只是境内保险公司的一项业务，与境外保险是两码事。截至2023年3月31日，国家外汇管理局公示的境内具有经营外汇保险业务资格的保险机构共有149家。

裴先生在香港某保险公司投保的终身寿险属于境外保险，不属于外汇保险，自然不能适用这一规定。

我在前面说过，受益人若想在内地使用保险金，必须通过结汇才能使保险金入境。然而，境内个人结汇需要向银行如实申报结汇属性，反映外汇资金的来源。如果申请人（受益人）申报该笔资金属于"境外人寿保险和投资返还分红类保险的理赔或分红所得",那么目前是无法实现结汇的。

以下是某内地银行香港分行提供的关于港币、美元结汇内地人民币的规定:

"香港一卡通"港币美元、结汇内地人民币

我行提供自主结汇功能,可以通过网上银行将香港港币、美元兑换至客户本人内地一卡通的人民币账户。客户每人每年的结汇限额为5万美元。如通过网上银行操作,每笔收取手续费20港币/3美元;如通过手机银行操作,不收取手续费;同时,根据国家外汇管理局的要求,境外汇入款的交易编码和交易附言须反映该笔外汇资金的来源性质,境内个人结汇属性须反映该笔外汇资金来源。

这是否意味着内地消费者就不能投保香港的终身寿险了呢?正如上节所述,如果你或者家人未来有在境外使用资金、长期生活的打算,还是可以选择投保香港的终身寿险的。但像案例中的裴先生那样是因为看重收益才投保香港的终身寿险,将来受益人想将保险金带回内地,恐怕没有那么容易。

投保香港的终身寿险，保险金受外汇管制吗？能否直接汇入内地受益人的个人银行账户？	保险金不能直接汇入内地受益人的个人银行账户	境内个人到境外购买的人寿保险和投资返还分红类保险，均属于金融和资本项目下的交易，现行的外汇管理政策尚未开放
		根据国家外汇管理局的要求，境内个人结汇需要向银行如实申报结汇属性，反映外汇资金的来源。如果申报的外汇资金属于"境外人寿保险和投资返还分红类保险的理赔或分红所得"，则无法实现结汇

▶▶▶ 延伸阅读

《个人外汇管理办法实施细则》

第十九条 境内个人向境内经批准经营外汇保险业务的保险经营机构支付外汇保费，应持保险合同、保险经营机构付款通知书办理购付汇手续。

境内个人作为保险受益人所获外汇保险项下赔偿或给付的保险金，可以存入本人外汇储蓄账户，也可以结汇。

《经常项目外汇业务指引（2020年版）》

第九十七条 外汇保险业务是指符合本指引规定，保险公司及其分支机构在境内开展的以外币计价的保险业务或以人民币计价但以外币结算的保险业务。

保险公司及其分支机构可按规定经营下列部分或全部外汇保险

业务：

（一）外汇财产保险

1. 保险标的为在中华人民共和国境外的财产及有关利益；

2. 保险标的为在中华人民共和国境内与境外之间移动的财产及有关利益；

3. 保险标的或承保风险为部分或全部在中华人民共和国境外存在或发生的责任险、信用保证保险等；

4. 保险标的为境外投保人或境外被保险人的财产及有关利益。

（二）外汇人身保险

1. 境内个人跨境的短期健康保险和意外伤害保险；

2. 境外个人的短期健康保险和意外伤害保险。

（三）外汇再保险

对上述外汇财产保险和外汇人身保险在境内进行再保险。

（四）其他外汇保险业务。

88 大陆户籍的奶奶投保终身寿险，可以指定台湾户籍的孙子为受益人吗？

张阿姨的儿子工作后，娶了一位台湾姑娘做媳妇，孙子出生在台湾，并在台湾接受教育，每逢寒暑假都会回来看望她这个奶奶。

张阿姨对孙子十分疼爱，希望把自己拥有的一切都留给孙子，所以在投保终身寿险时，她希望将孙子指定为受益人。但张阿姨的孙子是台湾户籍，他可以做受益人吗？

▶▶▶ **专业解析**

我在第 10 节中说过，虽然理论上除了被保险人本人，谁都可以是终身寿险的受益人，但在实际操作中，保险公司为了防范道德风险，一般只允许被保险人或投保人的直系亲属，比如父母、配偶、子女或孙子女来做受益人。案例中的张阿姨想要指定孙子为受益人，当然是可以的。

那么，台湾户籍会影响孙子成为保单的受益人吗？答案是"不会"。无论是指定受益人还是法定受益人，对受益人都没有户籍或者国籍的限制，只有对关系的限制。张阿姨可以指定台湾户籍的孙子为保单的受益人。

```
终身寿险保     ┌─ 关系 ────── 有限制。保险公司为了防范
单的受益人  ──┤              道德风险，一般只允许被保
              │              险人或投保人的直系亲属，
              │              比如父母、配偶、子女或孙
              │              子女来做身故受益人
              │
              └─ 户籍或国籍 ── 没有限制
```

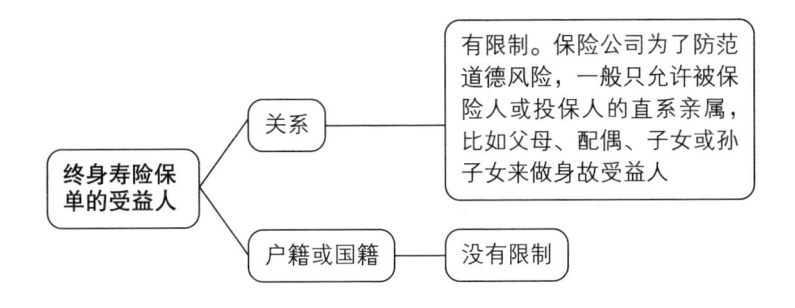

▶▶▶ 延伸阅读

中国台湾地区的保险业非常发达，保险深度①长期位居全球首位。从统计数据来看，台湾人爱买保险，尤其爱买寿险。这与台湾的社会保障制度和税收制度有较大关系，再加上大部分寿险的利率高于银行利率，且资金使用灵活，所以具有储蓄功能的寿险很受台湾人青睐。

台湾的寿险同样以定期寿险和终身寿险为主。其中，终身寿险又可以分为传统型终身寿险和利率变动型终身寿险两大类。部分终身寿险产品除了保障身故，还保障失能及到特定年龄的生存。

台湾某保险公司的终身寿险合同条款中关于保险责任的约定如下：

【保险范围】

第五条　被保险人于本契约有效期间内身故、致成第二级至第六级失能程度、完全失能程度或于保险年龄到达111岁之保险单周年日仍生存者，本公司依照本契约之约定给付保险金或豁免保险费。

---

① 保险深度，是指某地保费收入占该地GDP之比。

也就是说,被保险人身故时,按保险合同条款给付身故保险金或丧葬费用保险金;完全失能时,给付完全失能保险金;保险合同有效期内保险年龄达到111岁时,给付祝寿保险金。利率变动型终身寿险(有台币与外币两版)还会根据投保人所选方式给付增值回馈分享金(非保证给付)。

89 境内投保终身寿险，保险金出境受外汇管制吗？

曹先生从事国际贸易，长期在美国和中国之间往来，几年前他获得了美国绿卡，但妻子仍是中国国籍。夫妻俩有两个孩子，女儿13岁，在国内上初中，儿子3岁，在美国出生，拥有美国国籍。目前，曹先生的妻子和女儿都在申请美国EB5投资移民计划，预计还有三年才能移民。

这天，曹先生在一次银行举办的沙龙活动中了解到终身寿险产品，对此很感兴趣。与理财经理交谈后，曹先生问道："如果未来我们全家都移民美国，在中国买的这份保单该怎么处理？保险金出境会不会受到外汇管制？"

▶▶▶ 专业解析

在回答本节的问题之前，我们先来了解两个基本知识。

第一，移民身份问题。我们通常说的移民有两种形式：一种是获得他国的永久居住权，拿到外籍人口永久居住许可证，比如，我们常说的"美国绿卡"，就是对美国永久居住许可证的通俗说法；另一种是获得他国的国籍，成为他国公民。这两种身份的区别在于：获得他国永久居住权的人，本质上还是中国国籍，持有中国护照，回中国过海关的时候，走的也是中国公民通道；获得他国国籍的人，已经成为他国公民，持有他国护照，回中国过海关的时候，需要走外国人通道。由于中国不承认双重国籍，所以加入其他国家国籍的人将自动丧失中国国籍。

第二，外汇管制问题。根据《中华人民共和国外汇管理条例》

第四条和第五十二条第二项的规定，中国公民受到外汇管理条例的管理。同时，根据《个人外汇管理办法实施细则》第二条的规定，个人结汇和境内个人购汇年度总额分别为每人每年等值5万美元。那么，为什么人民币不能直接出境使用，而是需要购汇呢？根据《国际货币基金协定》中关于货币自由兑换的规定，可以自由兑换的货币有美元、德国马克、日元、英镑、瑞士法郎、法国法郎、港币等。人民币不属于可以自由兑换的货币，所以境内资金要出境或者跨境汇款，需要通过购汇才可以实现。

我们说回本节的案例。保险金出境是否受到外汇管制，取决于受益人的身份。我们以案例中曹先生的情况为例进行分析。

（1）如果受益人已经获得美国绿卡，由于其本人仍是中国国籍，持有的也是中国护照，保险金就一定会受到外汇管制——我国目前每人每年外汇兑换限额为等值5万美元。

（2）如果受益人在取得美国绿卡前已经获得了保险金，在其取得美国绿卡后，根据中国人民银行颁布的《个人财产对外转移售付汇管理暂行办法》（中国人民银行公告〔2004〕第16号），申请人可以通过移民财产转移①的方式，一次性申请，分步汇出。申请财产对外转移总金额在等值人民币50万元以下（含50万元）的，由所在地外汇局审批；超过50万元的，由所在地外汇局初审后，报国家外汇管理局审批。

（3）如果受益人是美国国籍，可以通过提供保险理赔的相关资料，办理超额购汇的方式带保险金出境，也可以通过《个人财产对

---

① 移民财产转移，是指从中国内地移居外国，或者赴香港特别行政区、澳门特别行政区定居的自然人，将其在取得移民身份之前在境内拥有的合法财产变现，通过外汇指定银行购汇和汇出境外的行为。移民财产转移必须一次性申请拟转移出境的全部财产金额，分步汇出。

外转移售付汇管理暂行办法》中的继承财产转移[①]的方式出境。但无论哪种方式,都要向国家外汇管理局申报。

总体来说,保险金出境的方式基本上就是以上三种。只要符合外汇局的规定,就可以分步汇出。

保险金出境的方式(以美国为例)

受益人身份	操作方式	相关限制
受益人是中国国籍,但已经获得美国绿卡	将保险金兑换成外汇	每人每年外汇兑换限额为等值5万美元
受益人在取得美国绿卡前已经获得保险金	取得美国绿卡后,进行移民财产转移	一次性申请,分步汇出
受益人是美国国籍	提供保险理赔的相关资料,办理超额购汇	向国家外汇管理局申报
	进行继承财产转移	

▶▶▶ 延伸阅读

不同国家或地区对人寿保险保险金征收个人所得税吗?

不同国家或地区针对人寿保险保险金的税收政策

国家或地区	税收政策
美国	以被保险人死亡为标的的人寿保险所得保险金,不属于受益人的应纳税所得,不需要缴纳美国个人所得税

---

① 继承财产转移,是指外国公民或香港特别行政区、澳门特别行政区居民将依法继承的境内遗产变现,通过外汇指定银行购汇和汇出境外的行为。

续表

国家或地区	税收政策
加拿大	以被保险人死亡为标的的人寿保险所得保险金，不属于受益人的纳税所得，不需要缴纳加拿大个人所得税
澳大利亚	以被保险人死亡为标的的人寿保险所得保险金，和10年以上的个人保险金，不属于受益人的应纳税所得，不需要缴纳澳大利亚个人所得税
新西兰	以被保险人死亡为标的的人寿保险所得保险金，和10年以上的个人保险金，不属于受益人的应纳税所得，不需要缴纳新西兰个人所得税
中国香港地区	以被保险人死亡为标的的人寿保险所得保险金，不属于受益人的应纳税所得，不需要缴纳香港个人所得税。此外，香港目前没有资本利得税，也没有遗产税

90 美国人持有中国的终身寿险保单，受益人获得的身故保险金，在美国要缴税吗？

孙女士的父母是一对跨国夫妻，父亲是美国人，母亲是中国人。孙女士和母亲一样都是中国国籍，但孙女士拥有绿卡。前几年，父亲给母亲投保了国内的终身寿险，受益人是孙女士。那么，将来孙女士的母亲去世后，孙女士作为受益人获得的保险金，需要向美国缴税吗？

▶▶▶ **专业解析**

在回答本节的问题之前，我们先来了解一下美国可能会对身故保险金征收哪些税。

（1）个人所得税。美国的个人所得税，指美国联邦、州和地方政府对个人所得征收的税。只要属于美国税收居民[①]，美国就会对其全球所得征收个人所得税，包括工资、利息、不动产租金、各类补助金等。但是，美国不会向获得身故保险金的受益人征收个人所得税，无论是哪个险种的身故保险金，也无论受益人是什么国籍。

（2）遗产税，又称"死亡税"，是指一个国家或地区对遗产征收的税种。只要是美国公民或绿卡持有人，不管其遗产在哪个国家，他的继承人（除配偶外）都需要申报遗产总额，按规定缴纳遗产税。不是美国公民或绿卡持有人的，以其是否在美国定居来判断其是否

---

① 美国税收居民包括三类：美国公民；拥有绿卡的外国人；在美国实际停留天数达到一定标准的外国人（当年在美国待满 31 天，过往三年在美国累计居留天数达 183 天）。

需要缴纳遗产税。那么，在美国，身故保险金是否需要缴纳遗产税呢？如果保单的投保人、被保险人都是美国税收居民，被保险人去世后，身故保险金会被视为美国税收居民的遗产，一旦数额超出免税额度，就会被征收遗产税。

如果美国人投保了中国的终身寿险，受益人获得的身故保险金是否需要缴纳美国的遗产税呢？由于美国的税收体制遵循的是"属人＋属地"的原则，因此，只要是美国公民或绿卡持有者，无论其收入来源于美国境内还是美国境外，都要向美国政府缴税。美国于2014年正式生效的《海外账户税收合规法案》中，要求外国政府准许各国金融机构向美国国税局提供纳税义务人的海外资产数据，同时也要求美国纳税人在海外账户资产超过门槛时进行申报。这实际上就为征收赠与税、遗产税提供了依据。

基于此，回答投保人是美国人的国内终身寿险保单，受益人获得的身故保险金是否缴纳遗产税这个问题的关键要看被保险人的身份。

（1）被保险人和受益人都是美国税收居民。这种情况下，身故保险金首先会被视为美国税收居民的遗产，超过免税额度的部分，会被征收遗产税。同时，受益人也是美国税收居民，他在领取这笔身故保险金时，需要向美国国税局申报，并视被保险人的免税额度情况决定是否需要缴纳遗产税。

（2）被保险人不是美国税收居民，受益人是美国税收居民，即案例中孙女士的情况。首先，被保险人不是美国税收居民，不在美国遗产税的征税范围内；其次，虽然受益人是美国税收居民，但其继承非美国税收居民在美国之外的财产，也不用缴纳美国遗产税。所以，孙女士将来获得的身故保险金，无须缴纳美国遗产税。

总体来说，受益人获得的国内终身寿险的身故保险金，在美国不会被征收个人所得税，但可能会因被保险人的身份不同而被征收美国遗产税。

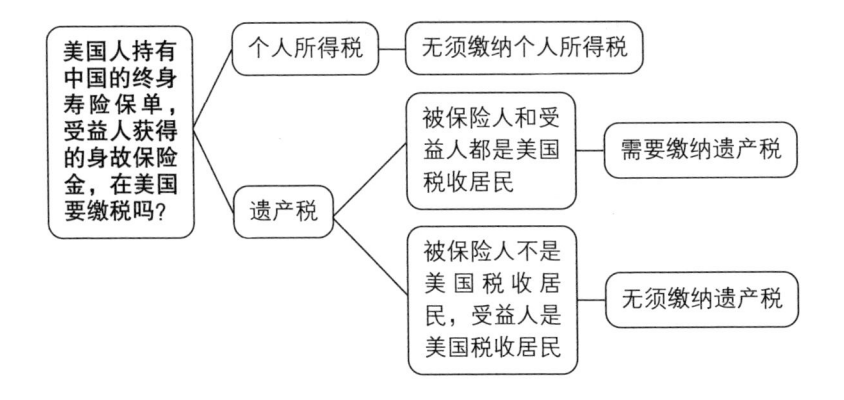

```
美国人持有        个人所得税 —— 无须缴纳个人所得税
中国的终身
寿险保单,                   被保险人和受
受益人获得                   益人都是美国 —— 需要缴纳遗产税
的身故保险     遗产税        税收居民
金,在美国
要缴税吗?                   被保险人不是
                           美国税收居民, —— 无须缴纳遗产税
                           受益人是
                           美国税收居民
```

▶▶▶ **延伸阅读**

2015—2022年美国国税局公布的联邦遗产税全球免税额,如下表所示。

2015—2022年美国联邦遗产税全球免税额

年份	免税额
2015	543万美元
2016	545万美元
2017	549万美元
2018	1118万美元
2019	1140万美元
2020	1158万美元
2021	1170万美元
2022	1206万美元
2023	1292万美元

91 在国内投保终身寿险后移民加拿大，保单的现金价值是否会被加拿大征税？

陈先生一直从事外贸生意，最近，他决定和妻子、女儿一起移民加拿大。不过，前些年他为自己投保了现金价值较高的增额终身寿险。陈先生想知道，如果移民后他要退保，保单的现金价值会不会被加拿大征税。

▶▶▶ **专业解析**

在讨论加拿大的税收问题之前，我们先来了解一下加拿大税收居民的认定标准。在美国，通常持有绿卡就算是美国税收居民了。但在加拿大，认定一个人是否为加拿大税收居民，主要看其家庭的生活重心是否在加拿大。

"家庭生活重心在加拿大"的情形包括但不限于：①配偶、未成年子女、需要赡养的父母长期住在加拿大；②固定居所在加拿大；③持有加拿大驾照、已开通加拿大医疗保险账户。此外，如果于当前纳税年度内在加拿大居住超过183天，也会被视为加拿大税收居民。

加拿大的税法规定，非税收居民需要申报和缴纳在加拿大所得的收入的税，而税收居民需要申报全球的资产和收入并缴税。

因此，对已经通过移民获得加拿大合法身份，但不想成为加拿大税收居民的人来说，除了每年在加拿大的时间要少于183天，还要避免出现家庭生活重心在加拿大的情形。同时，还需要申请"离境报税"（Departure Tax）。

了解了加拿大税收居民身份对税务的影响后，我们再来分析增额终身寿险保单的现金价值是否需要在加拿大缴税的问题。

我们知道，保单的现金价值属于投保人，因此投保人的身份至关重要。为了方便读者理解，我以案例中的陈先生为例进行分析。

（1）如果投保人陈先生的女儿先移民加拿大，女儿移民后，陈先生退保领取现金价值，再将现金价值赠与在加拿大的女儿。这种情况属于中国的父母向已经移民加拿大的子女赠与资金，而加拿大没有赠与税，在中国向境外汇款若是赠与性质，原则上也无须缴税。但是，如果汇款次数过于频繁或者数额过大，难免会引起税务部门的注意。因此，陈先生在赠与资金时，需要保存好赠与的相关证据（如赠与人的书面说明及转账凭证等），以应对税务稽查。

（2）如果陈先生移民加拿大后，选择用保单贷款的方式将现金价值贷出。这种情况下，贷出的现金价值不属于投保人的个人收入，而是向中国保险公司的借款，不论陈先生是否为加拿大税收居民，原则上都无须缴税。但是，将资金转移到加拿大时，一定要保存好各项原始凭证（保单贷款的证明资料、保险公司转账记录等），以应对税务稽查。

（3）如果陈先生移民加拿大后，选择用退保的方式获得现金价值。这种情况下，就需要判断陈先生是否为加拿大税收居民。如果陈先生是加拿大税收居民，就需要向加拿大税务主管部门申报并缴税；如果陈先生不是加拿大税收居民，就不需要向加拿大税务主管部门申报。

对已经移民加拿大，且不可避免地成为加拿大税收居民的投保人来说，可以将投保人变更为自己的父母，由父母获得保单的现金价值，然后再由父母将现金价值赠与自己，来规避保单的现金价值被加拿大征税的风险。

```
                          ┌─投保人在移民前退保领取现金价值，再将现金价值赠与已经移民加拿大的子女 ──→ 无须缴税，但赠与资金时需要保存好赠与的相关证据，以应对税务稽查
在国内投保终身寿险后移民  │
加拿大，保单的现金价值是 ─┼─投保人移民加拿大后，用保单贷款的方式将现金价值贷出 ──→ 无须缴税，但将资金转移至加拿大时需要保存好各项原始凭证，以应对税务稽查
否会被加拿大征税？        │
                          └─投保人移民加拿大后，用退保的方式获得现金价值 ─┬─ 投保人是加拿大税收居民 ──→ 需要向加拿大税务主管部门申报并缴税
                                                                          └─ 投保人不是加拿大税收居民 ──→ 不需要向加拿大税务主管部门申报
```

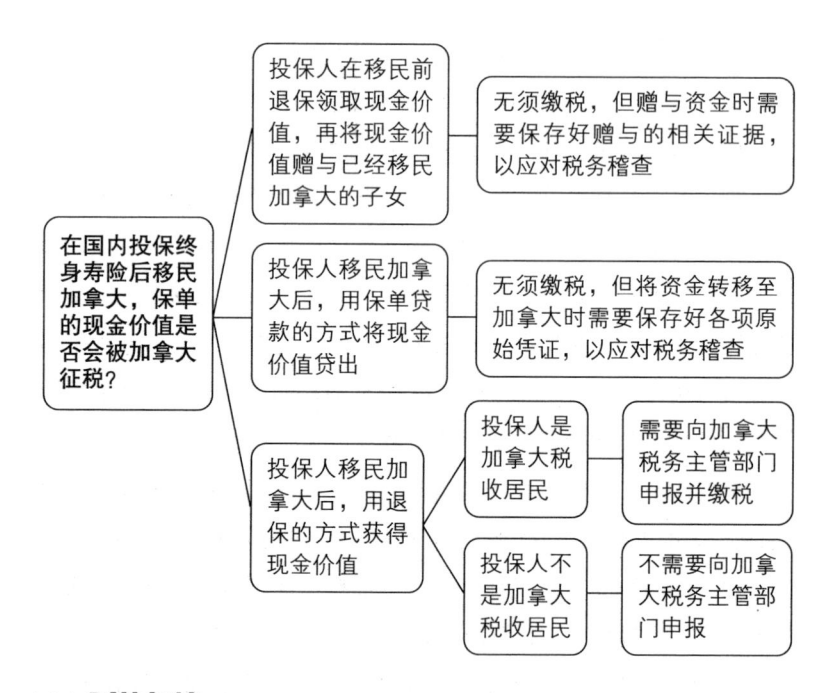

▶▶▶ 延伸阅读

加拿大的人寿保险根据保险期限分为定期人寿保险（Term Life Insurance）和终身人寿保险（Permanent Life Insurance）两类。其中，终身人寿保险主要包括两种：分红型终身人寿保险和灵活投资型终身人寿保险。前者的客户所交的保费一部分用于购买保险，一部分由保险公司统一进行投资，且投资收益每年免税增长；后者也有投资功能，其投资收益同样是每年免税增长，但投资并非全部由保险公司来进行，客户可以根据自己的意愿及风险承担能力选择投资方向，自担风险。

92 中国人投保终身寿险，移民美国后，所持有的保单在美国是否会被征税？

保险代理人小周最近在为客户赵先生制订家庭保险综合计划。在他的方案中，赵先生作为投保人，为妻子、孩子和自己各投保一份增额终身寿险和一份定额终身寿险。但是赵先生有全家移民美国的计划，他想知道移民之后，这些保单在美国是否会被征税。

▶▶▶ 专业解析

我在前文简单分析了保险金出境后在美国纳税的情形。本节我们就来具体聊聊人寿保险在美国的纳税问题。

美国的人寿保险是可以享受税收优惠政策的，即投保人领取现金价值不用缴纳增值税和所得税。但前提是，该人寿保险产品能够通过美国国税局的两种产品测试——现金价值累计测试（cash-value accumulation test）与基准保费和现金价值测试（guideline premium and corridor test）。这两种测试都是为了确定现金价值和身故给付之间的关系。如果你在国内购买的人寿保险产品能通过这两种测试，就可以享受税收优惠。

1984年，为了应对人们利用两全保险大量避税的现象，美国颁布了一个保险产品规定——被保险人95周岁之前，保单的现金价值不能比保额高；如果现金价值大于保额，保单将不能享受人寿保险产品的税收优惠政策。

1988年，美国又颁布了《技术与多种收入法案》（*Technical*

And Miscellaneous Revenue Act, TAMRA），推出了 7 年保费支付测试，目的是限制投保人在保单前 7 年内所交纳的最高总保费。不能通过此测试的保单，将被认定为修正两全保险（Modified Endowment Contract，MEC），不再属于保险产品，而是投资产品。此时，投保人领取保单现金价值或者进行保单贷款，都会被美国征收个人所得税。

简单来说，目前中国市场上销售的大部分人寿保险产品，基本上是无法通过美国的人寿保险产品测试的。这样一来，移民家庭移民前在中国购买的人寿保险，很可能会被美国国税局认定为投资产品，从而无法享受美国对保险产品的税收优惠政策。所以，客户进行移民资产申报后，其所持有的中国人寿保险保单产生的收益，会被算作个人资本利得（属于其全球收入），需要缴纳美国个人所得税。

总体来看，移民美国后还持有中国的人寿保单，增值部分很可能会被美国税务部门征税。不过这也不是完全不能规避的。如果父母没有移民，可以让国内的父母做投保人，移民的子女做被保险人，这样保单资产就属于国内的父母。而美国的税务部门只能向美国税收居民征税，不能向中国税收居民征税。

需要注意的是，中国的父母到美国探亲的时候，一定要注意时间，不要成为美国税收居民。

```
中国人投         移民美国后还持有中         目前中国市场上销售的
保险终身寿       国的人寿保单，增值       大部分人寿保险产品，
险，移民         部分很可能会被美国       均无法通过美国的人寿
美国后，         税务部门征税             保险产品测试，会被认
所持有的                                  定为投资产品，不能享
保单在美                                  受美国的税收优惠政策
国是否会
被征税?                                   进行移民资产申报后，
                                          客户持有的终身寿险保
                                          单产生的收益会被算作
                                          个人资本利得，需要缴
                                          纳美国个人所得税
```

▶▶▶ **延伸阅读**

现金价值累计测试，目的是将现金价值和身故给付的比例限制在一定范围内，即要求现金价值在任何时候都不能超过终身身故保障所需的趸交保费的贴现值。举个例子来说，如果投保人趸交1万元保费可以获得5万元的保额，那么任何有1万元现金价值的保单必须提供5万元以上的保额，否则就不能通过测试。

基准保费和现金价值测试，目的是将保费支付与身故给付的比例限制在一定范围内。基准保费测试，是限制任何时候的累计所交保费不能超过基准趸交保费；现金价值测试，是保证保单具有最低限度的保障功能，即要求任何时候保单的身故给付至少为现金价值的一定比例。

93 做财富传承，终身寿险和家族信托哪种方式更好？

梁女士与丈夫经营着一家企业。两人一心拼事业，儿子自小就交由爷爷奶奶照顾。虽然梁女士夫妇这么多年积累了不少财富，但直到儿子结婚，他们与儿子的关系也不亲近。如今，梁女士和丈夫都已经60多岁了，儿子却没有两人当年的斗志与激情，对经营企业兴趣平平。对此，夫妇二人非常担心：未来儿子能不能守住这份家业？自己又该如何把积累的财富传承给儿子？

对此，银行理财经理建议梁女士，可以考虑用终身寿险、家族信托来实现传承愿望。那么，这两种工具哪个更好呢？

▶▶▶ 专业解析

财富传承是财富管理中不可避免的环节。在第二章，我们了解了终身寿险在财富传承方面的优势。本节，我们将终身寿险与家族信托做个对比，看看二者在财富传承方面有哪些优势与劣势。

什么是家族信托呢？《信托法》第二条规定："本法所称信托，是指委托人基于对受托人的信任，将其财产权委托给受托人，由受托人按委托人的意愿以自己的名义，为受益人的利益或者特定目的，进行管理或者处分的行为。"

根据上述定义，简单来说，信托就是"一笔钱，两件事，三个人"。

我们先来了解"三个人"。它是指委托人、受托人和受益人。委托人是设立信托的人，他需要把自己所有的合法财产或财产权转移给受托人；受托人是管理和处分信托财产的人，受托人可以是法人，也可以是自然人，但目前经批准可以从事营业性信托活动的信托机构，主要是信托公司；受益人是在信托中享有受益权的人。"一笔钱"是指财产或财产权。"两件事"则是指委托人把钱交付给信托公司以及信托公司管理和处分这笔钱。[①]

家族信托是一种比较特殊的信托。2019年8月17日，银保监会信托部发布的《关于加强规范资产管理业务过渡期内信托监管工作的通知》（信托函〔2018〕37号，以下简称《通知》）中，对家族信托是这样定义的：

家族信托是指信托公司接受单一个人或者家庭的委托，以家庭财富的保护、传承和管理为主要信托目的，提供财产规划、风险隔离、资产配置、子女教育、家族治理、公益（慈善）事业等定制化事务管理和金融服务的信托业务。家族信托财产金额或价值不低于1000万元，受益人应包括委托人在内的家庭成员，但委托人不得为唯一受益人。单纯以追求信托财产保值增值为主要信托目的，具有专户理财性质和资产管理属性的信托业务不属于家族信托。

了解了家族信托的定义，我们再来看看家族信托的法律特征。

（1）《信托法》赋予信托财产独立性。信托公司因承诺信托而取得的财产就是信托财产。根据《信托法》的规定，信托财产既不属于委托人，也不属于信托公司，更不属于受益人（受益人只享有信托受益权，而非信托财产的所有权）。

（2）除《信托法》第十七条规定的情形外，信托财产不能被强制

[①] 陈伯宪. 陈伯宪家族信托讲义[M]. 北京：中国商业出版社，2021：8-9.

执行。因为信托财产具有独立性，不属于委托人，所以不会因为委托人的债务而被执行。当然，前提是委托人用于设立家族信托的财产是其合法财产，且设立家族信托时资产状况良好，没有债务纠纷。

从《通知》中所指明的家族信托的信托目的和信托业务内容，以及《信托法》规定的信托的法律特征来看，家族信托的财富管理功能较强。财富传承作为财富管理中的重要一环，自然也可以靠家族信托来实现。

既然终身寿险和家族信托都能实现财富传承，二者各有哪些优势与劣势呢？

（1）家族信托能够进一步实现客户的财富传承愿望。终身寿险只能保证将财富传承给下一代，却不能控制下一代如何使用。家族信托则不同，委托人可以根据自己的实际需求灵活设置各项条款，比如收益分配条件、分配方式等，保证信托财产始终按照委托人的意愿进行分配，规避受益人挥霍或管理不当的风险。

（2）终身寿险的受益人领取的身故保险金，是可以规避受益人的婚变风险的，但如果受益人没有做好账户的隔离，保险金很可能会被认定为夫妻共同财产，参与离婚分割，造成资产流失。家族信托的委托人可以通过设置信托条款，约定"信托财产为子女个人所有，不属于夫妻共同财产"，来规避这一风险。

（3）虽然家族信托的功能性很强，但是其设立门槛较高。《通知》中规定家族信托财产金额或价值不低于1000万元，而且设立家族信托时委托人还需要向信托公司提供资金来源、资金合法性的证明等资料。不少客户就是因为资金不足或者无法提供完整的资料而作罢。相比而言，终身寿险的设立门槛和要求就低了很多，便于操作。

（4）资金一旦进入家族信托，如果没有触发信托分配条件，就不能领取。因此，与终身寿险的保单贷款功能相比，家族信托资金的灵活性和流动性明显不足。

当然，作为财富传承工具，家族信托和终身寿险是有一定共性的：①通过提前规划，二者都可以实现财富风险隔离；②都可以做到在将财富传给下一代的同时保留控制权，但终身寿险需要搭建好保单架构，家族信托需要设立好信托条件；③都可以实现财富定向传承。

那么，客户应该选择哪种工具来进行财富传承呢？这要看客户自身的情况。如果资产量足够，且能提供设立家族信托所需的资料，建议优先设立家族信托；如果资产量不足或无法提供相关资料，可以选择门槛较低的终身寿险。当然，投保终身寿险后，客户也可以设立保险金信托。关于保险金信托，我会在后文中详细介绍。

家族信托与终身寿险在财富传承方面的优势与劣势

项目	优势	劣势
家族信托	（1）进一步实现客户的财富传承愿望，规避下一代挥霍财产或对财产管理不当的风险； （2）通过设置信托条款，规避下一代的婚变风险	（1）门槛较高，设立家族信托的财产金额或价值不能低于1000万元； （2）资金一旦进入家族信托，除非触发信托分配条件，否则不能领取，灵活性和流动性较差
终身寿险	（1）可以规避受益人的婚变风险； （2）相对于家族信托，终身寿险的门槛和要求较低，便于操作； （3）保单贷款功能增加了资金的灵活性和流动性	（1）只能保证将财产传承给下一代，不能控制下一代如何使用； （2）如果受益人没有做好账户隔离，保险金仍可能成为夫妻共同财产，参与离婚分割

▶▶▶ 延伸阅读

《信托法》

第十五条　信托财产与委托人未设立信托的其他财产相区别。设立信托后，委托人死亡或者依法解散、被依法撤销、被宣告破产时，委托人是唯一受益人的，信托终止，信托财产作为其遗产或者清算财产；委托人不是唯一受益人的，信托存续，信托财产不作为其遗产或者清算财产；但作为共同受益人的委托人死亡或者依法解散、被依法撤销、被宣告破产时，其信托受益权作为其遗产或者清算财产。

第十六条　信托财产与属于受托人所有的财产（以下简称固有财产）相区别，不得归入受托人的固有财产或者成为固有财产的一部分。

受托人死亡或者依法解散、被依法撤销、被宣告破产而终止，信托财产不属于其遗产或者清算财产。

第十七条　除因下列情形之一外，对信托财产不得强制执行：

（一）设立信托前债权人已对该信托财产享有优先受偿的权利，并依法行使该权利的；

（二）受托人处理信托事务所产生债务，债权人要求清偿该债务的；

（三）信托财产本身应担负的税款；

（四）法律规定的其他情形。

对于违反前款规定而强制执行信托财产，委托人、受托人或者受益人有权向人民法院提出异议。

第四十三条　受益人是在信托中享有信托受益权的人。受益人可以是自然人、法人或者依法成立的其他组织。

委托人可以是受益人，也可以是同一信托的唯一受益人。

受托人可以是受益人，但不得是同一信托的唯一受益人。

《全国法院民商事审判工作会议纪要》

七、关于营业信托纠纷案件的审理

95.【信托财产的诉讼保全】信托财产在信托存续期间独立于委托人、受托人、受益人各自的固有财产。委托人将其财产委托给受托人进行管理，在信托依法设立后，该信托财产即独立于委托人未设立信托的其他固有财产。受托人因承诺信托而取得的信托财产，以及通过对信托财产的管理、运用、处分等方式取得的财产，均独立于受托人的固有财产。受益人对信托财产享有的权利表现为信托受益权，信托财产并非受益人的责任财产。因此，当事人因其与委托人、受托人或者受益人之间的纠纷申请对存管银行或者信托公司专门账户中的信托资金采取保全措施的，除符合《信托法》第17条规定的情形外，人民法院不应当准许。已经采取保全措施的，存管银行或者信托公司能够提供证据证明该账户为信托账户的，应当立即解除保全措施。对信托公司管理的其他信托财产的保全，也应当根据前述规则办理。

94 做资产隔离，终身寿险和家族信托哪种方式更好？

吴总是一家连锁餐饮企业的法定代表人，也是大股东。靠着多年的打拼，企业规模逐渐扩大。然而，突发的新冠疫情导致吴总的餐饮企业经营困难，他陆陆续续关闭了很多门店。吴总很担心：万一企业破产了，自己的家庭资产还能不能保得住？

▶▶▶ **专业解析**

什么是资产隔离？资产隔离，是指通过综合运用法律和金融工具，有效梳理和重新布局自己拥有或者控制的资产，以确保资产的权属清晰，在面临风险时不会发生大额减损的一种财富管理方法。[1] 而资产面临的最大风险，就是债务风险和婚姻风险。这里的债务风险，包括个人欠下的债务以及个人对企业债务所负的连带责任。

用终身寿险做资产隔离，主要通过设置保单架构来实现。由于保单资产属于投保人，所以，只要投保人没有债务、婚姻风险，保单资产就是安全的。但这有一个前提，即投保人用于交纳保费的资金没有问题。关于这一点，读者可以去回顾一下本书第二章的内容，这里我就不再赘述了。

那么，在资产隔离方面，家族信托有哪些优势呢？

上一节，我介绍了家族信托的定义和法律特征。我们知道，《信

---

[1] 李升.七堂保险金信托课[M].北京：电子工业出版社，2020：102-103.

托法》赋予了信托财产独立性，使其与委托人未设立信托的财产相隔离。所以，只要委托人是用合法财产设立的家族信托，即便将来委托人出现债务风险，信托财产也不能被用于偿债。对企业主来说，这样就在企业资产与家庭资产之间建立了一道"防火墙"。但需要注意的是，如果家族信托的委托人也是信托受益人之一，其作为信托受益人领取的信托财产，是需要用于偿债的。

如果家族信托的委托人有婚姻风险呢？同样地，由于信托财产具有独立性，已经装入信托账户的资金，不再属于委托人，自然不会被纳入财产分割的范畴。

案例中的吴总作为企业主，如果已经存在家企资产混同，或者有潜在的债务、税务风险，那么他是很难设立家族信托的。因为设立家族信托需要委托人提供大量的资产证明。即便侥幸成功设立家族信托，未来也极有可能被债权人发起挑战，甚至被认定为无效。

既然终身寿险和家族信托都能够实现资产隔离，那么有此需求的客户，选择哪种方式更好呢？

我在前面说过，用家族信托做资产隔离，则要求家族信托的设立过程不能有瑕疵，即装入信托账户的资产一定要合法合规，否则就极容易引起财产纠纷，家族信托的有效性也可能会被质疑。

用终身寿险做资产隔离，当保额达到一定标准时，保险公司会要求被保险人进行体检，并对投保人进行财务核保，要求其提供自己及家庭成员的年收入证明、资产证明等，以防范道德风险。这也是保险公司在依法履行反洗钱义务。

选择哪种方式来做资产隔离，还是取决于客户自身的情况。如果资产状况良好，家企资产清晰，建议优先考虑家族信托，反之则可以选择终身寿险。无论选择哪种方式，都需要提前规划。

家族信托与终身寿险在资产隔离方面的优势与劣势

项目	优势	劣势
家族信托	信托财产具有独立性，可以有效规避委托人的债务、婚姻风险，前提是委托人用于设立家族信托的财产是其合法财产，且设立家族信托时资产状况良好，没有债务纠纷	如果家族信托的设立过程有瑕疵，就极容易引起财产纠纷，导致家族信托的有效性被质疑
终身寿险	通过设置保单架构，能够规避投保人的债务、婚姻风险，前提是投保人用于交纳保费的资金来源合法合规	当终身寿险的保额达到一定标准时，保险公司会要求被保险人进行体检，并对投保人进行财务核保

▶▶▶ 延伸阅读

《信托法》

第十二条　委托人设立信托损害其债权人利益的，债权人有权申请人民法院撤销该信托。

人民法院依照前款规定撤销信托的，不影响善意受益人已经取得的信托利益。

本条第一款规定的申请权，自债权人知道或者应当知道撤销原因之日起一年内不行使的，归于消灭。

《公司法》

第二十一条　公司股东应当遵守法律、行政法规和公司章程，依法行使股东权利，不得滥用股东权利损害公司或者其他股东的利益。

公司股东滥用股东权利给公司或者其他股东造成损失的,应当承担赔偿责任。

第二十三条 公司股东滥用公司法人独立地位和股东有限责任,逃避债务,严重损害公司债权人利益的,应当对公司债务承担连带责任。

股东利用其控制的两个以上公司实施前款规定行为的,各公司应当对任一公司的债务承担连带责任。

只有一个股东的公司,股东不能证明公司财产独立于股东自己的财产的,应当对公司债务承担连带责任。

95 如何用终身寿险设立保险金信托?

彭先生因为早些年接触过保险行业,所以这些年陆陆续续给自己和家人购买了不少保险。这两年,银行理财经理一直向他推荐终身寿险。理财经理告诉彭先生,她们银行现在主推通过终身寿险设立保险金信托的业务,保险金信托比家族信托的设立门槛低,设立手续也更简单。彭先生有些心动,便请理财经理给他做了深入的介绍。

▶▶▶ 专业解析

保险金信托是将保险与信托两种财富管理工具相结合的创新财富管理安排。它以保险合同的相关权利(如身故受益权、生存受益权、分红领取权等)及对应的利益(如身故保险金、生存保险金、保单分红等)作为信托财产,当保险合同约定的给付条件发生时,保险公司将按照保险合同的约定直接将对应资金划付至对应的信托账户。信托公司依据信托合同的约定对委托财产进行管理和处分,并将信托利益分配给信托受益人。

我在前文中提到过,在投保人有债务风险、担心受益人挥霍保险金等情况下,可以利用终身寿险设立保险金信托。不过,终身寿险能不能设立保险金信托,取决于保险公司与信托公司之间有没有合作协议。只有双方有合作协议,客户才能设立保险金信托。通常保险公司会规定能够设立保险金信托的保险产品类型以及设立的标准等。

一般来说,如果保险公司与信托公司有合作协议,客户申请用终身寿险设立保险金信托的具体流程如下：

（1）客户向保险公司提出设立保险金信托，保险公司会派专人对接，协助客户规划保险金信托的具体内容。

（2）信托内容规划完成后，由客户作为投保人，在保险公司先投保一份终身寿险。整个投保过程与正常的投保过程一致。

（3）完成终身寿险的投保后，客户作为委托人，以保单为资产向信托公司申请设立保险金信托。信托公司一般会要求客户填写《信托意向书》。

（4）信托公司对客户的保单及信托意向进行审核。审核通过后，客户以投保人的身份，到保险公司将终身寿险保单的受益人变更为信托公司。

（5）客户需要交纳保险金信托的设立费用，通常在几万元不等。

（6）信托公司收取设立费用后，开始起草信托合同。合同的内容需要得到客户的同意，否则要继续调整、修改，直到客户满意为止。

（7）客户确定合同内容后，信托公司会与客户签订信托合同，同时还需要相关人员进行录音、录像。

（8）双方签订完信托合同，还需要报送中国信托登记有限责任公司登记，再将信托合同递交到客户手中。

至此，整个保险金信托设立流程就完成了。虽然看上去有一些复杂，但其实中间很多环节客户是不用深度参与的。用终身寿险设立保险金信托，客户只需要投保终身寿险、确定信托合同、交纳设立费用。即使是确定信托合同这一环节，也是在信托公司专业人员的辅助下完成的，其他环节都由保险公司和信托公司的工作人员来完成。

近几年，国内信托业发展得很快，行业内出现了1.0版、2.0版保险金信托模式。1.0版保险金信托模式主要是解决保险金的分配和使用问题，该模式是将受益人变更为信托公司。2.0版保险金信托模式是将投保人、受益人都变更为信托公司，续期保费提前放入信托账户，由信托公司按时交纳保费，以规避自然人做投保人时的债务风险，更好地保护保单资产。想更多地了解保险金信托，可参考本系列的其他相关书籍。

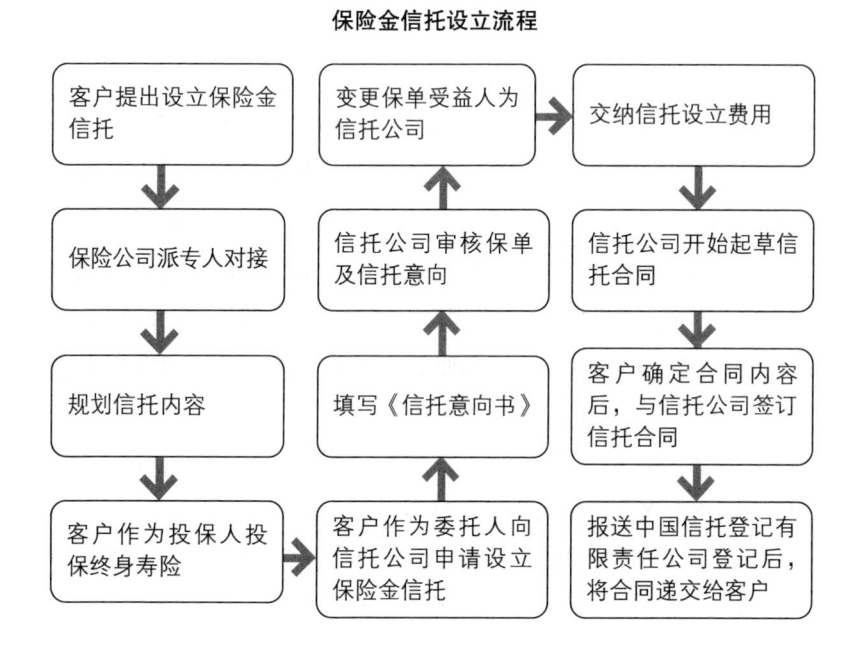

保险金信托设立流程

```
客户提出设立保险金信托 → 变更保单受益人为信托公司 → 交纳信托设立费用
        ↓                                                    ↓
保险公司派专人对接     ← 信托公司审核保单及信托意向          信托公司开始起草信托合同
        ↓                      ↑                              ↓
规划信托内容           ← 填写《信托意向书》           客户确定合同内容后，与信托公司签订信托合同
        ↓                      ↑                              ↓
客户作为投保人投保终身寿险 → 客户作为委托人向信托公司申请设立保险金信托 → 报送中国信托登记有限责任公司登记后，将合同递交给客户
```

▶▶▶ 延伸阅读

《信托法》

第二条　本法所称信托，是指委托人基于对受托人的信任，将其财产权委托给受托人，由受托人按委托人的意愿以自己的名义，为受益人的利益或者特定目的，进行管理或者处分的行为。

96 终身寿险设立保险金信托后，还能追加现金吗？有没有额度限制？

小王是一家银行理财经理，除了向客户推荐银行理财产品，她还会给客户做财富规划。乔女士就是她诸多客户中的一位。最近小王向乔女士介绍银行的一种新型业务——利用终身寿险设立保险金信托。它可以形成保险和信托的优势互补。

乔女士对此很感兴趣，她了解到终身寿险是在身故后才有资金进入信托的，在出险之前，信托账户都是空的。于是，她问小王："我是否可以像资金信托一样往账户里追加现金？追加的现金有没有额度限制？"

▶▶▶ 专业解析

近年来，"保险＋信托"模式越来越受到各家保险公司、信托公司和银行的青睐。这种模式不仅可以提供人身保障，还可以扩展受益人的范围，控制保险金的使用，规避受益人潜在的财富风险。

根据保险产品的不同，保险金信托可以分为两类：年金险型保险金信托和终身寿险型保险金信托。前者在信托设立后，每年的年金或者分红会直接进入信托账户，所以定期会有资金进入信托账户；后者则不同，在信托设立后，只有在保险合同中的被保险人发生身故理赔的时候，身故保险金才会进入信托账户，因此终身寿险型保险金信托的信托账户，通常是长时间空账运作的。

不管是年金险型还是终身寿险型保险金信托，理论上委托人都是可以向信托账户中追加资产的，包括现金、保单（要在同一家保险公司投保）、金融产品。但在实际操作中能否追加资产，要看保险公司和信托公司是否签署了有关追加资产的协议。有可能一家信托公司和 A、B 两家保险公司都签署了合作协议，A 保险公司的保险金信托账户不可以追加资产，B 保险公司却可以。

对于追加现金的数额，一般只有最低门槛，没有上限。不同信托公司追加现金的起步金额在数百万元不等，而且需要提供相应的资金来源证明、完税证明等资料。

保险金信托账户和资金信托账户的功能相同，只是现金进入信托的方式不同而已。委托人早在确定信托合同内容时，就已经设定好信托受益人领取信托利益的条件、时间、额度等。所以，信托受益人想要领取信托账户中的现金，只能按照信托合同约定的条件来。

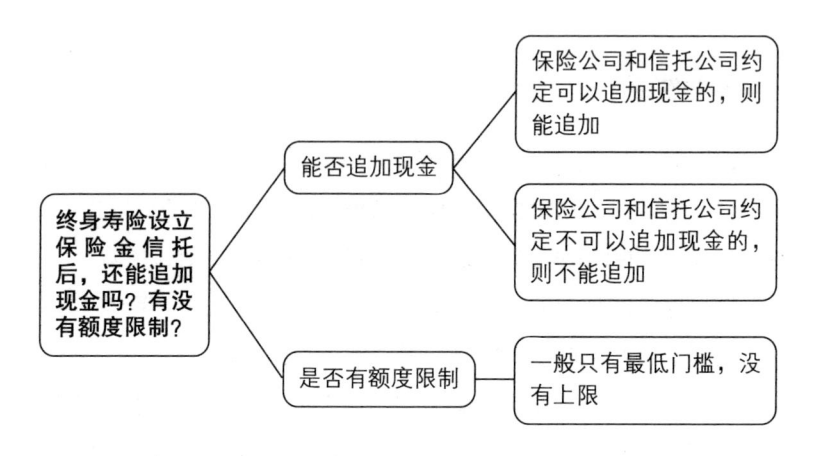

```
终身寿险设立保险金信托后，还能追加现金吗？有没有额度限制？
├── 能否追加现金
│   ├── 保险公司和信托公司约定可以追加现金的，则能追加
│   └── 保险公司和信托公司约定不可以追加现金的，则不能追加
└── 是否有额度限制 ── 一般只有最低门槛，没有上限
```

▶▶▶ **延伸阅读**

如果委托人选择的是 1.0 版保险金信托模式，无论是投保人还是委托人，追加的现金都不需要用于交纳保费；如果委托人设立的是 2.0 版保险金信托模式，因投保人已变更为信托公司，所以追加的现金一部分需要用于交纳保费。

97 利用终身寿险设立保险金信托后，还能进行保单贷款或者减保吗？

刘先生是某商会的副会长，多年来从事箱包的生产及销售工作，积累了不菲的资产，他的一双儿女也顺利长大成人。家庭和睦、事业稳定的刘先生开始考虑资产传承的事情。综合考量下来，刘先生选择以投保终身寿险并设立保险金信托的方式来传承部分资产。

但刘先生是经商的，需要一定的现金流。如果资金一时周转不开，设立了保险金信托的终身寿险还能进行保单贷款或者减保吗？

▶▶▶ **专业解析**

在回答刘先生的问题之前，我们先来回顾一下保险金信托的定义。

保险金信托是将保险与信托两种财富管理工具相结合的创新财富管理安排。它以保险合同的相关权利（如身故受益权、生存受益权、分红领取权等）及对应的利益（如身故保险金、生存保险金、保单分红等）作为信托财产，当保险合同约定的给付条件发生时，保险公司将按照保险合同的约定直接将对应资金划付至对应的信托账户。信托公司依据信托合同的约定对委托财产进行管理和处分，并将信托利益分配给信托受益人。

我在前文中提到，在当下的信托市场上，有 1.0 版和 2.0 版保险金信托模式。1.0版保险金信托模式是只将受益人变更为信托公司，2.0版保险金信托模式是将投保人和受益人都变更为信托公司。

如果委托人设立的是1.0版保险金信托模式，是否可以进行保单贷款呢？从保险金信托的定义可知，在终身寿险合同约定的给付条件发生即被保险人身故时，保险公司会将身故保险金划付至对应的信托账户。此时，信托公司才能对委托财产进行管理和处分。所以，终身寿险在没有发生身故理赔之前，保单资产仍属于投保人，与信托公司无关。这种情况下，投保人是可以进行保单贷款的。

但在实际操作中，各家保险公司主要是依据与信托公司签订的合作协议来处理保单贷款问题的。这就会导致出现以下几种情况：

（1）保险公司与信托公司的合作协议中没有约定不能进行保单贷款。此时，有些保险公司是允许客户进行保单贷款的。

（2）保险公司与信托公司的合作协议中没有约定不能进行保单贷款，但是有些保险公司为了防止客户贷款后不归还，导致保单达不到设立信托的标准，不允许客户进行保单贷款。

（3）保险公司与信托公司的合作协议中约定不能进行保单贷款。此时，保险公司是不允许客户进行保单贷款的。

如果委托人设立的是2.0版保险金信托模式，是否可以进行保单贷款呢？答案是"不可以"。因为在2.0版保险金信托模式中，终身寿险保单的投保人已经变更为信托公司，原投保人自然无权进行保单贷款。

至于减保，如果委托人选择的是2.0版保险金信托模式，是不可以减保的。如果委托人选择的是1.0版保险金信托模式，基本也是不可以减保的，因为减保很可能导致保单达不到设立信托的标准，进而使信托公司终止或解除信托合同。

总体来说，委托人设立保险金信托后：

（1）如果是1.0版保险金信托模式，客户能否进行保单贷款，要看保险公司与信托公司的合作协议中有无相关约定。在此模式下，客户不可以减保。若客户有特殊需求，一般需要征得信托公司的同意后才有可能减保。

（2）如果是2.0版保险金信托模式，客户是不能进行保单贷款或者减保的。

所以，客户在选择保险金信托时，应当注意所选择的保险金信托模式是否会影响保单的灵活性。例如，用增额终身寿险设立保险金信托能否进行保单贷款，就对保单的灵活性有很大影响。

不同模式下的保险金信托的保单贷款及减保情况

保险金信托模式	特点	能否进行保单贷款	能否减保
1.0版	受益人变更为信托公司	保险公司与信托公司没有约定不能进行保单贷款的，部分保险公司允许客户进行保单贷款；保险公司与信托公司约定不能进行保单贷款的，客户不能进行保单贷款	不能。如客户有特殊需求，一般需要征得信托公司同意
2.0版	投保人、受益人均变更为信托公司	不能	不能

▶▶▶ **延伸阅读**

保险金信托的基本架构如下图所示。

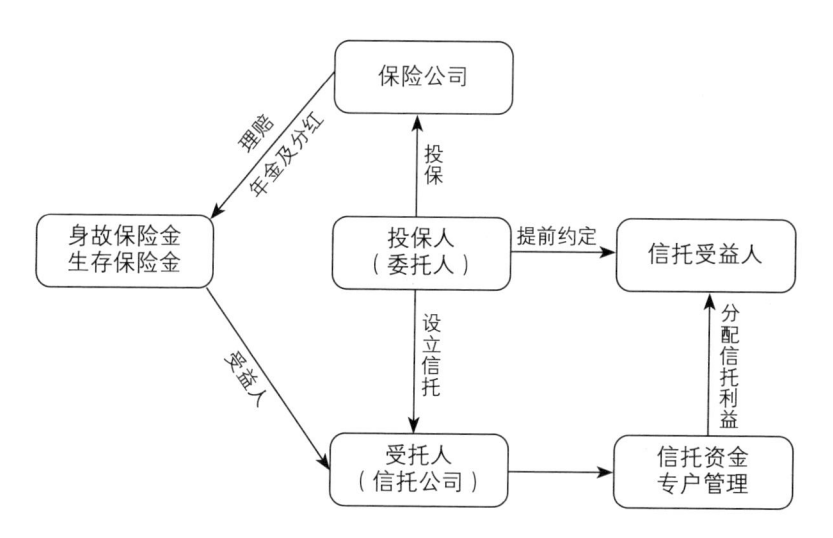

```
                         保险公司
                          ↑ ↓
                    投保  投
                    人   保
          理赔      ↓
    身故保险金   年金及分红   投保人
    生存保险金  ←──────    （委托人）  ──提前约定──→  信托受益人
                    ↓                                    ↑
              受益人  设立信托                          分配信托利益
                    ↓                                    │
                           受托人      ──→        信托资金
                         （信托公司）              专户管理
```

保险金信托的基本架构

第五章 高频问题：境外配置与信托　　387

98 婚内投保终身寿险并设立保险金信托，受益人是孩子，婚变时保单会被分割吗？

周女士与丈夫结婚十年了，由于丈夫长期在外地工作，两人聚少离多，感情逐渐淡化。这些年，周女士积累了一些财产，考虑到将来婚姻的不确定性，她希望自己能够更好地保护这些财产。在保险代理人的建议下，她为自己投保了终身寿险，受益人是7岁的儿子，并且用保单设立了保险金信托。那么，周女士的做法能不能起到保护财产的作用呢？

▶▶▶ 专业解析

婚内投保的终身寿险在婚变时是否会被分割，关键要看投保人是谁以及保费的来源，与受益人是谁没有直接联系。我们以案例中的周女士为例进行分析。

如果投保人是周女士与丈夫之外的第三人（如周女士的父母），保单大概率不会因周女士婚变而被分割。需要注意的是，周女士的父母作为投保人，如果保费被证明来源于周女士的夫妻共同财产，那么虽然保单不会被分割，但周女士的丈夫可以根据《民法典》第一千零六十二条的规定，要求周女士用其他夫妻共同财产补偿。

如果投保人是周女士，则要看保费的来源是夫妻共同财产还是个人财产。如果是个人财产，保单不会被分割；如果是夫妻共同财产，保单会被分割。但是，若周女士是在浙江省，且保单的被保险人是子女，即使是用夫妻共同财产投保的，根据浙江省高级人民法院《关于审理婚姻家庭案件若干问题的解答》，保单会被视为对子女的赠与，不作为夫妻共同财产分割。但其他省份并不适用此规定。

那么，保险金信托能否帮助周女士保护自己婚内积累的财产呢？这要根据不同的保险金信托模式来分析：

（1）如果是1.0版保险金信托模式，投保人不变，只将终身寿险保单的受益人变更为信托公司，此时保单的现金价值仍属于投保人周女士，显然是无法保护她的婚内财产的。

（2）如果是2.0版保险金信托模式，将投保人和受益人均变更为信托公司，此时保单的现金价值属于投保人，即信托公司，那么周女士婚变时，丈夫无权要求分割保单的现金价值。但是，目前信托市场上能够设立2.0版保险金信托模式的公司较少，设立门槛也较高，而且需要一次性交纳剩余的续期保费给信托公司。

此外，不管是1.0版还是2.0版保险金信托模式，只要是使用夫妻共同财产投保，都需要配偶出具同意函。所以，在婚内用夫妻共同财产投保终身寿险，即便设立保险金信托，也无法完全隔离保单被分割的风险。

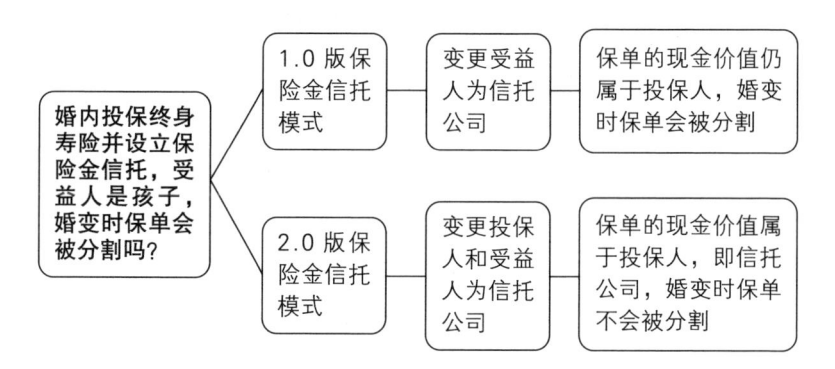

婚内投保终身寿险并设立保险金信托，受益人是孩子，婚变时保单会被分割吗？	1.0版保险金信托模式	变更受益人为信托公司	保单的现金价值仍属于投保人，婚变时保单会被分割
	2.0版保险金信托模式	变更投保人和受益人为信托公司	保单的现金价值属于投保人，即信托公司，婚变时保单不会被分割

▶▶▶ **延伸阅读**

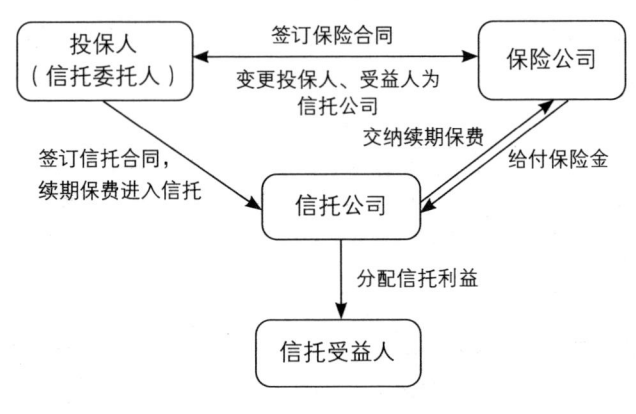

1.0 版保险金信托模式及 2.0 版保险金信托模式如下图所示。

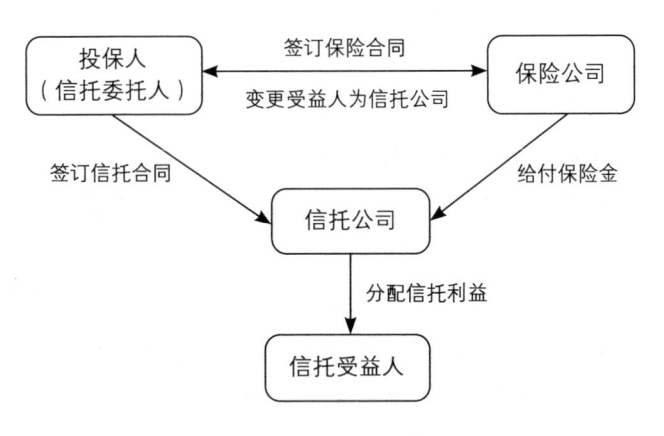

1.0 版保险金信托模式

投保人（信托委托人）——签订保险合同／变更受益人为信托公司——保险公司

投保人——签订信托合同——信托公司

保险公司——给付保险金——信托公司

信托公司——分配信托利益——信托受益人

2.0 版保险金信托模式

投保人（信托委托人）——签订保险合同／变更投保人、受益人为信托公司——保险公司

投保人——签订信托合同，续期保费进入信托——信托公司

信托公司——交纳续期保费——保险公司

保险公司——给付保险金——信托公司

信托公司——分配信托利益——信托受益人

99 用终身寿险设立保险金信托，需要支付哪些费用？

冯女士和丈夫这些年积累了不少财富，她希望提前做好传承规划，将财富传承给女儿。冯女士考虑使用信托和保险这两种工具，但由于资金量达不到资金信托的标准，所以选择利用终身寿险设立保险金信托。冯女士想知道，除了保费，设立保险金信托还需要支付哪些费用。

▶▶▶ **专业解析**

终身寿险型保险金信托是以终身寿险为基础搭建的保险金信托架构。除了终身寿险的保费，信托部分的费用一般分成两块：

1. 设立费

这是在设立保险金信托时需要支付的费用，需要委托人一次性支付，金额通常为3万~5万元。不过，有些保险公司或银行会设立保险金信托方案，达到一定标准的客户将免除这笔设立费。

2. 信托账户管理费

信托账户中的资金是以信托公司的名义进行运作的，只要运作账户就会产生费用。信托公司每年会收取信托账户管理费，不同信托公司的费率也不同，大约在0.3%~0.9%。这个费用通常不会被免除，但是终身寿险型保险金信托是个例外。我在第96节提到过，终身寿险型保险金信托的信托账户是长时间空账运作的，因为只有被保险人身故，才会有保险金进入信托账户。既然没有资产，自然不会收取信托账户管理费。这个费用会在有保险金进入信托账户后开始收取。

目前，有些保险金信托允许委托人往信托账户内追加现金。追加现金通常不收取费用，但现金进入信托账户后，委托人就要支付信托账户管理费。所以，即使是终身寿险型保险金信托的信托账户，在没有发生理赔的情况下，依然可以通过追加现金使账户运作起来。

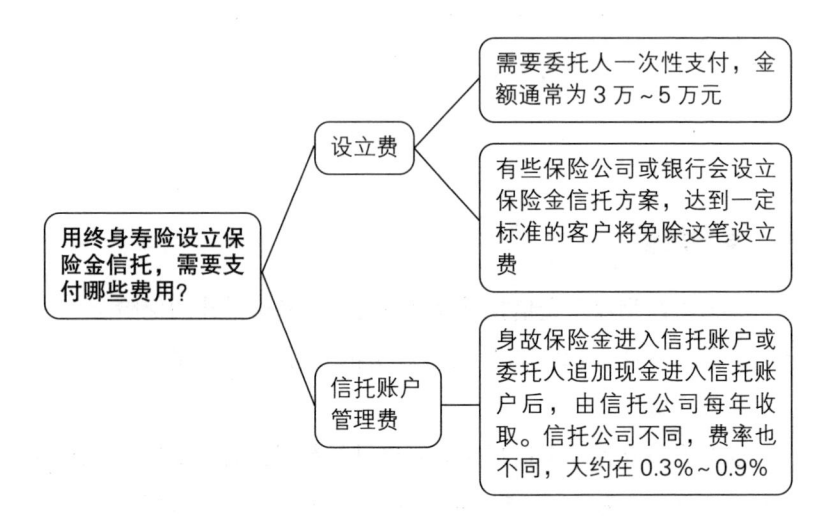

用终身寿险设立保险金信托，需要支付哪些费用？

- 设立费
  - 需要委托人一次性支付，金额通常为3万~5万元
  - 有些保险公司或银行会设立保险金信托方案，达到一定标准的客户将免除这笔设立费
- 信托账户管理费
  - 身故保险金进入信托账户或委托人追加现金进入信托账户后，由信托公司每年收取。信托公司不同，费率也不同，大约在0.3%~0.9%

▶▶▶ **延伸阅读**

设立保险金信托，信托公司除了会向委托人收取设立费和信托账户管理费，还可能有以下收费项目：

（1）增设信托受益人。如果信托受益人的数量超出规定，每增加一位信托受益人，就会加收一定的费用。

（2）增加或修改监察人。每增加或修改一位监察人，就会收取一定的费用。

（3）信托合同变更手续费。变更信托合同条款会收取一定的费用。

（4）特别条款定制费。制定特别个性化的分配条款会收取一定的费用。

（5）超额管理费。对于超额收益部分，信托公司会从中提取一定比例作为管理费。

100 保险金信托的信托收益在美国是否需要缴税？

万先生几年前为自己投保了终身寿险，并用其设立了保险金信托，女儿是信托受益人。女儿现在在美国工作，已经获得了绿卡，今后准备在美国定居。让万先生担心的是：美国的税收政策相对复杂，女儿作为信托受益人，将来她获得的信托收益会不会被美国征税？

▶▶▶ **专业解析**

实际上，不少客户在设立保险金信托时都有与案例中万先生相似的担忧。我们的《信托法》并没有限制信托受益人的身份，所以无论信托受益人是持有绿卡，还是美国国籍，都不影响其成为信托受益人。至于信托受益人领取的信托收益在美国是否需要缴税，主要看信托受益人的身份和中国信托在美国的认定情况。我们分成以下几种情况来看：

（1）信托受益人未取得美国绿卡或美国国籍，且未达到实际居留标准。这种情况下，信托受益人不属于美国税收居民，信托收益作为其在美国境外的收入，不征收个人所得税。

（2）信托受益人未取得美国绿卡，但达到了实际居留标准。这种情况下，信托受益人属于美国税收居民。此时，中国的信托在委托人在世的情况下，通常会被认定为"外国赠与人信托"（Foreign Grantor Trust，FGT），信托收益相当于一笔来自海外的赠与。按美国税法的规定，赠与税由赠与人缴纳而非受赠人缴纳，所以信托收益不构成信托受益人在美国的应税所得，信托受益人需要申报这笔所得但不纳税。

（3）信托受益人取得了美国绿卡或美国国籍。这种情况下，信托受益人依然是美国税收居民，税务情况与上一条一样，信托收益不会被征税，信托受益人需要申报这笔所得但不纳税。

在上述第（2）条、第（3）条情况下，如果中国信托的委托人去世后，"外国赠与人信托"就会转变为"外国非赠与人信托"（Foreign Non-Grantor Trust，FNGT），具有美国税收居民身份的信托受益人所获得的信托收益就需要向美国缴税了。

目前，中国没有明确的规定要求对信托收益征收个人所得税。实务中，各地税务局对信托收益基本不征税。如果未来中国对信托收益征税了呢？由于中美两国有《中华人民共和国政府和美利坚合众国政府关于对所得避免双重征税和防止偷漏税的协定》，若国内信托收益的税率高于美国，在中国纳税后，在美国就不会被征税；反之，信托受益人需要在美国补缴税收差。

所以，当信托受益人是美国税收居民时，其获得的信托收益是否需要向美国缴税，关键要看这份中国的保险金信托是否会被美国认定为FGT。其认定标准如下：

（1）必须是外国信托，不能是美国信托。美国国税局判定该信托是否为美国信托有两个标准：第一，美国法庭是否可以对该信托或资产实行监管；第二，美国人是否有权制定该信托的实质性决策。如果这两个标准都不能满足，这份保险金信托就会被认定为外国信托，一般不用缴纳美国个人所得税。

（2）符合"外国赠与人信托"的两种判断标准：第一，委托人必须保留对信托财产的控制权；第二，委托人和（或）委托人的配偶是委托人生命期间信托的唯一信托受益人。只要满足其中一种标准，这份保险金信托就可以被认定为"外国赠与人信托"。

为了防止委托人去世后保险金信托转变为 FNGT，建议客户在国内设立保险金信托时，考虑在信托合同中约定"委托人保留对信托资产的控制权"，也就是我们常说的"可撤销信托"。

从美国法律来说，虽然 FGT 可以起到税务筹划的作用，但是其设立手续相对复杂，不是几句话可以说明白的。有此需求的客户，需要找专业团队根据自己的实际情况来量身打造方案。

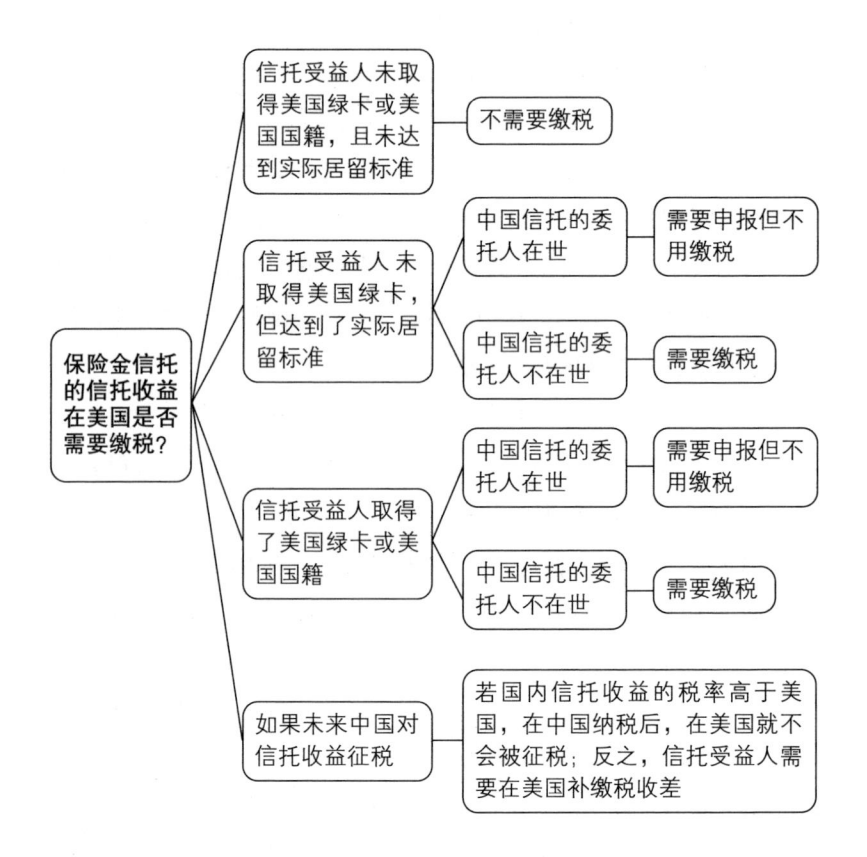

```
保险金信托的信托收益在美国是否需要缴税？
├─ 信托受益人未取得美国绿卡或美国国籍，且未达到实际居留标准 → 不需要缴税
├─ 信托受益人未取得美国绿卡，但达到了实际居留标准
│   ├─ 中国信托的委托人在世 → 需要申报但不用缴税
│   └─ 中国信托的委托人不在世 → 需要缴税
├─ 信托受益人取得了美国绿卡或美国国籍
│   ├─ 中国信托的委托人在世 → 需要申报但不用缴税
│   └─ 中国信托的委托人不在世 → 需要缴税
└─ 如果未来中国对信托收益征税 → 若国内信托收益的税率高于美国，在中国纳税后，在美国就不会被征税；反之，信托受益人需要在美国补缴税收差
```

▶▶▶ **延伸阅读**

美国的生前信托（Living Trust）是委托人、受托人和受益人之间的一种财产委托法律文件。委托人将其合法持有的财产或管理财产的权利委托给受托人，而受托人根据委托人的意愿，以受托人自己的名义管理和处分该财产或财产权利，并按照信托合同将信托收益分配给受益人。

如果委托人希望自己在世期间能够完全控制和管理这部分信托财产，可以选择自己成为受托人。这种生前信托属于"可撤销生前信托"。如果委托人不做受托人，则属于"不可撤销生前信托"。

在美国，可撤销生前信托是一份可以部分替代遗嘱的书面法律文件，依照信托中委托人的指示分配遗产，不受法院的监督和介入，还能够避免烦琐的遗嘱认证程序。但由于这类信托本质上没有发生财产的转移，所以无法起到隔离财富风险的作用，也无法规避遗产税。

不可撤销生前信托则不同。信托成立后，信托财产就不再属于委托人。当委托人发生债务纠纷，甚至出现破产、离婚等情形时，信托财产不会被分割。同时，由于该笔信托财产不属于委托人，所以将来也不属于委托人的遗产，从而可以起到规避遗产税的作用。